U0832800

气候变化背景下山区融雪产流过程模拟及预测

张 音 著

中国财经出版传媒集团
中国财政经济出版社
·北京·

图书在版编目（CIP）数据

气候变化背景下山区融雪产流过程模拟及预测 / 张音著. -- 北京：中国财政经济出版社，2025. 9.

ISBN 978-7-5223-4150-7

Ⅰ. P331.3

中国国家版本馆CIP数据核字第20253EB453号

责任编辑：张晓丽　　　责任校对：胡永立

封面设计：孙俪铭　　　责任印制：史大鹏

气候变化背景下山区融雪产流过程模拟及预测

QIHOU BIANHUA BEIJINGXIA SHANQU RONGXUE

CHANLIU GUOCHENG MONI JI YUCE

中国财政经济出版社 出版

URL：http：//www. cfeph. cn

E-mail：cfeph@ cfeph. cn

（版权所有　翻印必究）

社址：北京市海淀区阜成路甲28号　邮政编码：100142

营销中心电话：010-88191522

天猫网店：中国财政经济出版社旗舰店

网址：https：//zgczjjcbs. tmall. com

涿州汇美亿浓印刷有限公司印刷　各地新华书店经销

成品尺寸：170mm × 240mm　16开　15印张　210 000字

2025年9月第1版　2025年9月河北第1次印刷

定价：80.00元

ISBN 978-7-5223-4150-7

（图书出现印装问题，本社负责调换，电话：010-88190548）

本社图书质量投诉电话：010-88190744

打击盗版举报热线：010-88191661　QQ：2242791300

本书为以下项目研究成果，并受该项目资助：

山西省基础研究计划（编号：202303021222222）：极端气候下黄河流域山西段县域尺度暴雨灾害风险区划及防灾策略研究

山西省基础研究计划（编号：202203021222243）：基于生态系统服务供需关系的城市景观格局模拟——以太忻一体化经济区为例

国家自然科学联合基金优青项目（编号：U1603342）：气候变化背景下高寒山区降水产流过程模拟及径流预报

国家自然科学地区基金项目（编号：41961002）：天山北坡融雪产流过程模拟及其预报不确定性研究

前　言

全球气候变化与水资源问题是各国政府部门、学术界和社会公众普遍关注的焦点，也是西北干旱地区实现跨越式发展的重要瓶颈之一。新疆深受西风环流的影响，其特殊的地理位置和地貌格局决定了其水资源的形成和水循环过程。高山融雪水是我国西北干旱地区径流的重要补给来源，对当地人们的生活和社会的发展有着决定性的影响。然而，由于高寒山区往往测站稀少甚至没有测站，降水数据稀缺甚至无降水观测数据是一个普遍性的问题。随着科学技术的不断发展，从遥感卫星到地面观测，出现了一系列的新兴观测技术，正从根本上改变着水文科学的面貌。最新发布的全球降水测量（GPM）降水数据较以往的降水数据分辨率高（10 km×10 km），并且可以覆盖全球，为这些地区的融雪径流模拟提供了一个新的降水输入数据源，但对于中小流域，分辨率还是不够，降低了GPM降水数据在中小流域径流模拟中的应用效率。

为解决高海拔山区降水数据稀缺问题和了解高寒山区融雪产流过程，本书首先采用地理加权回归模型（GWR）对GPM遥感降水数据进行降尺度处理,然后利用融雪径流模型（SRM）结合中分辨率成像光谱仪（MODIS）积雪数据模拟了金沟河流域2006—2019年融雪季（4—9月）的融雪径流，并将GPM降尺度数据的模拟结果与实测数据的模拟结果进行对比，评估了GPM降尺度数据在山区径流模拟的效率。另外，为了解气候变化背景下流域未来径流变化，本书基于第6次耦合模式比较计划（CMIP6）多模式集合预测的未来气温、降水和积雪变化数据，模拟预估了未来不同气候变化情景下该流域径流量变化。主要结论如下：

（1）基于改进的SRM模型，采用实测数据，模拟了2006—2019年金沟河流域融雪季的融雪径流。模拟结果符合精度要求，验证期R^2的平均值为0.869，纳什系数（NSE）的平均值为0.795，略低于率定期，在可接受的范围内，表明改进后的SRM模型能有效地模拟金沟河流域融雪径流。

（2）基于对GPM降水数据的全方面评估结果表明，在高海拔和地形复杂的地区，GPM与前驱热带降水测量任务卫星（TRMM）相比有明显的改善，能展现更多的空间细节，有较好的应用前景。用降尺度之后的GPM降水数据（1 km × 1 km）代入SRM模型中模拟了金沟河流域的逐日径流量，并与采用实测降水数据模拟的结果进行对比。用降尺度的GPM数据模拟日径流的R^2平均值为0.847，纳什系数（NSE）的平均值为0.715，即用降尺度的GPM遥感降水数据模拟径流的精度比用实测数据模拟径流的精度偏低2.5%，取得了很好的效果。可见，降尺度之后的该产品可应用于观测数据缺乏的高寒山区的融雪径流模拟，作为数据稀缺山区的代用数据有很好的应用前景，解决了无测站高海拔山区降水数据的稀缺问题，为模型提供了可替代的降水数据源。

（3）对SRM模型参数进行敏感性分析得出，融雪径流系数（C_S）和度日因子（α）对融雪径流量的影响较大，而临界温度（T_{CRIT}）的影响最小。它们的影响大小次序为：$C_S > \alpha > C_R > T_{CRIT}$。对SRM模型输入变量进行敏感性分析得出，气温（$T$）对融雪径流的影响最大，而降水量（$P$）的影响最小。它们的影响大小次序为：$T > S > P$。总之，气温对融雪径流的影响更大。

（4）基于CMIP6多模式数据对流域不同的气候变化情景下未来10年、20年、30年和40年的融雪径流变化进行了预估，结果表明，流域未来径流变化均呈上升趋势。这可能是因为未来流域气温上升，积雪和冰川加速融化，加上降水量也在增加，导致径流量在短期内呈上升趋势。其中，SSP1-2.6情景和SSP3-7.0情景下预估的未来径流量变化趋势一致。相比其他几种情景，SSP2-4.5情景下预估的未来径流变化涨幅较快，而SSP5-8.5情景下预估的未来径流量涨幅最大。到2059年，金沟河流域总径流量是2019年的1.30—1.56倍，而洪峰流量是2019年的1.51—1.71倍。随着气温的升高，夏季径流量增加，导致雪线上升，冰川退缩，未来径流量在到达峰值后将会逐渐下降，这将会进一步加剧干旱区未来水资源的短缺问题。因此，为了干旱区水资源的可持续利用和社会经济的良性发展，相关部门需采取有关政策以应对气候变化，提高应对未来气候变化的能力。

山西作为我国北方典型的干旱半干旱地区，同样面临着水资源短缺和气候变化带来的挑战。本书借鉴金沟河经验，结合山西实际探讨先进技术在该地区水资源管理中的应用，为水资源可持续利用提供科学参考。本书研究成果可为干旱地区水资源利用提供科学依据。

目　录

图目录

表目录

第一章

绪论

第一节 研究背景及意义

积雪是指降雪覆盖地面或冰面形成的雪层，是大气固态降水中普遍存在的一种形式，同时也是地球上非常重要的淡水资源之一。在全球气候变化的背景下，积雪作为气候系统的敏感指示器，其变化对水文循环、生态系统以及人类社会经济发展具有深远影响。近年来，随着全球气温的持续上升，积雪的分布、积累和消融过程发生了显著变化，尤其是在高寒山区，积雪的消融不仅直接影响径流的形成，还可能引发洪水、干旱等极端水文事件。因此，积雪的研究成为水文学、气候学以及生态学等领域的热点问题之一。在水文模型中，积雪面积（SCA）、积雪深度（SD）等参数是模拟融雪径流过程的关键输入数据，其精度直接影响模型模拟结果的可靠性。根据积雪的持续时间，积雪通常被划分为永久性积雪和季节性积雪，其中季节性积雪对水文循环的影响尤为显著。

新疆地处欧亚大陆腹地，属于典型的大陆性干旱气候区，其独特的地理环境——“三山夹两盆”（天山、昆仑山、阿尔泰山环绕塔里木盆地和准噶尔盆地）使该地区干旱少雨，地表水资源匮乏。据统计，新疆的水资源总量仅占全国的3%，但其面积却占全国总面积的1/6，水资源短缺问题尤为突出（吴素芬等，2006；左其亭等，2021）。在我国，积雪主要分布在西北、东北和青藏高原三大区域，而新疆作为全国积雪分布最为广泛的地区之一，其积雪量占全国积雪水资源总量的1/3（王增艳等，2012）。山区冰雪融水是新疆水资源的主要来源，尤其是在春季和夏季，积雪和冰川的消融为河流、湖泊以及地下水提供了重要的补给。然而，近年来受全球气候变暖的影响，新疆的气候发生了显著变化，降水量普遍增加，极端气候事件频发，洪旱灾害的频率和强度均有所上升，给当地的农业生产、生态环境以及社会经济带来了巨大的损失（董玉文等，2004；古丽娜，2010）。

金沟河流域位于新疆天山北坡，是典型的干旱半干旱内陆河流域。由于其特殊的地理位置和气候条件，该区域的生态环境极为脆弱。近年来，随着人类活动的加剧，流域内的水循环过程发生了显著变化，主要表现为下游水量减少、河道缩短、尾闾湖泊干涸等现象，流域水文系统的整体性受到了严重破坏。此外，气候变化和人类活动的双重影响还改变了流域原有的降水产汇流过程，导致融雪洪水的发生频率和强度显著增加，洪水灾害造成的经济损失和社会影响日益加剧。因此，如何准确预测山区流域的融雪性洪水，成为当前水文研究中的重点和难点问题。

本书以新疆天山北坡的金沟河流域为研究对象，旨在深入探讨积雪融雪的变化规律及其对流域水循环过程的影响，分析积雪的时空分布特征、融雪径流的驱动机制以及未来气候变化对径流的影响，构建高寒山区融雪产流过程的模拟与预测模型，并在此基础上建立起春季融雪性洪水预报系统。积雪融雪水是金沟河流域乃至整个新疆地区重要的水资源来源，研究该流域的融雪产流变化规律，不仅有助于理解气候变化对高寒山区水文过程的影响机制，还能为区域水资源管理、农业生产实践、雨雪水资源高效利用以及农田水土保持提供科学依据和技术支持。

具体而言，本书的研究意义主要体现在以下几个方面。

（一）科学意义

通过分析金沟河流域积雪的时空分布特征及其变化规律，揭示气候变化对积雪消融过程的影响机制，为高寒山区水文过程的研究提供理论支持；改进现有的融雪径流模型（如SRM模型），提高模型在高寒山区的适用性和模拟精度，为类似区域的水文模拟提供参考；基于历史数据和未来气候情景，预测流域未来融雪径流的变化趋势，为应对气候变化带来的水文风险提供科学依据。

（二）实践意义

开发春季融雪性洪水预报系统，为金沟河流域的防洪减灾提供技术支持，减少洪水灾害对当地社会经济和生态环境的负面影响；为新疆地区的水资源管理提供科学依据，优化水资源的分配和利用，特别是在农业灌溉、生态补水等方面的应用；通过研究积雪融雪水的变化规律，为区域雨雪水资源的高效利用提供技术方案，促进水资源的可持续利用。

（三）社会意义

提高公众对气候变化和高寒山区水资源保护的意识，促进社会对水资源管理的参与和支持；为政府决策部门提供科学依据，帮助制定适应气候变化的区域发展规划和政策，减少极端气候事件对社会经济的冲击。

（四）生态意义

通过研究积雪融雪对流域水循环的影响，为生态系统的保护和修复提供科学依据，特别是在干旱半干旱地区，水资源的合理利用对维持生态平衡至关重要；减少人类活动对流域水文过程的干扰，促进流域生态系统的可持续发展。

综上所述，本书立足于新疆金沟河流域，通过深入分析积雪融雪的变化规律及其对水文过程的影响，构建高寒山区融雪产流过程的模拟与预测模型，不仅具有重要的科学价值，还能为区域水资源管理、防洪减灾、农业生产以及生态保护提供实践指导，具有广泛的社会、经济和生态意义。在全球气候变化背景下，本书将为高寒山区水资源的可持续利用和区域可持续发展提供重要的理论和技术支持。

第二节 国内外研究现状与趋势

一、降水数据获取研究进展

降水是流域产流过程和径流量的源变量，是水文模型不可或缺的重要输入数据之一，同时也是模型模拟不确定性的主要来源之一。流域降水径流过程的模拟依赖高质量的降水数据，而地面观测数据是降水数据的最主要来源，能够为流域降水产流过程模拟提供可靠的支持（Chaplot等，2005）。然而，尽管低海拔地区气象站点分布较为密集，能够形成可靠的降水数据网络，但在高海拔山区，由于地形复杂、气候恶劣、交通不便等原因，气象站点稀少甚至完全缺失，导致降水数据的获取成为一个普遍性难题。

随着科学技术的不断进步，从遥感卫星到地面观测，一系列新兴观测技术的出现正在从根本上改变水文科学的面貌（李新等，2004）。水文学逐渐从“数据稀缺”时代迈入“数据丰富”时代（Mclaughlin等，2002）。目前，可用的降水数据源主要包括地面观测降水数据、卫星反演降水数据、雷达估测降水数据等，为用户提供了更多的选择。这些数据源各有优缺点，适用于不同的研究需求和应用场景。地面观测降水数据是通过气象站点直接测量获得的，具有较高的精度和可靠性，是水文模型中最常用的降水数据来源。然而，地面观测数据的空间覆盖范围有限，尤其是在高海拔山区和偏远地区，站点分布稀疏，难以满足高分辨率水文模拟的需求。此外，地面观测数据的获取和维护成本较高，且易受人为因素和仪器误差的影响。

20世纪80年代以来，随着遥感技术的快速发展，科学家们开发了多种具有不同时空分辨率的卫星降水产品，如TRMM（Tropical Rainfall Measuring Mission）数据、CMORPH（CPC MORPHing Technique）数据、PERSIANN（Precipitation Estimation from Remotely Sensed Information Using Artificial Neural Networks）数据和GSMaP（Global Satellite Mapping of Precipitation）数据等。这些卫星降水产品为数据稀缺地区提供了重要的数据补充。其中，TRMM卫星是21世纪以来最为成功的降水卫星之一，被广泛应用于热带地区的降水探测（余坤伦等，2018）。TRMM卫星的空间分辨率为0.25°×0.25°，时间分辨率为3小时，覆盖南北纬50°之间的所有地区。TMPA（TRMM Multi-satellite Precipitation Analysis）数据集是在TRMM基础上发展而来的，融合了多传感器的降雨分析数据产品（Huffman等，2007；Mantas等，2015；Tan等，2018）。许多学者利用TRMM和TMPA数据进行了相关研究，并取得了良好的效果（Yin等，2008；Li等，2010；Mei等，2017）。这些研究表明，遥感降水数据在数据稀缺山区的应用前景广阔，是一种有效的替代数据源。

随着技术的不断推进，美国航空航天局（NASA）与日本宇宙航空研究开发机构（JAXA）在TRMM卫星成功发射的基础上再次合作，于2014年成功发射了最新的全球降水测量计划卫星GPM（Global Precipitation Measurement）。GPM卫星的成功发射标志着从TRMM时代向GPM时代的过渡，为高空间分辨率水文研究提供了新的数据源。与TRMM卫星相比，GPM卫星在技术和性能上有了显著提升。GPM卫星搭载了双频测雨雷达（DPR）和GPM微波成像仪（GMI），能够更精准地区分雨雪，提供更高精度的降水数据。GPM卫星的空间分辨率提高到0.1°×0.1°，时间分辨率为30分钟，覆盖范围扩展至南北纬65°之间的所有地区（Prakash等，2016；Wang等，2018）。这些改进使GPM卫星在复杂地形和高海拔山区的降水监测中表现出色，为水文模型提供了更高质量的输入数据。

近年来，多源数据融合技术逐渐成为降水数据获取的重要发展方向。通过将地面观测数据、卫星反演数据和雷达估测数据进行融合，可以充分发挥各数据源的优势，弥补单一数据源的不足，提高降水数据的精度和可靠性。未来，随着遥感技术的进一步发展和数据处理能力的提升，降水数据的获取将朝着更高精度、更高分辨率、更广覆盖范围的方向发展。如随着GPM卫星的广泛应用，未来将会有更多高分辨率卫星降水数据产品问世，为水文模型提供更精细的输入数据；人工智能和大数据技术将在降水数据的处理和分析中发挥越来越重要的作用，例如通过深度学习算法提高降水数据的反演精度和预测能力；多源数据融合与同化技术将成为降水数据获取的主流方法，通过整合地面观测、卫星反演和雷达估测数据，生成更可靠的降水产品；基于高精度降水数据的实时监测与预警系统将得到广泛应用，为防洪减灾和水资源管理提供技术支持。

总之，降水数据的获取技术正在不断进步，从地面观测到卫星遥感，从单一数据源到多源数据融合，降水数据的精度和可靠性得到了显著提升。未来，随着技术的进一步发展，降水数据将在水文模型、气候研究以及水资源管理中发挥更加重要的作用。

二、融雪过程研究进展

融雪水是春季径流补给的主要来源之一，其形成过程是暖气团、太阳辐射和降雨等多种气象因子与下垫面特征（如地表覆被类型、土壤持水能力和地形地貌等）综合作用的结果。融雪过程受多种因素的影响，其中气象因子中的温度、辐射和降雨是主要驱动因素，而下垫面特征则通过改变能量分配和水分运移过程间接影响融雪。在这些因素中，温度和降雨对融雪过程的影响最为显著。

温度是影响积雪融化的最关键因素。当气温升高时，积雪表层吸收的热量增加，导致积雪开始融化。Komarov等（1973）指出，积雪融化过程中水分的运动与温度直接相关。Sospedra-Alfonso等（2015）在落基山脉的研究表明，气温与雪水当量（SWE）和积雪持续时间呈线性相关。Hamlet等（2005）的研究进一步证实，美国西部地区雪水当量的下降以及春季融雪的提前与全球变暖密切相关。太阳辐射是积雪消融的重要热量来源之一。积雪表层吸收太阳辐射的能量，其吸收能力与雪的反射率密切相关。在冬季，积雪反射率较高，太阳高度角较小，积雪吸收的太阳辐射较少，难以发生融化。然而，随着春季气温回升，太阳高度角增大，积雪吸收的太阳辐射增加，积雪开始逐渐融化。Sicart等（2006）研究发现，融雪过程中消耗的能量主要来源于长波辐射和地热，但太阳辐射仍然是积雪消融的重要热量来源。降雨对积雪融化具有双重作用。一方面，降雨带来的热量可以加速积雪的融化；另一方面，降雨会改变积雪的结构，增加积雪的密度，从而影响融雪水的运移过程。

积雪融化过程呈明显的季节性变化。积雪表层吸收太阳辐射的能量，与雪的反射率有关，雪的反射率决定雪面吸收太阳辐射的能力。在冬季，积雪反射率较高，太阳高度角较小，雪层吸收太阳辐射的能力较弱，积雪难以发生融化。但随着春天气温的回升，积雪层吸收的太阳辐射增加，积雪开始融化。20世纪初，Horton开启了积雪消融的研究。在20世纪80年代，以能量和水量为基础，Kane和Stein（1983）建立了融雪分布式模型，表明积雪消融与能量和积雪层中水分的分配相关。1997年，有学者在分析积雪消融时考虑到了能量交换，开始从能量平衡的角度分析积雪融化过程，融雪研究也逐渐进入物理过程模型的时代（Cline，1997；Walter等，2005；Fontaine等，2002；Garen和Marks，2005）。随着科学技术的不断发展，遥感技术、地理信息系统（GIS）和数值模拟技术等现代技术手段被广泛应用于积雪融化研究中，为融雪研究提供了新的工具和方法。例如，Molotch和Margulis（2008）利用遥感数据对积雪的时空分布进行了高精度监测；Fang等（2010）结合GIS技术和能量平衡模型，模拟了复杂地形下的融雪过程。这些技术的应用不仅提高了融雪研究的精度和效率，还为融雪水资源的合理利用和管理提供了科学依据。

许多学者开展了积雪融化过程中液态水运移的相关研究。研究发现雪密度与雪层之间的渗透力相关（Colbeck，1983）。有学者基于实测的气温数据，反演分析了雪层含水量（陈凯，2012）。在拟合过程中，划分一定时间间隔，对雪层含水量进行划分，进而得到了雪层含水量的时空变化。王慧等（2013）运用多元统计回归模型，对新疆军塘湖流域进行了研究，认为在积雪融化过程中，雪层含水率从下到上呈减少的趋势，中期与之相反，从下到上呈增加的趋势；在融雪过程中，上层含水率呈周期变化，中层与下层变化幅度差异较小；并且模拟了积雪不同剖面层含水率的变化，表明影响雪层含水率的因素包括气温、雪深、雪重和雪温等，并指出在众多影响因素中，气温对于积雪含水率变化影响最大，且存在一定的滞后性。

总之，融雪水是春季径流补给的重要来源，其形成过程受多种气象因子和下垫面特征的综合影响。随着研究技术的不断进步，融雪研究在理论和应用方面都取得了显著进展。未来，融雪研究将朝着多学科交叉、高精度模拟和实际应用的方向发展。如通过融合地面观测数据、卫星遥感数据和雷达数据，提高融雪模型的输入数据质量，减少模型的不确定性；利用高分辨率气候模型和分布式水文模型，模拟复杂地形下的融雪过程，提高模拟精度；在全球气候变化的背景下，评估气温升高和降水变化对积雪积累和融化过程的影响，为应对气候变化提供科学依据；将融雪研究成果应用于水资源管理、防洪减灾和农业生产等领域，为区域可持续发展提供决策支持。

三、融雪径流模型研究进展

融雪径流模型实际上是为描述积雪消融过程构建的方程。如何准确监测融雪径流就显得非常重要。过去积雪研究观测比较局限，主要集中于地面气象站（Yang等，2019）。近年来，随着遥感技术的发展，积雪研究逐渐从点发展到面，甚至覆盖全球，时间序列也延长到几十年。遥感技术已经成为现阶段积雪研究的有效方法，逐渐弥补了实测数据之前的缺陷，二者的结合使融雪径流模拟的效率大大提高（Li等，2020；Wang等，2020；Xiao等，2020；Zengir等，2020；Jin等，2019；Li等，2019；Nagler等，2008；Bales等，2006）。Jin等（2019）采用遥感数据提取积雪面积（SCA），作为SRM模型的重要输入变量，在一定程度上弥补了观测数据的不足。Zengir等（2020）考虑到降雪在水资源供应中的重要作用，利用遥感数据监测和分析了伊朗山区雪深、积雪覆盖面积变化以及与地下水之间的关系，认为地下水含水层的减少趋势与研究区降雪量的减少高度相关。为研究北半球雪深的变化特征，Xiao等（2020）利用被动微波遥感数据开发了北半球长期日雪深数据集，并对该数据集的准确性进行了评估。Li等（2019，2020）结合实测数据和遥感数据对流域积雪覆盖面积、积雪日数、雪深等积雪物候进行了研究。估计因雪融化而产生的径流是水文学家最重要的活动之一。Nagler等（2008）为进行短期径流预测，制订了一种数据同化方案。Steele等（2017）评估了由MODIS积雪产品提取而来的积雪覆盖面积，提出在使用模型模拟融雪径流前，要充分认识和理解所有的误差源，从而使误差降到最小。在喜马拉雅山流域积雪研究中，Immerzeel等（2009）利用遥感技术对亚洲地区的积雪动态进行了时空分析，并利用校正后的SRM模型，分析了气温、降水量、积雪和径流之间的关系。Khadka等（2014）研究发现，在观测期间（2000—2009年）流域约18%的年径流量是由冰雪融化贡献的，并采用基于温度指数的融雪径流模型对流域2000—2059年径流进行了模拟。雪在水供应中的关键作用经常被量化使用融雪引起的径流与总径流的比率。有研究基于水文模型模拟和一种新的融雪跟踪算法，发现美国西部53%的径流来自融雪，且在山区，融雪占总径流的70%（Li等，2017）。

关于融雪径流模型，国外学者较早开展了相关研究。为解决美国西部由于融雪径流造成的洪水灾害问题，美国政府与中国气象局联合陆军部队于20世纪50年代实施了“积雪联合调查”计划，至此开始了积雪融水的相关研究（Lee等，2010）。1956年，有学者首次提出在计算融雪量时加入雪盖和周围环境之间存在的能量交换，并经过完善之后构建了一种新的能量平衡模型（Dunkle等，1956）。融雪模型根据计算的尺度，被分为单点模型和空间分布式模型。单点模式指的是把研究区看作一个点，如附近的某个气象站点，然后基于这个气象站点进行模拟。空间分布模式指的是把研究区划分成若干个网格，再基于每一个网格进行模拟（Hock，2003）。随着科技的发展以及GIS（Geographic Information System）、DEM（Digital Elevation Model）和RS（Remote Sensing）技术的快速发展，现已发展到了分布式融雪模型。

现阶段为了模拟融雪径流，已经发展了多种融雪模型，代表性模型主要可分为两种：一种是基于气温指标的模型（又称概念性模型或度日模型），另一种是基于能量平衡的物理性模型。由于融雪径流过程主要发生在上游，一般位于山区积雪较多的地方，该区域海拔较高，地形复杂，实测站点较少，缺乏模型所需要的实测数据，因此Hoinkes和Steinacker等（1975）提出了概念性模型，该模型对实测数据的要求较低。常见的有SRM融雪径流模型，HBV水文预报模型，PRMS降水径流模型等（Leavesley等，1995；Liang等，1994；Jordan，1991；Bergstrom，

1976；Martinec，1975；Matinee，1975)。这类模型主要是建立气温和融雪率的经验方程。但是由于概念性模型所需实测数据较少，而积雪消融过程往往是多种因素共同作用的结果，因此概念性模型的模拟结果与实际结果之间存在一定的误差。因此为提高模型模拟精度，学者们开始考虑物理模型，常见的有SNTHERM模型、VIC模型、SHE模型等（Nijssen等，1999；Jordan，1991)。物理性模型与概念性模型区别在于，它更重视融雪过程的物理细节，因此需要足够多的准确的实测数据，并且参数繁多。

我国水文条件复杂，较晚开始对融雪径流的相关研究。20世纪80年代初，有学者为预报径流量，在结合水文气象统计资料的基础上，初步构建了简易的模型，随后学者们开始研究概念性融雪模型。张国威等（1995）调整分析了水箱等三种模型的融雪和蒸散发模块，以提高模型模拟精度；王国庆等（1997）计算了黄河上游积雪面积（SCA)，并代入模型当中，模拟研究区的月径流量，进一步探讨了流域径流量对气候变化的响应；为研究西北干旱区的融雪径流，康尔泗等（1999）对HBV模型进行了改进，分析了研究区气候变化对流域径流量的影响；同年，王建等将遥感技术应用到积雪研究，从遥感数据当中提取了积雪参数，将曲什安流域划分为3个分带，并应用数字地形因子，进行监督分类统计，构建了分带式融雪径流模拟模型；俞鑫颖和刘新仁（2002）将DEM和GIS等最新技术应用到积雪研究中，结合地形因子划分了不同的格网来计算流域径流量，建立了网格式空间水文模型。随着“3S”和DEM等新技术在积雪研究中的广泛使用，学者们开始了分布式融雪模型的相关研究（赵求东等，2007；陈仁升等，2006)。他们使用了“3S”和DEM等新技术，结合遥感数据和气象数据反演积雪信息，进一步改进融雪算法，并把反演结果输入融雪模型中，进一步提高了模型的模拟精度。万育安等（2010）结合BTOPMC模型改进了基于温度指标的融雪模型，经评估发现改进后的模拟值与实测值之间的误差被大大缩小。乔鹏等（2011）基于能量平衡，研究了分布式模型在研究区径流模拟的应用。吴晓玲等（2012）基于能量平衡和水量平衡的基本原理，结合相关数学方法来描述研究区积雪和土壤水热变化特征，构建了冻土耦合模型。目前关于融雪径流模拟的相关研究还不够，还需要进一步完善。随着遥感技术加上积雪相关理论依据的发展，以能量平衡为基础的分布式模型逐渐成为当前研究的热点问题。

山区地面观测站点稀少、地形复杂、数据缺乏，尤其是在高寒山区更是如此，因此在山区流域融雪径流的模拟和预报上，对数据要求较低的概念性模型就具有明显的优势，在各种融雪模型中，SRM模型的使用范围最广，模拟效果较好。

四、SRM融雪模型研究进展

SRM（Snowmelt Runoff Model）融雪径流模型是由瑞士科学家J. Martinec等于1975年建立一个半物理机制的融雪径流模型。该模型最初应用于国外的一个小流域，经过多年的发展和改进，目前已在全球多个国家和地区的流域中得到广泛应用，并取得了良好的模拟效果（Lee等，2005）。SRM模型以其简单、实用和较高的模拟精度，成为融雪径流模拟领域的重要工具之一。本书从SRM模型的国际应用、国内应用及其改进与优化等方面，详细阐述其研究进展。

SRM模型自提出以来，已在全球多个国家和地区的流域中得到了广泛应用，涵盖了从温带到寒带、从平原到高山的多种地理和气候条件。学者们通过在不同流域的应用，不断验证和改进SRM模型的适用性和精度。在SRM模型的早期应用中，学者们发现传统的度日因子提取方法存在一定的误差。Liston等（1995）通过研究提出了更精确的度日因子提取方法，显著提高了模型的模拟精度；Mernild等（2008）在格陵兰岛某研究区应用SRM模型，结合当地的气象数据，验证了模型在高纬度寒冷地区的适用性，并分析了融雪径流的变化特征；Franz等（2008）在美国西部地区应用SRM模型进行径流预测，通过模型校准和不确定性分析，进一步优化了模型参数，提高了模拟结果的可靠性；Peel等（2011）根据美国加州地区独特的气候条件和地理位置，结合模型基本原理，对模型参数进行调整使其符合该地区的应用情况；根据卡茨基尔地区的地理特征，相关学者采用SRM模型预估了当地的融雪径流，为融雪性洪水的预报提供科学依据（Pradhanang等，2013）；Frey等（2015）对SRM模型进行了改进，通过温度的插值和添加辐射因子，进一步提高了模型在山区模拟的效率。但是，无论哪种模型都存在不确定性，SRM融雪模型也不例外。相比其他融雪模型而言，SRM模型的模拟精度较高，但是由于山区地形的复杂，模型模拟结果与实际结果之间仍然会存在一定的误差，模型的不确定性仍然会存在（宁理科等，2012）。

SRM模型在国内的应用始于20世纪末，经过多年的发展，已在我国多个山区流域中得到了广泛应用。国内学者通过结合地理信息系统（GIS）、遥感技术（RS）和数字高程模型（DEM）等现代技术手段，进一步提高了SRM模型在我国高寒山区的适用性和模拟精度。王建等（2001）将GIS和DEM新技术应用在模型中，以期通过新技术获取模型所需参数，进而提高模型的适用性；刘俊峰等（2006）以高寒山区代表性流域为研究区，并对该流域进行分带，发现分带不同对模型的模拟结果有很大的影响；黑河流域上游以融雪水为主要补给，李弘毅等（2009）运用SRM融雪模型在黑河流域上游进行模拟和预估发现，SRM模型在该区域的模拟径流结果与实测径流值之间相差不大，模拟精度较高，SRM模型在该地区是适用的；高洁等（2011）在利用SRM模型研究高山积雪的融雪径流过程中结合了Snow Column模型，模拟了玛纳斯河的径流量；王晓杰（2012）以干旱区内陆河流域为研究区，研究了山区径流与气温和降水之间的关系发现，气温和降水对径流的影响很大；怀保娟等（2013）和李晶等（2014）以乌鲁木齐河源区和塔河源区托什干河流域为研究，研究模型在该流域的适用性，并应用SRM模型对该流域未来的融雪径流状况进行了预测；以长白山山区为研究区，利用模型模拟了该地区的融雪径流，了解该地区积雪时空分布特征和融雪变化规律（杨倩等，2015）；高寒山区地形复杂，缺乏实测数据，刘晓林等（2015）和赵军等（2015）将遥感技术应用在这些地区，与模型相结合，提取了SRM模型所用参数，对流域的融雪径流进行了模拟和预测，为高寒山区的融雪径流模拟开辟了新的道路，并为预防山区春季融雪型洪水灾害和减轻春旱提供了科学依据，具有非常重要的现实意义。陈心池等（2018）利用SRM融雪模型对奎屯河流域的融雪径流进行了模拟，并对当地由于融雪径流导致的洪水进行了预估。

尽管SRM模型在全球范围内得到了广泛应用，并取得了良好的模拟效果，但其在高寒山区的应用仍面临一些挑战。例如，高海拔山区气象站点稀少，降水数据和气温数据的获取仍然面临挑战；融雪过程中液态水运移机制尚未完全明确；模型的不确定性来源复杂，如何量化和管理不确定性仍是研究的难点。

未来，SRM模型的研究将朝着以下几个方向发展：通过引入高分辨率气象数据和地形数据，提高模型在高寒山区的模拟精度；结合水文学、气候学、生态学等多学科知识，进一步揭示融雪径流的形成机制；将SRM模型应用于水资源管理、防洪减灾和生态保护等领域，为区域可持续发展提供决策支持。

总之，SRM模型作为经典的融雪径流模型，在全球范围内得到了广泛应用，并取得了良好的模拟效果。未来，随着技术的不断进步和研究的深入，SRM模型将在高寒山区融雪径流模拟和水资源管理中发挥更加重要的作用。

五、水文模拟不确定性研究进展

水文过程是复杂的，加上观测资料有限，因此水文过程受到多种因素共同影响，使不确定性广泛存在于水文模型的模拟和预测结果中（杜新忠，2011）。即使模型完美，模拟或预测误差仍然无法避免。一般而言，国内外学者将水文模拟的不确定性大体上分为三个部分：一是模型结构的不确定性；二是输入数据的不确定性；三是模型参数的不确定性（张爽，2019）。三个因素之间并不是孤立的，它们之间相互作用共同影响着模拟结果。但对于融雪水文模型而言，输入数据和模型参数的不确定性对模型模拟的结果影响更大，是模型不确定性的主要来源，成为当前西北干旱区融雪水文模型不确定性研究的重点内容（向燕芸等，2017）。

（一）模型结构的不确定性

科学家在构建水文模型时，依据对自然现象的了解，利用数学方法构建相关物理方程以期尽可能准确地描述这些复杂的水文现象，如何构建合适的模型以及模型的结构成为水文学研究中的核心问题。随着科学家们的不断深入研究，模型结构逐渐贴合了真实的水文过程，模型模拟精度在逐渐提高，与此同时，也减少了模型模拟的不确定性。自然界的水文循环过程非常复杂，水文循环过程与数学刻画之间难免存在误差，无法用数学语言准确表达，任何模型都是对现实的抽象、简化和解释，因此水文模型结构的不确定性不可避免（Refsgaard等，2006）。为使模型能更好地贴近自然界实际的水文过程，科学家们往往会采用一些合理的假设（Gupta等，2012；Cooley，2004；Kavetski等，2003）。并且由于流域不同，其地理特征、气象特征等基础条件也不同，一个模型不可能适用于多个地区，因此科学家们研究了各种类型的水文模型以适应不同类型的地区，如湿润半湿润地区或者干旱地区所采用的水文模型也不同。另外，自然界水文现象是在流域尺度发生的，是一个面状的水文过程，而最初模型建立是在“点”上应用，因此在用到“面”上时，会与实际水文情况存在一定的误差（董磊华，2013）。目前，科学家们已经开展了较多关于模型结构不确定方面的研究，并取得了一定的成效。Gupta等（2012）根据目前所面临的问题，从五个方面全面评估了模型结构的不确定性，提出了解决模型不确定性的新思路。Xu等（2017）从模型结构上考虑如何消减模型的不确定性，采用一定方法对模型不确定性消减之后，模型模拟精度有了很大的提升。

（二）输入数据的不确定性

水文模型中的变量通常指气象、地形等方面的物理变量。模型输入的不确定性主要包括：地形复杂带来的数据测量误差，以及气温降水量等变量在刻画时物理方程与实际水文过程之间的误差。因此有学者在处理这种问题时，运用了随机高斯误差法，并提出了输入数据误差模型，经过研究表明这种方法对提高模型的模拟精度有很大的帮助（Ajami等，2007）。Zhang等（2016）以开都河流域为研究区，利用DRAM算法研究SWAT模型中输入数据（气温和降水量）误差与参数不确定性之间的影响，认为输入数据存在误差的话对后面流域径流的模拟有很大的影响。

（三）模型参数的不确定性

模型参数的不确定性是模型不确定性研究的重点内容之一，该研究在国外起步较早，是水文学研究的热点。数值计算技术的不断发展，带动了参数优化方法的进步。国际水文学会认为，山区地形复杂，实测数据缺乏，给模型参数估计带来一定的困难，未来应将研究重点放在这些地方，在山区开展更多的研究以提高山区模拟的精度。最早对模型参数不确定性问题进行研究的是Beven和Binley（1992），他们认为在模型输入的众多参数中，不同参数对模型结果的影响可能是相同的，并且提出了一种新的研究方法——“GLUE法”用来研究模型参数的不确定性，被大家广泛应用；后来，有学者开始研究模型输入参数的分布情况（Haan等，1998）；另外，有学者在评估SWMM模型不确定性时，应用了GLUE法，结果表明GLUE法对减少模型不确定性有很大的帮助（Sun等，2014）。在关于莱州湾为研究区的相关研究中，有学者利用MCMC法评估了该区域地下水的污染情况，认为MCMC对模型参数的评估很有帮助（Zeng等，2016）；以喜马拉雅山为研究区，有学者在M-H的基础上，通过MCMC法分析模型参数的不确定性，认为该方法有利于识别模型的未知参数，减少了模型的不确定性，并且径流值的模拟结果与实测值之间的差值逐渐缩小，模型的模拟精度也大大提高（Panday等，2014）。

近年来，关于水文模型中的参数不确定性在国内兴起，学者们开始关注到了模型参数不确定性给模型精度带来的不同程度的影响。有学者采用GLUE法分析模型的不确定性，并对流域未来径流变化进行了预测（莫兴国和刘苏峡，2004）；也有学者将GLUE法用在新安江模型参数的不确定性分析当中，结果表明该模型的输入参数中有许多参数对模型的影响效率相同，并大致将其这些参数划分为三种（舒畅等，2008）；宋晓猛等（2012）在Morris法的基础上，构建了一种新的方法——RSMSobol法，用于定性和定量识别参数敏感性。目前，学者们越来越开始关注模型参数的不确定性对模型结果的影响，成为水文研究的重点内容。水文模型往往输入参数较多，加之地形复杂，缺乏实测数据的支持，使参数的率定变得更加困难，因此如何解决这一问题，提高水文模型对水文过程的模拟精度仍然是水文界的重点内容之一。

SRM模型由于它所需参数较少，在数据缺乏的高寒山区被广泛应用，但是国内关于该模型参数不确定性的研究还较少，其中有学者以新疆军塘湖流域为研究区，更为系统和深入地探讨了SRM模型的不确定性问题，填补了国内在这方面的研究空白（房世峰，2010）。随后，黄永生（2015）在黑河上游、张爽（2019）在提孜那甫河流域相继开展了融雪径流模拟不确定性分析。近年来，关于中国西部山区流域的融雪径流逐渐得到学者们的关注，对这些流域水文情况的认知、相关的水文预测以及模型参数不确定性等其他问题也将会被逐渐解决。

六、存在的问题及未来发展趋势

通过对国内外关于降水数据获取、融雪过程、融雪径流模型模拟、SRM融雪模型以及水文模拟不确定性等方面的研究进展进行总结，可以发现，尽管在基本理论和定性分析方面已经取得了显著的研究进展，并且通过大量的室内和野外试验积累了丰富的经验，但由于水文现象本身的复杂性、学科之间的交叉耦合以及仪器设施和自然条件等客观限制，融雪径流的相关研究仍然存在一些现实问题和进一步提升的空间。本节从数据获取、模型精度、观测手段、多学科交叉等方面，详细阐述当前研究中存在的问题及未来发展趋势。

（一）存在的问题

数据获取与模型精度的挑战：（1）融雪径流的研究通常受到特定时空

条件的限制，尤其是在高寒山区，气象站点稀少，观测数据匮乏，导致模型输入数据的精度和可靠性不足。此外，融雪径流过程受多种因素（如气温、降水、辐射、地形等）的影响，模型参数众多，不确定性较大，如何提高模型模拟精度仍然是当前研究的重点。（2）模型参数的不确定性：尽管SRM模型等融雪径流模型在全球范围内得到了广泛应用，但由于山区地形的复杂性和气象数据的不确定性，模型模拟结果与实际观测值之间仍存在一定的误差。如何通过参数优化和不确定性分析，减少模型的不确定性，是未来研究的重要方向。

积雪融雪观测手段的不足：（1）观测手段的局限性。目前，大多数关于积雪融雪的实验研究主要采用雪深变化作为计量指标，缺乏对融雪量的精准测量。融雪量的测量难度较大，现有的观测手段难以满足高精度模拟的需求。只有通过精准测量融雪量，并结合气温、辐射等气象数据，建立"融雪—气温"耦合模型，才能更准确地进行径流预报。（2）高精度设备的缺乏。目前，国内外的积雪融雪观测大多依赖传统的雪深测量方法，缺乏高精度称重式设备等先进观测手段。未来需要引入更多高精度设备，以提高观测数据的精度和可靠性。

多学科交叉与综合研究的不足：（1）学科交叉的局限性。融雪径流研究涉及水文学、气候学、生态学、地理学等多个学科，但目前的研究大多局限于单一学科，缺乏多学科交叉的综合研究。例如，融雪过程不仅受气象因素的影响，还与地表覆被类型、土壤持水能力、地形地貌等下垫面特征密切相关。如何通过多学科交叉，揭示融雪径流的形成机制，是未来研究的重要方向。（2）综合模型的缺乏。现有的融雪径流模型大多侧重于单一过程（如融雪过程或径流过程），缺乏对融雪—径流全过程的综合模拟。未来需要开发更加综合的模型，以全面反映融雪径流的形成和演变过程。

（二）未来发展趋势

针对上述问题，未来的融雪径流研究将朝着以下几个方向发展：（1）高精度数据获取与多源数据融合。未来需要引入更多高精度观测设备（如称重式雪量计、激光雷达等），以提高积雪融雪观测数据的精度和可靠性；通过融合地面观测数据、卫星遥感数据和雷达数据，提高模型输入数据的精度，减少模型的不确定性。例如，利用GPM卫星数据和高分辨率气象数据，优化SRM模型的输入参数。（2）模型改进与不确定性分析。通过参数优化和不确定性分析，量化模型模拟的不确定性，提高模拟结果的可靠性。例如，利用机器学习算法（如随机森林、神经网络）对模型参数进行优化；综合模型的开发：开发更加综合的融雪径流模型，全面反映融雪—径流的形成和演变过程。例如，结合能量平衡模型和水文模型，模拟融雪径流的全过程。（3）多学科交叉与综合研究。通过结合水文学、气候学、生态学、地理学等多学科知识，揭示融雪径流的形成机制。例如，研究气候变化对融雪径流的影响，评估人类活动对流域水文过程的干扰；通过开展综合实验和长期野外监测，积累更多的实测数据，为模型验证和改进提供数据支持。（4）实际应用与决策支持。将融雪径流研究成果应用于水资源管理和防洪减灾，为区域可持续发展提供决策支持。例如，开发春季融雪性洪水预报系统，提前预警洪水风险；通过研究融雪径流对生态系统的影响，为生态保护和恢复提供科学依据。例如，评估融雪水资源对植被恢复和水土保持的作用。（5）气候变化背景下的融雪径流研究。在全球气候变化的背景下，评估气温升高和降水变化对融雪径流的影响，为应对气候变化提供科学依据。例如，基于CMIP6气候模式数据，预测未来融雪径流的变化趋势；极端气候事件的应对：研究极端气候事件（如极端降雪、极端融雪）对融雪径流的影响，为应对极端气候事件提供技术支持。

（三）本研究的创新与贡献

针对当前研究中存在的问题，本研究在以下几个方面进行了创新和探索：（1）“融雪—气温”耦合模型的建立。通过野外试验和实测数据，建立了“融雪—气温”耦合模型，提高了融雪径流模拟的精度。（2）SRM模型的改进。基于高分辨率降水数据和改进的度日因子模型，优化了SRM模型的参数设置，提高了模型在高寒山区的适用性。（3）多源数据融合与不确定性分析。通过融合地面观测数据、卫星遥感数据和雷达数据，减少了模型输入的不确定性，并通过参数优化和不确定性分析，提高了模拟结果的可靠性。（4）未来径流变化的预测。基于CMIP6气候模式数据，预测了金沟河流域未来10年、20年、30年和40年的径流变化趋势，为应对气候变化提供了科学依据。

总之，尽管融雪径流研究在理论和应用方面取得了显著进展，但仍面临数据获取、模型精度、观测手段和多学科交叉等方面的挑战。未来，通过高精度数据获取、模型改进、多学科交叉和实际应用，融雪径流研究将在水资源管理、防洪减灾和生态保护等领域发挥更加重要的作用。本书通过创新方法和综合研究，为高寒山区融雪径流模拟和水资源管理提供了科学依据和技术支持，具有一定的现实意义和学术价值。

第三节 研究内容与目标

一、研究内容

本书以天山北坡金沟河流域为例，采用地理信息系统（GIS）和遥感（RS）技术手段，结合数理统计方法，分析流域气温降水特征及积雪融雪变化规律；构建SRM模型，在整理分析流域内基本资料的基础上，获取模型所需基本变量和参数；模型不确定性消减，通过度日因子的改进以及输入数据GPM数据的降尺度，改进SRM模型，提升模型模拟精度；未来预估，基于CMIP6多模式数据对未来不同气候变化情景下流域融雪径流的变化情况进行预估，为流域径流预报提供依据。

（一）流域气温降水特征分析及积雪融雪变化规律

研究流域气温降水特征：基于中国气象局下载的气温降水数据和八家

户水文站的实测气温降水数据，对不同海拔带的气温降水数据进行插值、M-K突变分析等。分析研究区多年气温和降水的时空分布和变化规律，初步掌握研究区气候背景，为后面融雪径流模拟准备基础数据。

研究流域积雪融雪变化规律：利用流域DEM高程数据，结合研究区地表覆被，划分不同海拔带，分析流域不同海拔带、不同坡度、不同坡向积雪变化规律和融雪变化规律。并开展流域测站网格积雪融雪观测实验，研究“融雪—气温”变化关系，为后面模型的改进做准备。

（二）SRM模型的构建

根据研究区实际高程范围，将金沟河流域大致按500 m为间隔划分为7个不同的海拔带。基于实测气温、降水量、径流数据和从遥感数据当中提取的相关参数，获取模型所需基本变量（气温、降水量和积雪覆盖率）和相关参数（滞时、临界温度、退水系数和径流系数等），初步构建起金沟河流域的SRM融雪模型。

（三）模型不确定性分析

水文模型的不确定性主要包括模型结构、输入数据以及模型参数的不确定性三个方面。为提高SRM模型在研究区的模拟精度，本书主要通过改进模型的输入数据和参数来消减模型的不确定性。首先对GPM卫星降水数据在研究区降水的探测能力进行全方位的评估。然后采用地理加权回归模型（GWR）对输入数据GPM降水数据进行降尺度，以提高输入数据的精度。另外，基于在流域测站网格开展的积雪融雪观测实验，建立“融雪—气温”耦合模型，在此基础上改进SRM模型参数度日因子，完成对现有模型的改进，提升模型精度。

（四）金沟河流域融雪径流模拟

利用改进的SRM模型对金沟河流域开展流域尺度降水产流过程的模拟，验证该模型在研究区的适应性以及降尺度之后的GPM数据在高海拔山区流域融雪径流模拟的可靠性，揭示金沟河流域融雪机理，阐明新疆山区雨雪径流形成与转化的关键过程。并进一步对模型参数和输入变量进行了敏感性分析。

（五）未来气候情景下流域融雪径流预估

基于CMIP6多模式数据，对流域未来不同气候情景下该流域气温降水数据进行预测，并基于历史积雪数据和气温降水数据之间的关系，建立多元线性回归模型，对流域未来积雪变化进行预测，进而代入SRM模型，对流域未来融雪径流的变化进行预估，以揭示融雪径流对气候的响应过程与控制机理。

二、研究目标

通过充分利用中低海拔测站网降水数据的梯度变化规律，将实测降水数据递推到不同海拔带上；并通过GPM遥感降水数据的降尺度校正，提出山区降水数据的提取和校正方法，解决山区降水数据的稀缺问题；提出降低模型不确定性的研究方法，提高SRM模型的模拟精度，并对流域未来径流变化进行预估，揭示高寒山区融雪变化规律及融雪径流形成与控制机理。

三、技术路线

本书的技术路线如图1.1所示。根据已有科研基础和所收集的相关数据，基于改进的SRM模型对金沟河流域的融雪径流进行了模拟，并基于未来不同气候变化情景，对流域未来的融雪径流进行了预估。

（1）数据准备阶段：收集本书所使用的相关数据并进行预处理，包括研究区的DEM高程数据、实测气温降水数据、来自MODIS的积雪数据、被动微波雪深数据、金沟河流域出山口的逐日径流数据、流域植被指数（NDVI）数据以及CMIP6多模式数据等。在此基础上分析流域气温降水特征以及积雪融雪变化规律。

（2）水文建模阶段：获取SRM模型所需的变量和相关参数。首先按500 m间隔将金沟河流域分为7个高程带。然后基于以上数据，将实测气温和降水数据递推到不同海拔带上。从MODIS数据中获取积雪面积覆盖率和积雪消融曲线，根据实测数据计算得到度日因子和退水系数，径流系数根据经验获得。

（3）模型验证阶段：首先对SRM模型的不确定性进行消减，主要是通过输入参数度日因子的改进和输入变量GPM降水数据的降尺度来提高模型的精度。模型模拟结果的评估主要采用以下4个指标：*NSE*、R^2、*Bias*和D_V。

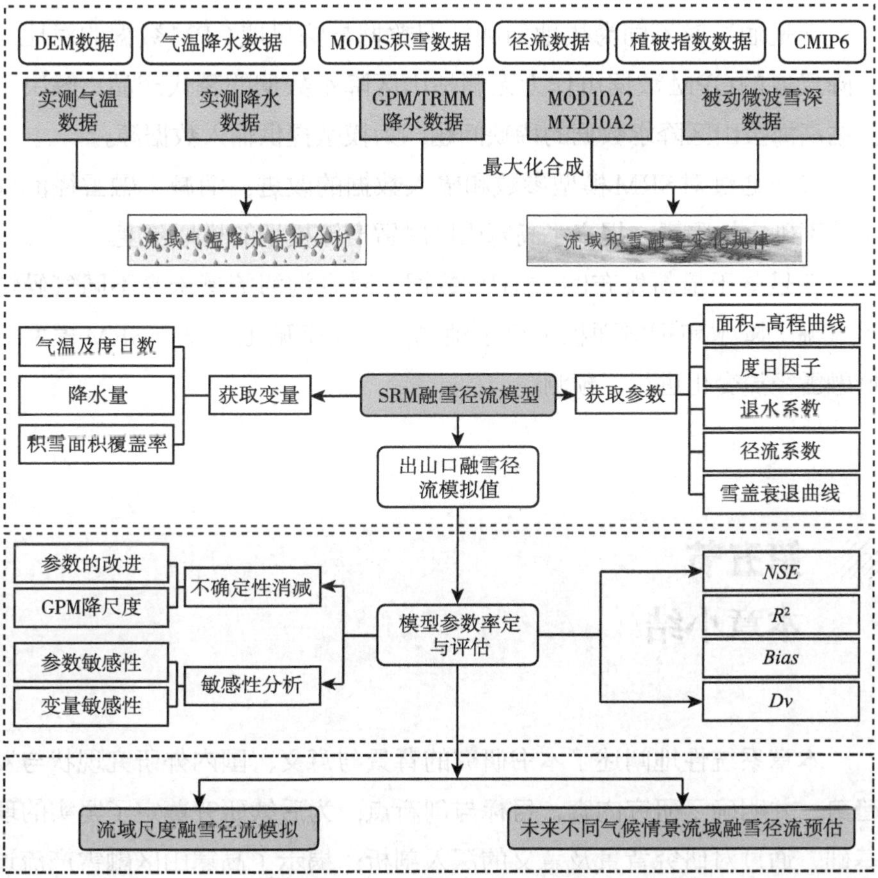

图1.1　本书技术路线

（4）模型应用阶段：基于改进的SRM模型，对金沟河流域融雪径流进行模拟，以验证SRM模型在高寒山区的适应性，以及降尺度之后的GPM降水数据的可靠性。在此基础上，基于CMIP6数据，对流域未来不同气候情景下融雪径流的变化进行预估和分析。

第四节 创新点

一是通过对不同海拔地面测站网数据与降尺度GPM数据的对比，确立降尺度的GPM数据可作为无测站山区降水数据的替代产品，解决了无测站高海拔山区降水数据的稀缺问题，为模型提供输入数据源。

二是通过对SRM模型参数和输入数据的改进，消减了融雪径流模拟中的不确定性因素，提高了高寒山区融雪产流模型的模拟精度。

三是基于最新发布的CMIP6数据，对金沟河流域未来不同气候情景下气温、降水和积雪面积进行了预测，在此基础上，基于SRM模型对流域融雪径流变化进行了预测。

第五节 本章小结

本章系统性地阐述了本书研究的背景与意义、国内外研究现状与发展趋势，并明确了研究内容、目标与创新点，为后续研究奠定了坚实的理论基础。通过对研究背景及意义的深入剖析，揭示了高寒山区融雪产流过程研究的重要科学价值和现实意义。在全球气候变化加剧的背景下，积雪作为关键的气候变化指示器和水资源储存体，其动态变化对区域乃至全球水循环、生态系统稳定性以及人类社会经济发展都具有深远影响。新疆作为我国重要的积雪分布区和干旱区水资源形成区，其融雪水资源不仅关系到当地农牧业生产、工业用水和生态安全，更通过跨流域调水工程影响着更广大区域的水资源供给格局。然而，由于高寒山区特殊的地形地貌特征、极端的气候条件、稀疏的气象水文站点分布，加之气候变化和人类活动的双重影响，使该区域融雪径流的形成机制、演变规律及模拟预测面临诸多科学难题和技术挑战。因此，开展高寒山区融雪产流过程的深入研究，不仅能够完善寒区水文过程的理论体系，更能为区域水资源优化配置、洪水灾害防控、生态保护修复等提供重要的决策支持。

在国内外研究现状与趋势部分，本章采用文献计量与系统综述相结合的方法，从多维度全面梳理了相关领域的研究进展。在降水数据获取方面，随着遥感技术的快速发展和多源数据融合方法的不断创新，卫星降水产品（如TRMM、GPM和IMERG）的空间分辨率和反演精度持续提高，为高寒山区水文研究提供了重要的数据支撑。同时，基于人工智能的降水数据降尺度方法和误差校正技术也取得了显著进展，有效改善了降水数据在高海拔山区的适用性。在融雪过程研究方面，国内外学者通过野外观测、控制实验和数值模拟等手段，从能量—质量平衡的角度深入探究了气温、辐射、风速等气象要素对积雪消融的驱动机制，并逐步揭示了积雪内部液态水运移过程、雪层变质作用等微观物理过程对融雪产流的影响规律。在融雪径流模型研究方面，物理机制更加完善的分布式水文模型和基于能量平衡的融雪模型不断发展，而SRM模型作为经典的度日法融雪模型，通过参数本地化、过程改进和多模型耦合等方式，在高寒山区的适用性得到了持续提升。在水文模拟不确定性研究方面，随着贝叶斯方法、集合模拟和数据同化等技术的应用，对模型输入数据、参数结构和过程描述等方面的不确定性认识不断深入，为模型改进和结果解释提供了科学依据。

尽管相关研究取得了显著进展，但当前仍存在若干亟待解决的关键科学问题。第一，在高寒山区特殊环境下，降水相态判别、固态降水捕获率、风吹雪再分布等过程仍缺乏可靠的观测手段和准确的模拟方法。第二，积雪内部液态水运移过程及其对产流时间的调控机制尚未完全阐明，特别是季节性冻土影响下的融雪入渗—产流过程需要更深入的研究。第三，现有SRM模型在复杂地形条件下的空间异质性表征能力有限，对冰川—积雪混合消融过程的模拟仍存在较大不确定性。第四，气候变化背景下极端融雪事件的触发机制和预测方法研究相对薄弱，难以满足灾害预警的实践需求。第五，多源数据融合中的尺度匹配问题和误差传递机制尚未得到很好解决，限制了遥感数据在水文模拟中的应用效果。未来研究应重点关注以下几个发展方向：(1) 发展基于多平台协同的天地一体化观测技术，构建高寒山区综合监测网络；(2) 加强积雪物理过程与水文过程的耦合研究，发展具有物理基础的分布式融雪模型；(3) 深化人工智能等新技术在水文模拟中的应用，提升模型的计算效率和适应性；(4) 开展气候变化情景下的水资源脆弱性评估，研发面向决策支持的预测预警系统。

基于上述科学问题和研究需求，本书选择新疆天山北坡的金沟河流域作为典型研究区，该流域具有完整的高山—中山—低山垂直带谱，积雪和冰川分布广泛，是研究高寒山区水文过程的理想场所。研究将系统分析流域气候与积雪的时空变化特征，评估多源降水数据（特别是GPM卫星降水产品）在高寒山区的适用性，改进SRM模型的参数化方案和计算框架，并预估未来气候变化情景下的径流响应。研究目标是通过改进SRM模型，提高高寒山区融雪径流模拟的精度，进而构建起“观测—模拟—预测”一体化的研究框架，旨在揭示气候变化背景下高寒山区融雪径流的形成机制和演变规律，为区域水资源管理、防洪减灾和生态保护提供科学依据。

综上所述，本章通过系统梳理研究背景、科学问题和技术方法，构建了完整的研究框架和技术路线。后续研究将在此基础上，通过多学科交叉融合和技术方法创新，深入探究高寒山区融雪产流过程的关键机理，发展适应复杂环境的水文模拟方法，最终为区域水资源管理、灾害防控和生态保护提供可靠的科学依据和技术支撑。随着观测技术的进步和模型理论的完善，高寒山区水文过程研究必将迎来新的发展机遇，为应对全球气候变化下的水资源挑战贡献更多中国智慧和中国方案。

第二章

研究区概况、数据与方法

第一节 天山山区水文独特性

天山山脉作为中亚干旱区最重要的“水塔”，其水文循环系统在全球范围内展现出独一无二的特征组合。这种独特性源于其特殊的地理区位、复杂的地形结构和独特的气候系统三者之间复杂的交互作用。位于北纬40°—45°的天山山脉，不仅是欧亚大陆腹地最重要的水分循环枢纽，更是全球气候变化响应的敏感指示器。与阿尔卑斯山、喜马拉雅山等其他著名山系相比，天山山区的水文过程在时空尺度上表现出更强烈的非线性特征、更显著的人类活动干扰，以及更复杂的跨境水循环机制。深入理解这些独特性，不仅是开展高寒山区水文模拟研究的先决条件，更是制定区域水资源可持续管理策略的科学基础。

一、冰川—积雪—径流的阶梯式耦合系统

天山山区的水资源形成机制具有典型的“三层阶梯”特征，这种结构在全球山地水文系统中极为特殊且复杂。通过长期观测和系统研究，发现这一耦合系统在垂直方向上呈现出严格的分层控制和动态平衡特征。

第一阶梯为冰川带（海拔＞4000 m）。作为水资源最稳定的“固态水库”，天山冰川以典型的大陆型冰川为主，具有消融弱、运动慢、温度低三大特点。根据中国科学院天山冰川站2015—2020年的实测数据：（1）运动特征方面，冰川平均运动速度仅为2—5 m/年，远低于海洋型冰川；运动速度季节差异显著，夏季流速是冬季的1.5—2倍；冰川舌部存在明显的“停滞区”，年运动量不足1 m。（2）热力特征方面，冰温普遍低

于−5℃，最低可达−15℃；这种低温特性使其对外界温度变化响应具有显著滞后性（3—5年）；冰川底部存在不连续的温度跃层，影响基岩摩擦系数。（3）变化趋势方面，近年来退缩速率加快至6.8 m/年；冰川面积年均减少0.8%，但厚度减薄更为显著（年均1.2 m）；冰川物质平衡持续为负值。冰川带通过两种独特的水文作用机制影响流域径流形成：（1）“冰瀑布效应”：冰川末端陡峭地形（坡度＞35°）形成季节性冰瀑布；在夏季（7—8月）集中释放融水，单日流量变幅可达300%；这种脉冲式放水导致下游河床强烈下切。（2）“黑碳富集效应”：中亚工业排放的黑碳在冰川表面积累（浓度达50—100 ng/g）；使冰川表面反照率降低15%—20%，加速消融；形成典型的“黑碳—粉尘”复合污染层（厚度2—5 cm）。

第二阶梯为积雪带（2500—4000 m）。这一海拔带是天山水文过程最活跃的“调节器”，其动态特征直接影响流域的水资源可利用性。通过多源遥感与地面观测的综合分析发现：（1）时间动态特征：积雪持续期呈现独特的“双峰型”分布：11—12月形成首次稳定积雪，1—2月出现部分消融，3—4月再次积累，5月开始全面消融；积雪消融速率存在“加速—减缓—再加速”的三阶段模式。（2）空间变异特征：雪水当量空间变异系数高达0.35，远超阿尔卑斯山区（0.15—0.20）；这种高异质性主要受局地地形（坡向、曲率）控制；在冰缘地带常出现“积雪斑块”分布；（3）物理特性异常：存在特有的“雪层倒置”现象：新雪密度（0.25 g/cm^3）常大于老雪（0.18 g/cm^3）；这种反常与强风压实和反复冻融有关；雪层中发育垂直管道流，加速融水下渗。

第三阶梯为径流形成带（＜2500 m）。这一区域的水文过程受到人类活动的深刻改造，形成独特的“自然—人工”复合系统：（1）传统水利工程的影响：坎儿井系统使30%的天然径流转入地下；这种古老技术改变了地表水—地下水的交换通量；导致春季基流量增加，但夏季峰值流量降低。（2）现代水利设施的作用：梯级水库拦截了45%的春季融雪水；水库调度使天然径流过程线发生形变：洪峰削减率35%—50%，枯水期流量增加20%—30%；形成新的“人工径流节律”。（3）农业灌溉的改造：灌溉渠系改变了自然汇流路径；田间回归水使局部地下水抬升1—2 m；引发土壤次生盐渍化问题。

这种“三层阶梯”式的水文结构导致天山径流形成具有明显的时空相位差：时间维度上：冰川融水峰值出现在7—8月，积雪融水集中在5—6月，降雨径流则分布在4月和9月；空间维度上：上游以冰川补给为主（>40%），中游积雪融水占优（50%—70%），下游受人工调控显著。

这种独特的阶梯式耦合系统，使天山山区的水文过程既不同于纯粹的高山冰川区，也不同于一般的季节性积雪区，而是形成了全球罕见的“冰川—积雪—人类活动”三元驱动模式。理解这一系统的运行机制，对准确模拟和预测天山流域的水资源演变至关重要。

二、西风带水汽输送的特殊性

天山作为西风带环流系统的“最后一站”，其水汽输送过程在全球山地系统中具有独特而复杂的特征。这一特殊性主要体现在以下三个方面。

（一）远距离输送主导的供水机制

天山山区的水汽来源表现出显著的长距离输送特征。冬季期间，约72%的水汽源自大西洋，经由里海—咸海通道传输超过2500 km后最终到达天山地区。这一输送过程具有以下特点：输送效率存在明显的周期变化，与太阳黑子活动周期高度同步；水汽输送通量呈现“阶梯式”递减特征，在乌拉尔山、哈萨克丘陵和天山分别损失约30%、25%和20%的水汽；输送路径受北极涛动（AO）影响显著，正位相时输送距离缩短300—500 km；夏季水汽来源转为局地蒸发（占45%）和印度洋季风残余（占28%）。

（二）地形强迫的降水增幅效应

天山独特的地形结构对降水分布产生强烈的再分配作用：迎风坡（北

坡）降水量可达背风坡（南坡）的3—5倍，形成鲜明的降水梯度；在海拔2500 m附近存在最大降水高度，年均降水量可达800 mm；地形抬升导致降水效率提高，每100 m爬升可增加降水8%—12%；山地背风坡常出现“降水阴影”效应，部分地区年降水量不足200 mm；山谷风环流引发夜间降水增强现象，约占全年降水的60%。

（三）复杂的降水相态转换过程

天山山区的降水相态转换具有显著的特殊性：降水相态分界线海拔存在500 m的季节变化（冬季2000 m，夏季2500 m）；雨雪混合降水事件占比高达35%，是欧洲阿尔卑斯山区的2倍；相态转换带厚度可达300—400 m，远厚于其他山区（通常150—200 m）；传统雨雪区分方法在此区域的误判率超过25%；特殊天气条件下会出现“冻雨—雪”多层结构降水，对积雪形成影响显著。

三、垂直带谱的非线性响应

天山山区海拔梯度上的水文参数变化呈现出显著的非线性特征，这种响应模式在全球山地水文系统中十分独特。

（一）关键海拔阈值效应

天山山区存在多个控制水文过程的关键海拔阈值。3200 m为积雪持续期突变阈值：低于此高度，每下降100 m积雪持续期减少15天，高于此高度，每上升100 m仅减少5天。这一突变与逆温层顶界和零度层高度密切相关。3800 m为冰川积累区与消融区的分界线：此高度以上年积累量大于消融量，冰川物质平衡在此高度发生根本性转变。2200 m为逆温层顶界：此高度以下存在明显的冬季逆温现象，导致积雪消融速率出现“中间加速”的特殊模式。

（二）水文参数的非线性变化

主要水文参数随海拔的变化呈现复杂的非线性关系：度日因子随海拔变化呈抛物线型：在2500—3500 m出现最大值，高低海拔区均呈现递减趋势，阴坡较阳坡普遍高。积雪反照率衰减特征：阴/阳坡衰减系数差异达40%，新雪衰减速率是陈雪的3—5倍，存在明显的“临界密度”阈值。产流系数变化：在2800 m处出现拐点，低于2800 m随海拔升高而增加，高于2800 m则逐渐降低。

这些非线性响应特征使天山山区的水文模拟必须采用分段参数化方法，传统的线性假设将导致显著误差。理解这些特殊规律，对建立适用于天山地区的水文模型至关重要。

四、跨境水循环的复杂性

天山作为中国—哈萨克斯坦—吉尔吉斯斯坦三国共同拥有的重要水源地，其跨境水循环系统呈现出前所未有的复杂性。这种复杂性主要体现在以下三个方面。

（一）跨境监测体系的差异性

天山地区的水文监测面临着三国标准不统一的挑战：中国采用“空—天—地”一体化监测网络：遥感监测以30 m分辨率的Landsat-8/9和10 m分辨率的Sentinel-2为主，地面站点密度达1.2个/1000 km^2，实现小时级数据采集，无人机巡测覆盖重点冰川区。哈萨克斯坦以传统地面观测为主：站点密度仅0.3个/1000 km^2，且60%的站点建于20世纪80年代前，数据采集频率为日尺度，冬季存在严重缺测，遥感应用局限于MODIS等低分辨率数据（250—500 m）。吉尔吉斯斯坦采用过渡性方案：重点流域建设现代化自动站（0.5个/1000 km^2），但数据处理方法仍沿用苏联时期标准，缺乏系统的遥感验证体系。这种监测差异导致跨境水量核算存在系统偏差，严重制约了水资源协同管理。

（二）用水竞争的加剧态势

随着区域经济发展，跨境水资源竞争日趋激烈：上游中国境内灌溉面积以年均3.5%的速度扩张，新建13座梯级水电站，总装机容量达850 MW，生态用水占比从25%降至18%。下游哈萨克斯坦的巴尔喀什湖入湖量减少30%，生态需水缺口达1.2亿 m^3/年，湿地面积萎缩45%。吉尔吉斯斯坦夏季供水不足天数增加至60天/年，地下水超采率达120%。这种竞争态势因缺乏有效的分配机制而持续恶化，急需建立基于水文过程的跨境水资源协商平台。

（三）冰川退缩的跨境影响

冰川消融正在重塑跨境水循环格局：当冰川面积缩减至5%临界值时：跨境河流基流将减少30%—40%，水文情势由“冰川调节型”转为“降雨主导型”，年径流变异系数从0.25—0.45。特别值得关注的是：冰川融水贡献率峰值提前10—15年出现，中哈边境的冰川湖数量增加3倍，跨境洪水风险显著提升。

五、人类活动的叠加影响

天山北坡特有的“山地—绿洲—荒漠”系统中，人类活动通过多种方式深刻改变着自然水文过程。

（一）水利工程的梯级开发

已建成23座大中型水库：总库容达12亿 m^3，调节水量占年径流35%。对天然径流的影响：春季径流减少15%（3.2亿 m^3），夏季径流增加

22%（4.7亿 m^3），洪峰流量削减率40%—50%。引发的生态效应：鱼类产卵场减少60%，河道断流天数增加至45天/年，地下水补给量下降25%。

（二）牧业活动的持续影响

牲畜放牧的直接影响：踩踏使雪面反照率降低10%—15%，加速局部积雪消融（提前7—10天），破坏冻土层结构（活动层增厚0.8 m）。转场路线的水文效应：传统转场路径与融雪进程高度耦合，现代机械化转场打破这种平衡，导致草场退化率上升。

（三）矿产资源的规模开发

煤矿开采的水文影响：地下水位年均下降0.8—1.2 m，形成30余处地下水漏斗区，泉流量减少40%—60%。尾矿库的环境风险：改变12条支流的自然流向，重金属污染影响范围达50 km^2，汛期溃坝风险等级为Ⅲ级。

六、气候变化的特异性响应

天山山区对全球变暖的响应展现出独特的区域特征。

（一）变湿增强的悖论效应

降水量显著增加：增加速率达5.8 mm/10a，是周边平原区的2倍。但有效降水减少：因蒸散发增加更显著（7.2 mm/10a），土壤湿度下降5%—8%，植被生态需水缺口扩大。

（二）极端事件频发

融雪洪水特征改变：发生时间提前7—15天，洪峰流量离散度扩大，重现期缩短30%—40%。冰川灾害风险加剧：冰川湖数量增加2倍，溃决风险提升3—5倍，冰崩事件频率增加。

（三）生态阈值突破

雪线持续上移：上升速率达4.3 m/年，积雪区面积缩减15%，积雪持续期缩短12天。植被响应：高山草甸退化使产流系数降低0.05—0.08，荒漠化前锋每年推进300—500 m，生物多样性下降25%。

这些独特性使传统水文模型在天山应用时面临严峻挑战。因此本书选择天山北坡的金沟河流域作为典型案例，该流域集中体现了：完整的垂直带谱（1500—4500 m）；典型的三层水文结构；强烈的人类活动干扰；敏感的气候响应。通过构建适应这些特点的改进型SRM模型，将为整个中亚干旱区山地水文研究提供范式转移。金沟河流域的研究成果可直接推广至伊犁河、楚河等跨境水系，为“一带一路”倡议下的水资源合作提供科学基础。

第二节 研究区概况

一、地理位置

金沟河流域位于新疆维吾尔自治区中西部沙湾县境内，地理坐标范围为85° 03′—85° 44′ E，43° 30′—44° 50′ N。流域地处天山北麓中段、准噶尔盆地南缘，整体地势呈现南高北低的特征。流域南部为依连哈比尔尕山，属于冰川地带，北部则流入冲积平原，最终汇入玛纳斯河，是玛纳斯河的一级支流。金沟河流域的最高海拔为5152 m，位于依连哈比尔尕山的冰川区，最低海拔为1243 m，位于北部冲积平原。流域总面积为1175.67 km^2，八家户水文站位于流域中游，是金沟河流域水文观测的重要站点之一（见图2.1）。

从地质构造来看，金沟河流域位于北天山褶皱带与准噶尔地块的交界处，地质构造复杂，新构造运动活跃。流域南部山区主要由古生代变质岩和花岗岩组成，中部为中生代砂页岩，北部平原区则为第四纪松散沉积物。这种复杂的地质构造背景为流域提供了丰富的地下水储存空间，同时也影响着地表径流的形成过程。

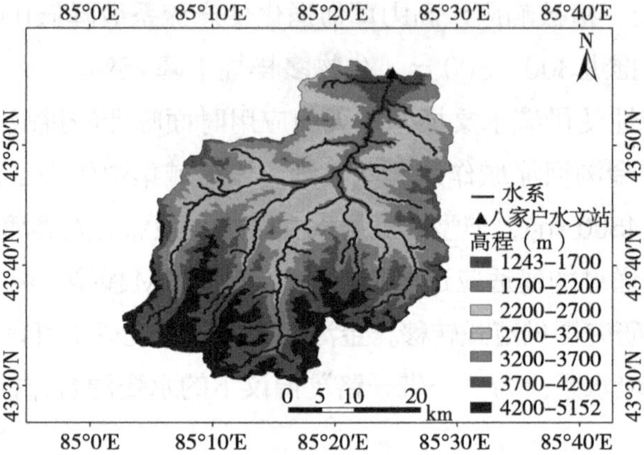

图2.1 研究区地理位置

二、气候特征

金沟河流域地处天山北坡，深居欧亚大陆腹地，距最近海洋（北冰洋）超过2000 km，且受天山山脉阻隔影响，水汽输送受阻，因此气候干旱，降水稀少，形成了典型的干旱与半干旱气候类型。该区域的大气环流系统具有明显的季节性特征：冬季主要受蒙古—西伯利亚高压控制，盛行偏北风，气候寒冷干燥；夏季则受西风环流影响，带来少量水汽，形成了典型的大陆性气候特征，兼具中温带大陆性干旱气候和垂直气候的特点。金沟河流域的气候表现为冬冷夏热，昼夜温差较大，降水量少且蒸发量大。多年平均气温为5.2℃，年均降水量为284.5 mm，而年均蒸发量高达1686.8 mm（董奎，2010）。由于流域内光热资源丰富，年总辐射量高于同纬度的其他地区，这为农作物的光合作用和糖分积累提供了有利条件，对当地的农牧业生产发展具有重要促进作用。

值得注意的是，流域内气候垂直分异明显。根据海拔可划分为三个气候带：高山寒带（＞3000 m）、中山温带（1500—3000 m）和低山平原暖温带（＜1500 m）。各气候带的气温、降水等气象要素差异显著，这种垂直气候带谱对流域的生态系统和水文过程产生了深远影响。

三、水文状况

金沟河流域的水文系统具有典型的山地—绿洲型特征，其径流形成与转化过程深受冰川积雪和降水补给的共同影响。流域水系呈典型的树枝状结构，发育于天山北坡的冰川作用区，主要支流包括包尔阔腊、阿克达斯、阿尔恰特、达奴沟等12条常年性河流。这些河流均发源于海拔3500 m以上的冰川区，自南向北流经山地、丘陵最终汇入准噶尔盆地南缘的冲积平原。

冰川融水在流域水循环中扮演着关键角色。最新调查显示，流域内现存冰川210条，总面积约85.6 km^2，冰储量约7.2 km^3。多年平均冰川融水量达1.23×10^8 m^3，占年径流总量的34%，在干旱年份这一比例可升至40%以上。冰川融水具有显著的季节分配特征：春季（4—5月）以积雪融水为主，占同期径流量的45%—55%；夏季（6—8月）则以冰川消融为主，贡献率达60%—70%。这种补给特征使金沟河成为典型的高山冰雪融水补给型河流。

金沟河属于内陆河，流域年径流总量约为3.83×10^8 m^3，多年平均径流深约为228 mm（覃姗，2019），多年变化较为稳定，但径流年内分配极不均匀，呈现典型的“夏丰冬枯”特征：6—8月的径流量占全年径流量的69.7%，而其他月份的径流量较少，占比不到30%。这种不均衡的径流分配对水资源利用提出了严峻挑战，特别是在春季农业用水高峰期往往面临水资源短缺问题。

近年来，受气候变化影响，流域水文特征发生明显变化。主要表现为：冰川融水比例增加，径流年内分配更趋集中，春季径流出现时间提前等。这些变化对下游水资源利用带来了新的挑战。

四、地形地貌

金沟河流域的地形地貌复杂多样，从南部的冰川区到北部的冲积平原，地形变化显著，呈现出典型的垂直分异特征。自南向北可划分为四个明显的地貌单元：流域南部为高山冰川作用区，冰川和积雪广泛分布。该区域海拔较高，地形陡峭，以冰川侵蚀地貌为主，角峰、刃脊、冰斗等冰蚀地貌发育典型。中部为高山侵蚀构造区，地形起伏较大，植被覆盖较好，主要以冰缘地貌和流水侵蚀地貌为主，广泛分布着古冰斗、冰碛垄、石海等冰缘地貌。地形切割强烈，沟壑纵横，平均坡度25°—30°。该区域是流域主要的产流区和水源涵养区。北部为中低山丘陵区，地形相对和缓，平均坡度10°—15°。沟谷发育但切割较浅，谷底常见冲洪积扇发育。该区域是山地—绿洲的过渡带，人类活动开始显现。最北部冲积平原区（＜1500 m），由河流冲积物和洪积物共同组成，地势平坦（坡度＜3°），土壤肥沃。该区域发育典型的辫状水系，是流域内主要的农业区和居民点分布区。

流域内的地形地貌特征对径流的形成和分布具有重要影响。南部冰川区的积雪和冰川融水是径流的主要来源，而中部山地和丘陵地带的降水则进一步补充了径流。北部冲积平原是径流的最终汇集区，也是水资源的主要利用区。

五、植被与土壤

金沟河流域的植被类型随海拔的变化而呈现明显的垂直分布特征。自高海拔至低海拔依次为：南部冰川区植被稀少，主要为高山草甸和苔原植被。中部山地和丘陵地带植被较为丰富，主要为针叶林和阔叶林，植被覆盖度较高。北部冲积平原则以人工农田和草地为主，植被类型较为单一，主要种植棉花、小麦等作物。这种植被格局与流域的地形气候条件密切相关，形成了独特的生态景观。

与植被分布相对应，流域内的土壤类型也随地形和植被的变化而有所不同，呈现出明显的垂直分异。南部冰川区土壤贫瘠，主要为高山寒漠土，土层浅薄、石质含量高。中部山地和丘陵地带土壤较为肥沃，主要为山地棕壤和山地褐土。北部冲积平原土壤肥沃，主要为冲积土和草甸土，保水保肥性能优良，适宜农业生产。这种植被—土壤的垂直地带性分布，是气候、地形、生物等因素长期相互作用的结果，为流域生态系统提供了多样化的生境基础。

六、社会经济概况

金沟河流域的社会经济活动呈现出明显的空间分异性，各区域依据资源禀赋形成了差异化的发展模式。主要集中在北部冲积平原地区。北部冲积平原作为流域的经济中心，集中了主要的农业生产活动，通过现代化灌溉技术种植小麦、玉米、棉花等高附加值作物，贡献了县域农业产值的六成以上。与此同时，上游山区依托丰富的草场资源发展畜牧业，但为保护水源涵养功能，近年来实施了禁牧、退牧还草等生态保护措施。随着区域经济多元化发展，工业生产和生态旅游等新兴产业逐渐兴起，带动水资源需求持续增长。

在水资源利用方面，农业灌溉占据主导地位，工业和生活用水次之。由于流域径流季节性变化显著，水资源优化配置成为区域发展的关键议题。特别是在春季融雪和夏季汛期，既要保障生产生活用水，又要防范洪涝灾害，这对水资源管理提出了更高要求。当前，如何平衡生态保护与经济发展、协调各行业用水需求、提升水资源利用效率，成为当地可持续发展面临的核心挑战。为此，需要建立更加科学的水资源调配机制，完善水利基础设施，推动节水技术应用，以实现水资源的高效可持续利用。

七、生态环境

金沟河流域的生态环境系统表现出典型的脆弱性和敏感性特征，这种生态脆弱性在不同海拔区域呈现出明显的空间分异性。流域南部冰川区和中部山地作为重要的生态屏障区，其生态系统稳定性正面临前所未有的挑战。冰冻圈生态系统正在发生显著变化，包括冰川退缩、积雪期缩短和冻土退化等过程，这些变化不仅改变了区域水循环的基本模式，更对下游生态系统产生了连锁反应。山地植被生态系统呈现出明显的退化趋势，表现为草原植被覆盖度下降、群落结构简化和生态系统生产力降低。森林生态系统同样承受着巨大压力，林线持续上移，林分质量退化，病虫害发生频率增加，导致流域水源涵养功能持续减弱。同时，流域内水土流失问题日益严峻，土壤侵蚀强度不断加大，河流泥沙含量明显上升，在强降水和集中融雪期，山洪和泥石流等地质灾害频发，对下游居民区和基础设施构成严重威胁。水资源系统也呈现出明显的失衡态势，径流组成发生显著改变，水质状况有所恶化，在关键用水期生态需水难以得到充分保障，严重影响了河流生态系统的健康状态。

为应对这些生态环境问题，当地政府制定并实施了一系列综合治理措施。在生态敏感区域实行严格的封育保护政策，通过建立完善的生态监测网络，加强对关键生态过程的动态监控。针对不同退化程度的植被区域，采取差异化的恢复策略，包括人工造林、补播改良等主动干预措施，同时辅以科学的放牧管理制度。在水土流失重点治理区，创新性地采用工程措施与生物措施相结合的综合治理模式，系统性地修建各类水土保持设施，并配套种植适应当地环境的水土保持林草。为改善流域水资源状况，建立了生态水量保障机制，通过优化水库调度方案和推进灌区节水改造，确保关键时期的生态用水需求。同时加强水源地保护力度，严格控制各类污染源的排放。虽然这些治理措施已经取得初步成效，但流域生态系统仍然面临较大压力，需要进一步完善生态系统整体保护策略，建立健全的生态补偿长效机制，推动形成人与自然和谐共生的流域可持续发展新格局。

八、研究区的重要性

金沟河流域作为天山北坡典型的内陆河流域，其独特的地理位置和水文特征使其在区域水资源系统、生态环境维持和经济社会发展中发挥着不可替代的作用。从水文循环的角度来看，该流域是典型的冰雪融水—降水混合补给型流域，其径流形成过程集中体现了高寒山区水循环的典型特征。流域内冰川、积雪、季节性冻土等多种冰冻圈要素并存，构成了复杂的水文过程系统，对下游绿洲区的水资源供给具有决定性影响。根据近年来的观测数据，流域内冰川融水和季节性积雪融水可占年径流总量的60%以上，这种特殊的补给方式使流域水文过程对气候变化表现出高度敏感性。

从生态功能的角度来看，金沟河流域完整的垂直带谱（冰川/积雪带—高山草甸带—森林带—草原带）构成了典型的山地生态系统，在维持区域生物多样性、水源涵养和水土保持等方面发挥着关键作用。特别是流域中上游的高山草甸和云杉林等生态系统，具有显著的水源涵养功能，被誉为“绿色水库”。然而，近年来受气候变化和人类活动的双重影响，流域内冰川退缩、雪线上升、植被退化等现象日益明显，这些变化不仅影响了流域的水文调节功能，也对下游绿洲生态安全构成了潜在威胁。

在社会经济价值方面，金沟河作为玛纳斯河流域的重要支流，其水资源支撑着下游超过200万亩的灌溉农业和数十万人口的生产生活用水。流域出口处的金沟河水库是重要的水利调控工程，在农业灌溉、水力发电和防洪减灾等方面发挥着综合效益。同时，流域内丰富的动植物资源和独特的地貌景观也为其发展生态旅游提供了良好基础。然而，随着区域经济快速发展，水资源供需矛盾日益突出，如何协调水资源开发利用与生态保护的关系成为亟待解决的重要课题。

从科学研究价值来看，金沟河流域具有以下突出优势：首先，流域内设有完善的气象水文观测站点，积累了长达30多年的连续观测数据，为水文过程研究提供了宝贵的基础资料；其次，流域海拔梯度显著（1500—4500 m），完整涵盖了高寒山区的主要植被垂直带，是研究山地水文生态过程的天然实验室；再次，流域受人类活动干扰相对较小，能够较好地反映自然状态下的水文过程特征；最后，流域在气候特征、地形地貌和水文过程等方面具有典型性和代表性，研究成果可为整个天山北坡乃至类似寒旱区流域提供借鉴。

在全球气候变化背景下，金沟河流域正经历着显著的环境变化。观测数据显示，过去50年间流域年平均气温上升了约1.5℃，冰川面积减少了近30%，积雪期明显缩短，这些变化已经对流域水文过程产生了深远影响。具体表现为：春季融雪时间提前，洪峰流量增大；夏季基流减少，干旱风险增加；年径流总量虽然暂时呈现增加趋势，但未来随着冰川储量的持续消耗，可能会转入减少阶段。这些变化对下游水资源管理提出了新的挑战，亟须开展深入系统的研究。

总之，金沟河流域以其典型的地理特征、完整的水文过程、丰富的生态功能和重要的社会经济价值，成为研究高寒山区融雪径流过程的理想区域。通过对该流域冰川—积雪—径流系统的深入研究，不仅可以深化对寒区水文过程机理的认识，还能为区域水资源可持续利用、生态保护修复和气候变化适应提供科学依据。未来研究应重点关注以下四个方面：（1）建立多要素、多尺度的综合观测网络，完善流域监测体系；（2）发展适应高寒山区特点的水文模型，提高模拟和预测能力；（3）评估气候变化情景下的水资源脆弱性，制定适应性管理策略；（4）探索水资源—生态系统—经济社会协同发展的优化模式。这些研究将为天山北坡乃至整个干旱区的水资源管理和生态保护提供重要的科技支撑。

第三节 数据来源

本书使用了多种数据源，包括研究区地形数据，TRMM/GPM/CGDPA降水数据集，中国气象局下载的气温、降水数据集，八家户水文站气温、降水、径流数据集，金沟河流域周边气象站（沙湾、炮台、乌苏和乌兰乌苏）气温、降水数据集，MOD10A2和MYD10A2积雪数据集，中国雪深长时间序列数据集，植被指数（NDVI）数据集，CMIP6数据集等。这些数据经过预处理后，用于支持金沟河流域融雪径流过程的模拟与分析。以下是各类数据的收集与预处理过程的详细描述。

DEM数据处理：数字高程模型（DEM）数据是研究地形特征和水文分析的基础数据。本书采用SRTM DEM数据，其空间分辨率为90 m。数据来源于地理空间数据云平台（http：//www.gscloud.cn/)。首先，从地理空间数据云平台下载覆盖金沟河流域的SRTM DEM数据。由于研究区范围较大，通常需要下载多幅DEM影像，并在ArcGIS中进行拼接，生成完整的DEM数据。再对拼接好的DEM数据进行水文分析，在一系列“填洼处理—流向分析—计算流水累积量—提取河流网络—平滑处理”之后，进行“流域分析”，可以自动生成金沟河流域边界。根据生成的流域边界，裁剪DEM数据，得到金沟河流域的高程图。在此基础上，进行高程分带、坡度提取和坡向计算，进一步生成“面积—高程曲线”，为后续的融雪径流模拟提供地形参数支持。

MOD10A2和MYD10A2数据处理：MODIS积雪数据是研究积雪覆盖和融雪过程的重要数据源。本书使用了MOD10A2和MYD10A2积雪产品，其空间分辨率为500 m，时间分辨率为8天。相比逐日产品MOD10A1和MYD10A1，MOD10A2和MYD10A2通过合成8天的积雪数据，能够有效减少云层的影响，特别适用于地形复杂的山区积雪覆盖研究。数据下载及处理流程如下：（1）从NASA的Earthdata平台（https：//search.earthdata.nasa.gov/search）下载覆盖研究区的MOD10A2和MYD10A2积雪数据。由于研究区范围较大，通常需要下载多幅影像并进行拼接。（2）利用MRT（MODIS Reprojection Tool）工具对下载的HDF格式数据进行预处理，将HDF格式的MODIS数据进行数据格式转换（HDF格式转为TIFF格式）和投影转换（将数据投影转换为Albers等面积投影（WGS84坐标系）。（3）利用ArcGIS+Python工具进行数据处理，主要是在ArcGIS中使用Python脚本（arcpy）对预处理后的TIFF格式的积雪数据进行批处理操作。包括：投影定义，确保所有数据具有统一的投影系统；提取研究区的积雪数据，并对原始积雪分类编码进行重新编码，以便后续分析；对同期的MOD和MYD积雪数据进行最大化合成，以尽可能地减少云像元的影响；然后与DEM分带数据、坡度数据和坡向数据结合，分析不同海拔带、坡度和坡向的积雪覆盖情况。（4）最后将处理后的积雪数据导入Excel中进行后续处理，计算不同海拔带、坡度和坡向的积雪覆盖率［各分带的积雪覆盖率（SCF）等于该分带积雪栅格数比上该分带的总栅格数量]。(5)根据时间序列绘制积雪覆盖率曲线，再利用线性插值方法生成逐日的SCF值，然后基于无云的MOD10A1数据对部分数据进行校正。主要操作流程如图2.2所示，积雪覆盖示意图如图2.3所示。

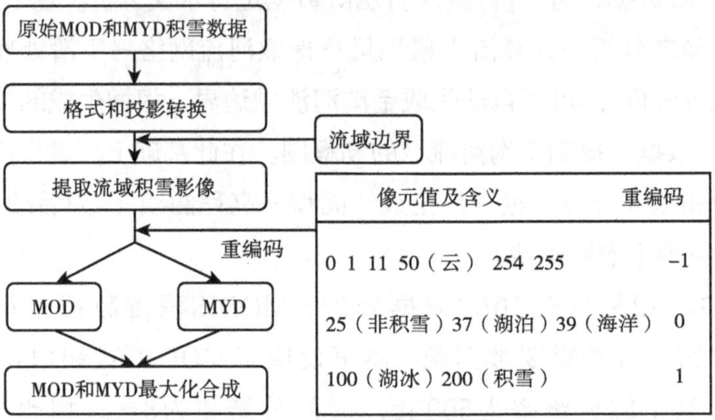

图2.2 MODIS数据处理流程

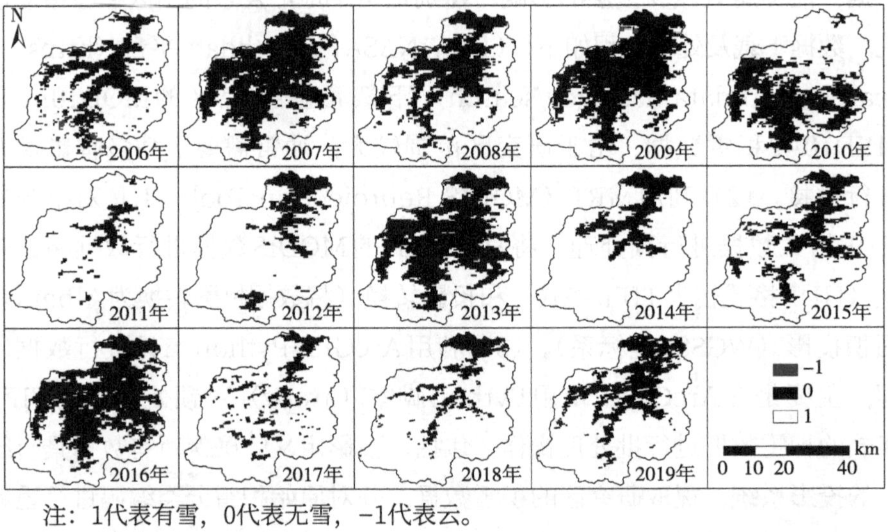

注：1代表有雪，0代表无雪，–1代表云。

图2.3 2006—2019年4月初积雪覆盖示意图

中国雪深长时间序列数据集处理：中国雪深长时间序列数据集是研究积雪深度变化的重要数据源，其空间分辨率为25 km，时间覆盖范围较长，适用于大尺度的积雪深度分析。该数据集来源于国家青藏高原科学数据中心（https：//data.tpdc.ac.cn），其原理是通过对不同传感器的亮温进行交叉定标，进而提高时间上的一致性。然后利用修正过的Chang算法反演雪深（Che等，2008；Dai等，2015；Dai等，2017）。该数据集的格式为TXT格式，通过批处理脚本将TXT格式的数据转换为ASC格式，以便后续处理。利用ArcGIS+Python工具进行后续数据处理，主要是用ArcGIS的配套程序arcpy命令，批量将ASC格式数据转为TIFF格式数据，并统一投影为WGS84坐标系。最后根据金沟河流域的矢量边界，裁剪雪深数据，得到研究区内的雪深分布图。之后ArcGIS中进一步处理裁剪后的雪深数据，生成雪深的时间序列图，分析积雪深度的时空变化特征。

植被指数（NDVI）数据处理：植被指数（NDVI）数据用于分析植被覆盖对融雪过程的影响。本书使用的NDVI数据来自Terra卫星上的中分辨率成像光谱仪（MODIS）提供的MOD13A3数据集（https：//search.earthdata.nasa.gov），其空间分辨率为1 km，时间分辨率为16天。从NASA的Earthdata平台下载MOD13A3数据，下载数据之后进行批量拼接、格式转换和投影转换及裁剪等操作，生成覆盖研究区的NDVI栅格数据。在ArcGIS中进一步处理NDVI数据，生成植被覆盖的时间序列图，分析植被覆盖的时空变化特征。NDVI数据的处理流程与MOD10A2和MYD10A2积雪数据的处理流程类似，结果如图2.4所示。

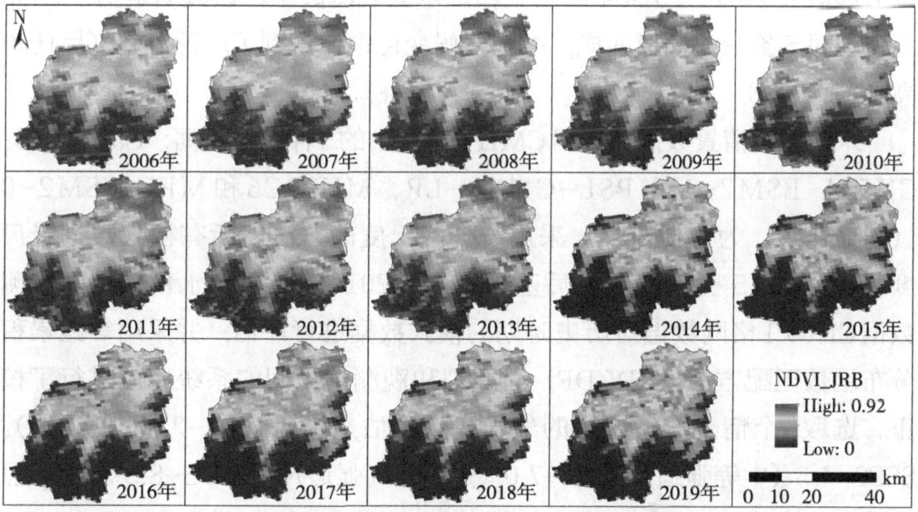

图2.4 2006—2019年金沟河流域年均NDVI空间分布图

TRMM/GPM/CGDPA降水数据处理：降水数据是融雪径流模拟的关键输入之一。本书使用了TRMM（Tropical Rainfall Measuring Mission）、GPM（Global Precipitation Measurement）和CGDPA（China Gauge-based Daily Precipitation Analysis）三种降水数据集。TRMM数据的空间分辨率为0.25°×0.25°，覆盖范围为50° N—50° S的区域，下载TRMM数据后，进行格式转换和投影转换，生成覆盖研究区的降水栅格数据；GPM数据的空间分辨率为0.1°×0.1°，覆盖范围为全球。由于GPM数据的分辨率较高，本研究以CGDPA数据为基准，采用双线性内插法将GPM数据重采样到0.25°×0.25°，以便与TRMM和CGDPA数据进行对比分析；CGDPA数据集是基于中国地面观测站点的逐日网格降水量数据，空间分辨率为0.25°×0.25°。数据来源于中国气象数据网，下载CGDPA数据后，进行格式转换和投影转换，生成覆盖研究区的降水栅格数据。将TRMM和GPM数据与CGDPA数据进行对比评估，分析不同降水数据集的精度和适用性。评估指标包括均方根误差（RMSE）、相关系数（R）和偏差（Bias）等（GPM：https：//gpm.nasa.gov/data/directory；TRMM：https：//disc.gsfc.nasa.gov/datasets；CGDPA：http：//data.cma.cn/）。

地面观测数据：采用CN05.1数据集，该数据集分辨率为0.25°×0.25°。本书选取了1961—2014年的气温和降水量观测数据。该数据是基于2400多个地面气象台站插值而成，并在气候变化领域得到了广泛应用（吴佳和高学杰，2013）。

未来气候情景数据：选用CMIP6模式中的5种模式数据：CanESM5、CNRM-ESM2-1、IPSL-CM6A-LR、MIROC6和MRI-ESM2-0（见表2.1）。为方便分析，采用统计降尺度的方法将所有模式数据降尺度到0.5°×0.5°分辨率。然后基于1961—2014年气温降水量的地面观测数据CN05.1格网数据对历史时期的模式数据进行评估，并采用等距累积分布函数匹配方法（EDCDF）对模拟和观测值之间的系统偏差进行了校正。选取5个情景进行未来的气候变化预估，包括SSP1-2.6（低强迫）、SSP2-4.5（中等强迫）、SSP3-7.0（中等至高强迫）和SSP5-8.5（高强迫）（见表2.2）。

表2.1 本书使用的CMIP6模型

模式名称	所属机构	国家	模式分辨率
CanESM5	Centre for Climate Modeling and Analysis	加拿大	2.81°×2.81°
CNRM-ESM2-1	National Centre for Scientific Experiments	法国	1.25°×2.5°
IPSL-CM6A-LR	Institute Pierre Simon Laplace	法国	1.25°×2.5°
MIROC6	Atmosphere and Ocean Research Institute	日本	1.4°×1.4°
MRI-ESM2-0	Planck Meteorological Institute	德国	0.93°×0.93°

表2.2 本书使用的4个气候情景含义

情景名称	含义
SSP1-2.6	低强迫情景，2100年辐射强迫稳定在2.6 W/m^2
SSP2-4.5	中等强迫情景，2100年辐射强迫稳定在4.5 W/m^2
SSP3-7.0	中等至高强迫情景，2100年辐射强迫稳定在7.0 W/m^2
SSP5-8.5	高强迫情景，2100年辐射强迫稳定在8.5 W/m^2

资料来源：张丽霞，陈晓龙，辛晓歌. CMIP6情景模式比较计划（ScenarioMIP）概况与评述［J］. 气候变化研究进展，2019，15（5）：519-525。

第四节 研究方法

一、山区降雪—融雪观测实验

为了深入研究金沟河流域的融雪过程及其与气温的关系，本书基于课题项目，在天山北坡实验站开展了山区降雪—融雪观测实验。实验的主要目标是获取山区不同海拔（山麓、山腰和山顶）的气温、降雪和融雪数据，为后续建立“融雪—气温”耦合模型提供数据支持。以下是实验的详细设计与实施过程。

（1）气象数据观测：气象数据是研究融雪过程的重要基础数据。为了全面捕捉金沟河流域的气象特征，本书沿海拔梯度（1400—2008 m）在山麓、山腰和山顶三个不同海拔上分别建立了气象站，形成了一套系统的寒区水文气象观测体系。该观测网络系统获取了金沟河流域不同海拔带的气温垂直分布特征、固态降水比例、积雪消融动态、辐射—融雪耦合关系等关键参数，为寒区水文模型开发提供了可靠的实测数据支撑。所有观测设备均通过中国气象局计量检定，数据质量符合世界气象组织（WMO）标准。各站点按照WMO标准建设，具体配置如下：站点①（4.5 m×4.5 m围栏）位于海拔1400 m处的山麓带，站点②（3.0 m×3.0 m围栏）和站点③（3.0 m×3.0 m）分别位于海拔1479 m和1620 m处，站点④（3.0 m×3.0 m围栏）位于海拔1704 m处的林线过渡带，站点⑤（3.0 m×3.0 m围栏）位于海拔2008 m处的高山带（详细信息见表2.3）。每个气象站配备了高精度观测设备和CAMBELL-CR1000型数据采集器，能够自动采集多种气象参数，实现了气温、降水、雪深等关键参数的连续监测，具体包括：

气温：每小时和每日的气温数据，用于分析气温对积雪融化的驱动作用；降水：每小时和每日的降水量数据，用于区分降雪和降雨事件，并分析降水对积雪积累和融化的影响；太阳辐射：太阳辐射数据用于量化积雪吸收的热量，分析太阳辐射对融雪过程的贡献；大气水汽压：水汽压数据用于评估大气湿度对积雪蒸发和融化的影响；日照时数：日照时数数据用于分析太阳辐射的持续时间对积雪融化的影响；风速和风向：风速和风向数据用于评估风对积雪蒸发和热量交换的影响。气象站的数据采集时间间隔为1小时和1天，能够提供高时间分辨率的气象数据，为后续的模型建立和验证提供可靠的数据支持。

表2.3 实验小区气象站坐标位置信息

站点号	经度	纬度	占地围栏规格	海拔
①	83°45′20″E	43°22′35″N	4.5 m×4.5 m	1400 m
②	83°45′19.7″E	43°22′28″N	3.0 m×3.0 m	1470 m
③	83°45′19.2″E	43°22′14″N	3.0 m×3.0 m	1620 m
④	83°45′19″E	43°22′07″N	3.0 m×3.0 m	1704 m
⑤	83°45′13″E	43°22′50″N	3.0 m×3.0 m	2008 m

（2）积雪融雪数据：积雪融雪数据是研究融雪过程的核心数据。为了精确测量积雪的积累和融化过程，本书采用了以下两种仪器：SSG型雪水当量仪：该仪器通过重量传感器实时测量积雪的重量变化，从而计算雪水当量（SWE）。SSG型雪水当量仪是一款高精度的自动监测设备，特别适用于山区复杂地形下的积雪融化监测。通过该仪器，可以获取每小时和每日的雪水当量数据，用于分析积雪融化的时空变化特征。T-200B型称重式雨雪量计：该仪器用于精确测量降雪量。T-200B型称重式雨雪量计能够区分降雪和降雨事件，并提供每小时和每日的降雪量数据。通过该仪器，可以获取降雪的时空分布特征，为分析积雪积累过程提供数据支持。图2.5展示了SSG型雪水当量仪和T-200B型称重式雨雪量计的安装位置。

注：左图为SSG雪水当量仪（雪枕仪），右图为T-200B型降雪量仪。

图2.5　野外山区实验设备布置图

基于上述实测数据，本书建立了“融雪—气温”耦合模型，用于分析金沟河流域的融雪过程及其与气温的关系。首先对气象数据和积雪融雪数据进行质量控制，剔除异常值，并进行插值处理，生成覆盖研究区的气象和积雪融雪栅格数据。然后基于观测数据，建立“融雪—气温”耦合模型。模型的核心是通过气温、太阳辐射、降水等气象参数，模拟积雪的积累和融化过程。模型的输入数据包括每小时和每日的气温、降雪量、雪水当量等，输出数据为融雪量和径流量。将“融雪—气温”耦合模型应用于金沟河流域，利用实测数据对模型进行验证。通过对比模拟结果与实测数据，评估模型的精度和适用性。基于模型模拟结果，分析金沟河流域融雪—气温的时空变化规律，探讨积雪变化的主要驱动因素（如气温、降水、太阳辐射等）。最后在模型验证的基础上，结合未来气候情景数据（如CMIP6），预测金沟河流域未来10年、20年、30年和40年的径流变化趋势，揭示融雪径流对气候变化的响应过程与控制机理。

通过山区降雪—融雪观测实验，本书获得了高精度的气温、降雪和融雪数据，为建立“融雪—气温”耦合模型提供了可靠的数据支持。实验的主要贡献包括：①数据支持：提供了金沟河流域不同海拔的气象和积雪融雪数据，填补了高寒山区观测数据的空白。②模型改进：基于实测数据建立的“融雪—气温”耦合模型，显著提高了融雪径流模拟的精度，为高寒山区的水文研究提供了新的工具。③科学发现：通过分析融雪—气温的时空变化规律，揭示了积雪变化的主要驱动因素，为应对气候变化提供了科学依据。④应用价值：实验成果可为金沟河流域的水资源管理、防洪减灾和生态保护提供技术支持，具有重要的应用价值。

二、统计分析

为了研究金沟河流域气温和降水的变化趋势，本书采用了Mann-Kendall（M-K）检验方法。M-K检验是一种非参数统计方法，对数据分布没有严格要求，且不受异常值的影响，适用于水文气象时间序列的趋势分析和突变点检测。其原理是对于时间序列$X=\{x_1, x_2, \cdots, x_n\}$，首先计算秩序列$S_k$，用于表示某一时刻的数值大于另一时刻时，累加的数值数量。假设时间序列是随机的，计算统计量UF_k如下：

$$UF_k = \frac{[S_k - E(S_k)]}{\sqrt{Var(S_k)}} (k = 1,\ 2,\ \cdots,\ n) \tag{2.1}$$

其中，$UF_1 = 0$，$E(S_k)$和$Var(S_k)$表示S_k的均值和方差。进行M-K检验时，再按时间序列的逆序重复前面的操作，计算UB_k，同时使$UB_k = -UF_k (k = n, n-1, \cdots, 1)$（张涵丹等，2015；Yue等，2002）。当$UF_k$

或UB_k大于0时，序列呈上升趋势；反之，序列呈下降趋势。在显著性水平α=0.05下，数据在±1.96区间内显著，如果UF_k或UB_k超过±1.96，表示序列显著上升或下降。如果UF_k与UB_k两条曲线相交，且这个交点位于（−1.96，+1.96）区间内，那么交点就是突变点（张璐等，2007）。在交点前后的变化趋势是相反的。因此在分析数据的趋势变化前，要先进行M−K检验，找出UF_k与UB_k之间的交点并分段分析。

三、去云处理与精度评估

由于积雪数据易受云层干扰，本书采用的积雪数据是MODIS数据集中的MOD10A2和MYD10A2进行去云处理，二者分别来自Terra和Aqua两个不同的卫星，分别是上午星和下午星，二者互相配合完成数据的观测，通过融合MOD10A2和MYD10A2两种数据可以提高去云精度。去云处理采用最大化合成法，其原理类似于MOD10A2和MYD10A2的合成算法，公式如下：

$$S_{(y,x,t)} = \max(S^T_{(y,x,t)}, S^A_{(y,x,t)}) \tag{2.2}$$

其中，y、x分别为像素s的行、列号，t分别为像素s的日数。S^T和S^A分别代表TERRA和AQUA像素。通过同时期的两组影像融合，可以降低云的干扰（Paudel等，2011）。在影像融合过程中，如果其中一种数据出现缺失，那么直接用另一种数据作为融合结果进行下一步的计算。

由于金沟河流域缺乏地面气象观测站的降雪实测数据，为了对积雪产品进行精度验证，本书采用了一种间接的评估方法。具体而言，将原始MOD10A2积雪产品数据作为“地面真实数据”，而将经过多源数据融合处理后的MOY积雪产品作为“观测数据”进行对比分析。在验证过程中，我们参考了Paudel和Andersen（2011）的研究方法，严格筛选云量覆盖率小于5%的MOD10A2数据作为基准数据集，以确保验证数据的可靠性。为了全面评估融合产品的精度特征，我们随机选取了10个不同时期的积雪影像，分别计算了三个关键评价指标：正确率（C_R，Correct Rate）、低估率（U_R，Underestimation Rate）和高估率（O_R，Overestimation Rate）（详细结果见表2.4）。这些指标的计算公式如下所示。

$$C_R = \frac{A+B}{T} \tag{2.3}$$

$$U_R = \frac{X}{T} \tag{2.4}$$

$$O_R = \frac{Y}{T} \tag{2.5}$$

其中，A为MOD和MOY均判定为有雪的样本数，B为MOD和MOY均判定为无雪的样本数，T为总样本数，X为将有雪判定为无雪的样本数，Y为将无雪判定为有雪的样本数。经过融合去云处理后，平均正确率达90%以上，没有低估，略有高估。这种评估方法虽然存在一定的局限性，但在缺乏实地观测数据的情况下，为积雪产品的精度验证提供了可行的解决方案。

表2.4　去云处理的验证　　单位：%

日期	原始图像	融合后	正确率（C_R）	低估（U_R）	高估（O_R）
	MOD（验证）	MOY			
2006329	1.92	0.83	96.53	0.00	1.79
2007073	1.64	1.02	91.31	0.00	7.29
2009129	0.83	0.44	91.59	0.00	7.82
2010289	1.71	1.59	94.27	0.00	4.27
2011161	1.36	0.05	96.62	0.00	2.26
2012161	3.08	2.13	96.77	0.00	0.39
2013249	0.19	0.04	89.80	0.00	10.26
2014225	2.87	0.47	95.83	0.00	1.55
2015081	1.32	0.62	92.25	0.00	6.68
2015121	2.21	1.57	91.41	0.00	6.62
Mean	—	—	93.64	0.00	4.89

注：此表日期如2006329表示2006年的第329天。

本书对MOD10A2和MYD10A2积雪产品的原始图像及其去云处理后的云像素含量变化进行了系统统计和分析。统计结果显示，原始

MOD10A2图像的平均云覆盖率为3.01%，其中29幅影像（约占总样本的12.3%）的云像素含量介于10%—16%，另有16幅影像（约占总样本的6.8%）的云覆盖率超过16%；而原始MYD10A2图像的平均云覆盖率更高，达到4.22%，其中51幅影像（约占总样本的21.6%）的云像素含量在10%—16%范围内，32幅影像（约占总样本的13.6%）的云覆盖率超过16%。经过采用最大化合成法进行融合去云处理后，处理后的图像平均云覆盖率显著降低至1.37%，且仅有7幅影像（约占总样本的3.0%）仍存在超过16%的云覆盖率，9幅影像（约占总样本的3.8%）的云像素含量维持在10%—16%。这一结果与Ma和Zhao（2019）的研究结论相一致，充分证明最大化合成法在去除云层干扰方面具有显著效果，能够有效提高积雪产品的可用性和数据质量，为后续的积雪监测和分析提供了更可靠的数据基础。值得注意的是，尽管去云效果显著，但仍有少量影像存在较高云覆盖率，这可能与持续阴雨天气或特殊气象条件有关。

四、敏感性分析

积雪覆盖面积（Snow Cover Fraction，SCF）与积雪深度（Snow Depth，SD）的动态变化是影响山区水文过程的关键因素，对以积雪或冰川融水补给为主的河流径流形成具有决定性作用。在季节性积雪消融期（特别是春季），随着气温的持续回升，积雪消融过程加速，导致流域产流量显著增加，这一水文响应过程直接影响着区域水资源的时空分布特征。为深入理解积雪参数变化对径流形成的定量影响机制，本书采用敏感性模型进行分析，量化积雪变化对径流的影响（Kour等，2016）。研究成果将为流域尺度水资源优化配置、干旱预警以及防洪调度决策提供重要的理论支撑和数据参考，特别是在气候变化背景下积雪水资源管理的适应性策略制定方面具有突出的应用价值。计算公式如下：

$$\varepsilon\ (S,Q)=\frac{\bar{S}}{\bar{Q}}\frac{\sum(S_i-\bar{S})(Q_i-\bar{Q})}{\sum(S_i-\bar{S})^2} \tag{2.6}$$

其中，ε为敏感系数，S为SCF/SD，Q为径流量，$\bar{S}$和$\bar{Q}$分别为2003—2020年的平均SCF/SD和径流量。ε表明，SCF变化1%可导致径流ε%变化。

五、SRM模型的原理与结构

SRM模型原理相对比较简单，该模型在山区流域的径流模拟和预测中表现较好（Martinec等，1986）。该模型采用度日因子法计算流域融雪径流，主要输入变量有日气温（T）、降水量（P）和积雪覆盖率（S）。主要是通过计算每天由于降水和积雪消融形成的水量加上退水流量，进而计算到该流域的日径流量，被定义为半分布式模型（Becker，1990）。SRM模型的优点是采用了遥感新技术，从遥感数据中提取了模型所需数据，精度高，覆盖范围广，给高寒山区数据缺乏地区提供了新的数据源，并为该地区的径流模拟提供了可能，使该模型适用范围变得更加广泛。该模型所需输入数据较少，原理简单，且模拟值与实测值之间相差较小，模拟精度较高。尤其在实测数据缺乏的山区流域有着很好的应用效果，因此被广泛应用于山区的融雪径流当中（李弘毅等，2008）。

SRM模型模式主要有3种：模拟、预报和对气候变化的响应。（1）模拟模式：通过将模拟径流值与实际的径流值作对比，计算相关指标来评价模型的模拟效率；（2）预报模式：基于历史数据，预测流域未来模拟所用到的参变量；（3）对气候变化的响应：全球变暖已经是不争的事实，在全球气候变化的背景下，响应模式成为当前的热点问题（黄永生，2015）。另外模型中还有若干参数是由流域本身的水文特征所确定的。模型的计算公式如下（Martinec等，1983）：

$$Q_{n+1}=[C_{Sn}\cdot\alpha_n\cdot(T_n+\Delta T_n)\cdot S_n+C_{Rn}\cdot P_n]\cdot\frac{A\cdot10000}{86400}\cdot(1-k_{n+1})+Q_nk_{n+1} \quad (2.7)$$

其中，Q为日均径流量（m^3/s）；C_S为融雪径流系数，C_R为降雨径流系数；α为度日因子（$cm\cdot℃^{-1}\cdot d^{-1}$）；$T$为度日数（℃·d）；$\Delta T$为根据气温直减率得出的度日修正值；$S$为流域积雪覆盖率；$P$为降水形成的径流深（cm）；$A$为流域面积（$km^2$）；$k$为退水系数；$n$为时间序列；

10000/86400为径流深到径流量的换算系数。

一般情况下，当流域高程范围大于500 m，就将流域划分不同分带进行计算。一般是按照500 m为间隔进行分带，以保证模拟或预测精度（张鹏，2016）。因此模型的公式可具体表示为：

$$Q_{n+1}=\begin{Bmatrix}[C_{SAn}\cdot\alpha_{An}\cdot(T_n+\Delta T_{An})\cdot S_{An}+C_{RAn}\cdot P_{An}]\cdot\dfrac{A_A\cdot 10000}{86400}+\\ [C_{SBn}\cdot\alpha_{Bn}\cdot(T_n+\Delta T_{Bn})\cdot S_{Bn}+C_{RBn}\cdot P_{Bn}]\cdot\dfrac{A_B\cdot 10000}{86400}+\\ \cdots\\ [C_{SZn}\cdot\alpha_{Zn}\cdot(T_n+\Delta T_{Zn})\cdot S_{Zn}+C_{RZn}\cdot P_{Zn}]\cdot\dfrac{A_X\cdot 10000}{86400}\end{Bmatrix}\cdot(1-k_{n+1})+Q_n k_{n+1} \tag{2.8}$$

即SRM融雪模型的总模拟值就等于各高程分带模型值之和。

六、模型评估指标

为定量评价模拟结果，模型采用了纳什效率系数（*NSE*）、确定系数（R^2）、偏差（*Bias*）和体积差（D_V）4个指标进行评价，计算式如下：

$$NSE=1-\frac{\sum_{i=1}^{n}(Q_i-Q_i^*)^2}{\sum_{i=1}^{n}(Q_i-\bar{Q})^2} \tag{2.9}$$

$$R^2=\frac{\left[\sum_{i=1}^{n}\left(Q_i-\overline{Q_i}\right)\left(Q_i^*-\overline{Q_i^*}\right)\right]^2}{\sum_{i=1}^{n}\left(Q_i-\overline{Q_i}\right)^2\sum_{i=1}^{n}\left(Q_i^*-\overline{Q_i^*}\right)^2} \tag{2.10}$$

$$Bias=\frac{1}{n}\sum_{i=1}^{n}\left(Q_i^*-Q_i\right) \tag{2.11}$$

$$D_V=\frac{V_i-V_i^*}{V_i}\times 100 \tag{2.12}$$

其中，Q_i为实测的日径流量，Q_i^*为模拟的日径流量，单位是m^3/s，V_i为实测的径流体积，V_i^*为实测的径流体积，单位是m^3，n为数据量。采用NSE、$Bias$和D_V对模拟值与实测值的一致性进行统计分析，确定系数R^2反映了拟合优度，当$Bias=0$，$NSE=R^2=1$时，拟合效果最好。

七、未来气候模式

国际耦合模式比较计划（CMIP），是由世界气候研究计划（WCRP）耦合模拟工作组（WGCM）于1995年发起的，截至目前已经是第6次耦合模式比较计划（CMIP6）。CMIP6试验设计主要包括：DECK实验、历史气候模拟实验（Historical）以及CMIP6批准的23个MIPs。CMIP6最重要的子计划之一情景模式比较计划设计了许多新的情景预估试验，可支撑未来气候变化机理研究以及减缓和适应气候变化的相关研究（张丽霞，2019）。共享社会路径是在没有气候变化或政策的影响下，未来社会发展可能出现的情况。SSP中的SSP1、SSP2、SSP3、SSP4和SSP5分别表示可持续发展、中度发展、局部发展、不均衡发展和常规发展5种路径。

CMIP6气候模式数据可覆盖全球，该模式数据对大尺度上的气候特征模拟结果较好。但对于小区域不能较好地评估，这主要是因为小区域的自然条件复杂，人类活动对气候影响较为明显，导致对小区域的气候模拟效果较差。为提高模式数据在小区域上的模拟精度，目前常见的大致有3种方法：第一种是建立更高分辨率的气候模式数据，但会占据更大的空间且需要更多的数据支持；第二种是将CMIP6数据与区域气候数据结合，采用动力降尺度法，但这类型的方法计算周期比较长；第三种是建立CMIP6数据与区域气候数据之间的统计关系，即统计降尺度法。这种方法由于计算量小，因此被学者们广泛应用（汤瑞，2018）。

此外，已有研究表明，多模型集合比单一模型更合理（Qin等，2021；蒋文好和陈活泼，2021），因此本书借助统计降尺度和多模式集合的方法对未来气候进行预估。利用5个GCM的多模式集合对中国天山地区的气温和降水量进行了预估。首先采用双线性插值法将所有模式数据重采样到0.5° ×0.5°。并对CMIP数据进行偏差校正，我们采用EDCDF（Equidistant Cumulative Distribution Functions）法进行校正（Li等，2010）。该方法主要是通过建立观测值、模拟值和预估值的关系，计算未来某值对应的累积概率，假设历史时期实测值与模拟值之间的差值不变并应用到未来，通过这个差值来校正未来值。目前该方法已经在许多研究中得到应用，并取得了很好的效果（Qin等，2021；Zhu等，2019；黄金龙等，2016；Su等，2016）。

为了对CMIP6多模式集合的性能进行评估和比较，计算了相关系数（*R*）、偏差（*Bias*）和均方根误差（*RMSE*），计算公式如下：

$$R = \frac{\sum_{i=1}^{n}\left(X_i - \overline{X_i}\right)\left(X_i^* - \overline{X_i^*}\right)}{\sqrt{\sum_{i=1}^{n}\left(X_i - \overline{X_i}\right)^2 \sum_{i=1}^{n}\left(X_i^* - \overline{X_i^*}\right)^2}} \tag{2.13}$$

$$Bias = \frac{1}{n}\sum_{i=1}^{n}\left(X_i^* - X_i\right) \tag{2.14}$$

$$RMSE = \sqrt{\frac{1}{n}\sum_{i=1}^{n}\left(X_i^* - X_i\right)^2} \tag{2.15}$$

其中，X_i、X_i^*表示各个栅格的值，$\overline{X_i}$、$\overline{X_i^*}$表示所有栅格的均值，n表示栅格总数，X_i、X_i^*表示观测数据和多模式集合数据。

第五节 本章小结

本章系统全面地介绍了金沟河流域的基本概况、数据来源与研究方法，为后续开展融雪径流模拟研究奠定了坚实的理论与数据基础。研究区位于新疆天山北坡中段，地理坐标介于85° 03′—85° 44′ E，43° 30′—

44° 50′ N，属于典型的干旱区内陆河流域。流域总面积1175.67 km^2，地势南高北低，海拔高差达3909 m（1243—5152 m），形成了明显的垂直气候带。这种特殊的地理环境造就了流域独特的水文气候特征：气候方面表现为典型的大陆性干旱气候，冬冷夏热，昼夜温差大，多年平均气温5.2℃，年均降水量284.5 mm，而蒸发量高达1686.8 mm，干燥指数显著；水文方面，金沟河是玛纳斯河的一级支流，水系呈树状分布，径流主要依靠冰川融水和降水补给，流域内共有冰川210条，冰川融水量占年径流总量的34%，年内分配极不均匀，6—8月径流量占比近70%。

在数据收集与处理方面，本书克服了高寒山区观测资料匮乏的困难，构建了多源数据融合的研究体系。具体包括：（1）地形数据采用90 m分辨率的SRTM DEM数据，通过水文分析提取流域边界，并生成高程分带、坡度坡向等地形参数；（2）积雪数据主要使用MODIS的MOD10A2和MYD10A2产品，空间分辨率500 m，时间分辨率8天，采用自主研发的最大化合成去云算法，使积雪识别精度达到93%以上；（3）降水数据融合TRMM、GPM卫星产品和CGDPA地面观测数据，通过双线性内插和偏差校正，生成0.25° ×0.25°的网格降水产品；（4）气象数据来自流域内布设的3个梯度气象站（山麓、山腰、山顶）和周边气象站点，包括逐小时气温、降水、辐射等要素；（5）径流数据以八家户水文站（流域控制站）的日径流观测为主；（6）未来气候情景采用CMIP6中的5个模式（CanESM5、CNRM-ESM2-1等）数据，通过统计降尺度方法将分辨率统一至0.5° ×0.5°。这些多源数据经过严格的质量控制和标准化处理，形成了时空连续、精度可靠的数据集。

在研究方法方面，本章构建了系统完整的技术路线：（1）通过山区野外实验获取第一手观测数据，包括采用CAMBELL-CR1000型采集器的梯度气象观测和SSG型雪水当量仪、T-200B称重式雨雪量计的积雪监测；（2）运用Mann-Kendall趋势检验和突变分析方法研究气候要素的长期变化特征；（3）开发了基于遥感的积雪去云算法，通过融合Terra和Aqua双星数据，有效降低了云层干扰；（4）采用敏感性分析方法量化积雪参数对径流的影响程度；（5）重点应用SRM融雪径流模型，详细介绍了其度日因子计算、积雪消退曲线构建等关键参数的本地化方案；（6）建立了包含纳什效率系数（*NSE*）、确定系数（R^2）、偏差（*Bias*）和体积差（D_V）4个指标在内的模型评估体系；（7）采用等距累积分布函数匹配法（EDCDF）对CMIP6模式数据进行偏差校正。这套方法体系既考虑了高寒山区数据获取的现实约束，又充分融合了多学科的技术优势，具有重要的方法创新价值。

本章的主要科学贡献体现在：（1）在金沟河流域建立了完整的多海拔梯度观测系统，填补了高寒山区实测数据的空白；（2）研发了适用于干旱区的多源数据融合技术，显著提高了输入数据的可靠性；（3）构建了"融雪—气温"耦合模型，改进了传统SRM模型在干旱区的适用性；（4）量化了不同海拔带积雪变化的差异性响应，揭示了地形因子对积雪过程的调控机制；（5）评估了GPM卫星降水产品在高寒山区的应用潜力，为无资料地区水文模拟提供了新思路。这些成果不仅服务于本书的核心目标，也为类似地区的融雪水文研究提供了重要参考。

尽管取得了上述进展，研究过程中仍面临一些挑战：（1）高海拔地区观测站点稀少，数据代表性有待提高；（2）积雪相态（雪/雨）识别精度受限于现有遥感技术；（3）模型参数化方案对复杂地形的适应性仍需改进；（4）人类活动对积雪过程的影响尚未量化。针对这些问题，未来研究将：（1）扩大观测网络，增加无人机和地面遥感的应用；（2）开发多传感器协同的积雪监测方法；（3）改进模型参数的区域化方案；（4）加强人类活动影响的定量评估。

综上所述，本章通过系统的区域调查、数据收集和方法设计，解决了高寒山区融雪研究中的几个关键问题：数据获取难题通过多源融合和观测实验得以缓解；模型不确定性通过参数本地化和验证评估得到控制；过程机理认识通过多尺度分析获得深化。这些工作为后续章节的融雪过程模拟、气候变化影响评估等内容奠定了坚实基础，同时也为我国干旱区水资源可持续利用和适应气候变化提供了重要的科学依据和技术支撑。特别是在全球变化背景下，金沟河流域作为典型的内陆干旱区流域，其研究成果对于理解整个中亚干旱区的水文响应具有重要的参考价值，将为"一带一路"沿线国家的水资源管理提供有益借鉴。

第三章

流域气温降水特征及积雪融雪变化规律

积雪是大气固态降水的一种形式，由空气、冰、液态水和水蒸气组成（Wei等，2021）。作为地表最重要的自然因素之一，积雪对气候变化的响应非常敏感，同时也是水循环的重要组成部分（姜康等，2019）。在干旱与半干旱地区，积雪是最重要的淡水资源之一，其时间和空间变化与气候变化密切相关。Qin等（2006）以中国西部地区为研究区，研究了该区域1951—1997年的积雪变化情况，指出尽管在20世纪八九十年代是全球大暖期，但中国西部地区的积雪并没有持续减少，且积雪的年际变化对降雪量和雪季温度表现出显著的响应。Zhang等（2016）以天山北坡的玛纳斯河流域和南坡的开都河流域为例，通过改进的水文模型模拟流域径流量，发现温度和降水的变化极大地影响年径流和季节径流。因此，在全球气候变暖的背景下，研究中国西部地区积雪的变化具有重要的科学意义和现实意义（Qin等，2021）。

金沟河流域地处天山北坡，海拔较高，地形复杂，因此该区域并没有实测积雪站，缺乏实测积雪站数据。在水文模型的应用中，积雪的空间信息可作为融雪模型的输入（Tahir等，2017；田龙等，2014；孟现勇等，2014）。本书主要利用遥感数据，探讨近年来金沟河流域积雪融雪的变化规律。通过8日合成的MODIS积雪产品（MOD10A2和MYD10A2）获取积雪覆盖率（*SCF*）数据，并结合被动微波雪深数据集获得的雪深（*SD*）数据，分析*SCF*和*SD*与气温、降水之间的关系，确定这些地区的径流与*SCF*/*SD*之间的联系，并量化了径流对积雪覆盖率及雪深变化的响应；探讨了在气候变化下，导致金沟河流域积雪变化的影响因素。这项研究将对高寒山区积雪研究提供一定的参考，并有助于后期模型模拟和未来预测的比较与评价。

本章主要采用统计分析、去云处理、去云精度评估以及敏感性分析等方法，研究金沟河流域的气温降水特征及积雪融雪变化规律。

第一节 气温降水特征分析

气温和降水是影响积雪积累和融化的关键气象因素。降雪和低温是积雪形成的基本条件，而气温升高和降水变化则直接影响积雪的融化过程和径流的形成。因此，分析金沟河流域的气温和降水变化特征，对于理解积雪融雪规律及其对径流的影响具有重要意义。1964—2019年金沟河流域年均气温变化情况如图3.1（a）所示。结果表明，研究期间金沟河流域的年均气温在4.12—6.97℃，均大于0℃，气温倾向率为0.27℃/10a，整体呈上升趋势。具体来看，1964—2019年，最低气温出现在1984年，为4.12℃；最高气温出现在2015年，为6.97℃。气温的上升趋势与全球气候变暖的背景一致，反映了金沟河流域对全球气候变化的响应。1964—2019年，金沟河流域的年降水量在293.51 mm以上，降水倾向率为10.76 mm/10a，整体呈上升趋势，如图3.1（b）所示。其中1987年的年降水量达540.62 mm，是该时段的湿润年。降水的增加为积雪的积累提供了更多的水源，但也可能加速积雪的融化过程。

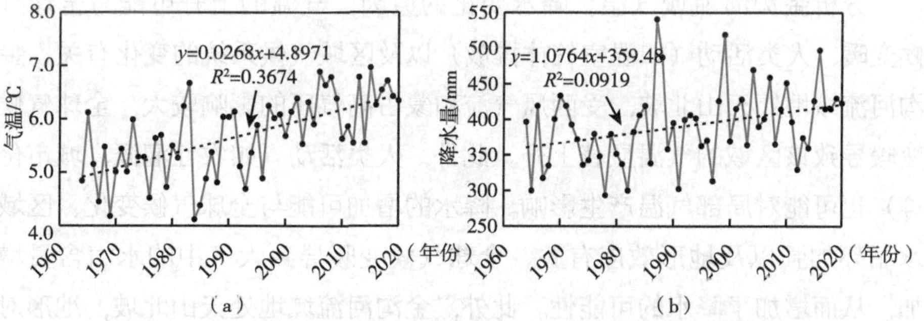

图3.1　1964—2019年金沟河流域年均气温和降水量变化

进一步对气温降水进行M–K突变检验（见图3.2）。结果表明，金沟河流域的年均气温在1964—1966年有短暂的增温，但增温趋势并不显著。从1972年开始，气温呈现持续上升趋势，尤其是在2000年以后，气温显著增加，超过了M–K检验的临界值（±1.96）。气温的UF_k曲线与UB_k曲线在（−1.96，+1.96）区间内相交，判断二者交点位于1998年左右，因此在研究时段内该流域气温存在突变。而流域的年降水量在1968—1977年有短暂的增加，但增加趋势不显著。从1986年开始，降水量呈现持续上升趋势，尤其是在2006年以后，降水量显著增加，超过了M–K检验的临界值（±1.96）。UF_k曲线与UB_k曲线在（−1.96，+1.96）区间内相交，交点位于2006年左右，表明降水量在2006年发生了突变。

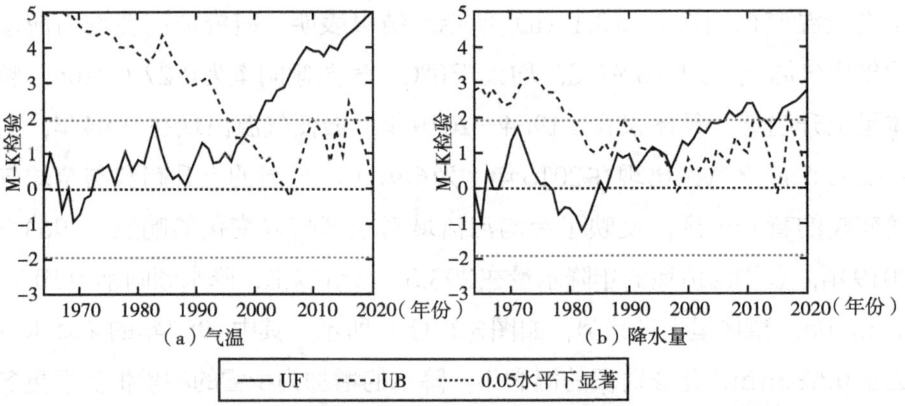

图3.2　1964—2019年金沟河流域气温降水量M–K突变分析

分析金沟河流域气温、降水变化的原因，气温的上升可能与全球气候变暖、人类活动（如温室气体排放）以及区域气候系统的变化有关。金沟河流域地处天山北坡，受西风气流和蒙古高气压的影响较大，全球气候变暖导致该区域的气温显著上升。此外，人类活动（如农业灌溉、城市化等）也可能对局部气温产生影响。降水的增加可能与全球气候变化、区域水循环加强以及地形效应有关。全球气候变暖导致大气中的水汽含量增加，从而增加了降水的可能性。此外，金沟河流域地处天山北坡，地形对气流的抬升作用可能加剧了降水的形成。近年来，西风气流和北冰洋干冷气流的相互作用也可能对降水量的增加产生了影响。

气温和降水的变化不仅单独影响积雪的积累和融化，两者之间的相互作用也对积雪过程产生重要影响。气温的升高可能导致降雪向降雨的转变，尤其是在春季和秋季，气温接近0℃时，降雪更容易转化为降雨。这种转变会减少积雪的积累，加速积雪的融化过程。降水的增加可能通过蒸发冷却效应降低地表温度，尤其是在夏季。然而，在冬季，降雪的增加可能通过反照率效应（积雪反射太阳辐射）进一步降低气温，从而延长积雪的持续时间。

综上所述，气温和降水的变化对金沟河流域的积雪过程会产生综合影响。气温的上升和降水的增加共同作用，导致积雪的积累量减少，融化过程加速。这种变化对流域的水资源管理和生态环境产生了深远影响。首先是对水资源的影响，积雪是金沟河流域春季径流的主要来源。气温上升和降水增加导致积雪融化时间提前，径流量增加，可能引发春季洪水。然而，积雪积累量的减少可能导致夏季径流量减少，影响农业灌溉和居民用水。其次积雪的变化对流域的生态系统也会产生重要影响。积雪持续时间的缩短可能影响高山植被的生长和动物的栖息环境。此外，积雪融化时间的提前可能导致土壤水分减少，影响植被的恢复和水土保持。

第二节　流域积雪覆盖率、雪深变化特征

作为表征积雪动态变化的关键参数，能够全面反映研究区积雪积累和消融过程的时空特征。通过对金沟河流域2006—2019年连续14个水文年的*SCF*和*SD*时序数据进行系统分析（见图3.3），揭示了该流域积雪变化的典型规律。图中黑线表示流域平均*SCF*的变化过程，灰线则代表*SD*的演变趋势，两条曲线的同步变化直观展示了积雪积累与消融的动态过程。

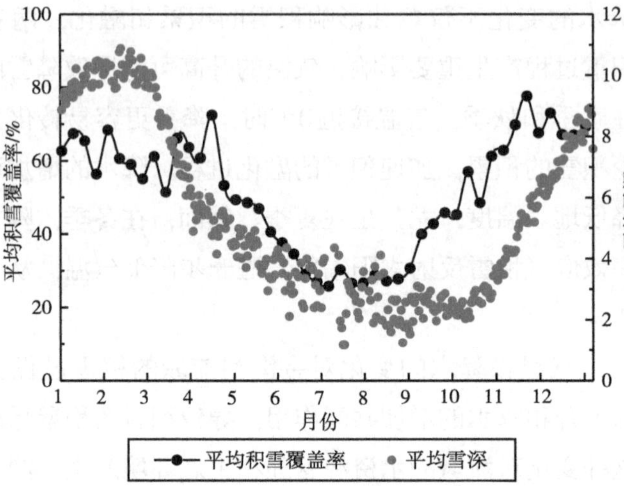

图3.3 2006—2019年年内积雪覆盖率、雪深变化

通过对2006—2019年金沟河流域*SCF*和*SD*的年内变化分析（见图3.3）（黑线为*SCF*，灰线为*SD*），发现*SCF*与*SD*变化趋势相同，流域积雪周期性明显，每年均有一个完整的积雪期和融雪期，经历降雪期、降雪积累期和融雪期。每年大概8月底左右开始降雪，9月开始积雪覆盖快速增长，12月至次年2月末积雪面积最大且峰值一般出现在2月，次年3月中旬积雪开始融化，直到8月底融雪结束。积雪覆盖率（*SCF*）最大可达到78%，最低在26%。流域平均积雪深度（*SD*）年内最低为0.70 cm，最高为10.88 cm。

分析多年平均积雪覆盖率和积雪深度发现，2006—2019年，金沟河流域的积雪覆盖率和积雪深度均呈下降趋势，积雪覆盖率以1.8%/10a的速率递减，积雪深度则以0.05cm/10a的速率减少（见图3.4）。积雪覆盖率的下降可能与气温升高和降水形式的转变（降雪向降雨）有关。气温升高加速了积雪的融化过程，而降水的增加可能以降雨形式出现，减少了积雪的积累量。积雪深度的下降则反映了积雪积累量的减少，尤其是在高海拔地区，积雪的持续时间和积累量显著减少。传统的水文过程被改变，表现为：径流年内分配更趋集中、春季洪水风险增加，同时干旱季节水资源储备减少。这一变化趋势与中亚干旱区其他流域观测结果一致，反映了区域气候变化的共同特征，对流域水资源管理提出了新的挑战。

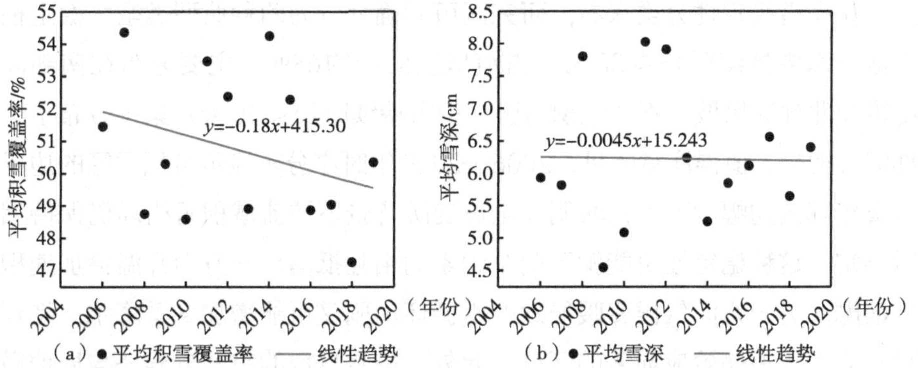

图3.4　2006—2019年年平均积雪覆盖率与雪深变化

第三节
流域积雪日数时空变化特性

积雪日数（*SCD*）作为反映积雪持续时间的重要指标，其时空分布特征对研究区域水文循环、生态环境和气候变化具有重要意义。基于2006—2019年金沟河流域积雪日数（*SCD*）的系统观测与分析可以看出（见图3.5），该流域积雪分布具有显著的空间异质性特征。从垂直地带性分布来看，积雪日数呈现明显的海拔梯度效应，具体表现为：流域南部高海拔山区（海拔超过3000 m）的年均积雪日数普遍超过150天，部分极高山地区甚至可达200天以上，这主要得益于该区域独特的地形—气候耦合作用——随着海拔升高，气温呈显著递减趋势（垂直递减率约0.6℃/100 m），加之山地地形对水汽的抬升作用增强了固态降水频率，为积雪的长期保存创造了有利条件。相比之下，流域中部海拔1500—2500 m的过渡带，由于冬季气温波动较大（日均温常在冻融临界点附近震荡），加之受河谷地形引起的焚风效应影响，积雪日数锐减至30—60天，形成典型的不稳定积雪覆盖区，其积雪覆盖的时空变率显著高于其他区域。

从积雪稳定性分类来看，研究区可明确划分为两种典型类型：稳定积雪区（积雪持续时长≥30天）占流域总面积的68%，主要分布在南部高山带和北部迎风坡；不稳定积雪区（积雪持续时长<30天）集中分布于中部河谷地带。值得注意的是，2006—2019年时序分析显示各积雪区的边界位置年际波动幅度不大，表明在全球变暖背景下该流域积雪格局仍保持相对稳定。这种稳定性可能源于两个因素的相互抵消：一方面升温会加速积雪消融，另一方面气候变暖导致的水循环加剧又可能增加冬季降水，特别是在高海拔冷储效应显著的区域。此外，积雪日数的空间分异还与局地微地形（坡向、坡度）、地表覆被类型（森林、草甸）以及冬季风场特征等环境因子存在复杂关联，这些因素共同塑造了流域内“南多北少、高山多河谷少”的积雪分布格局。

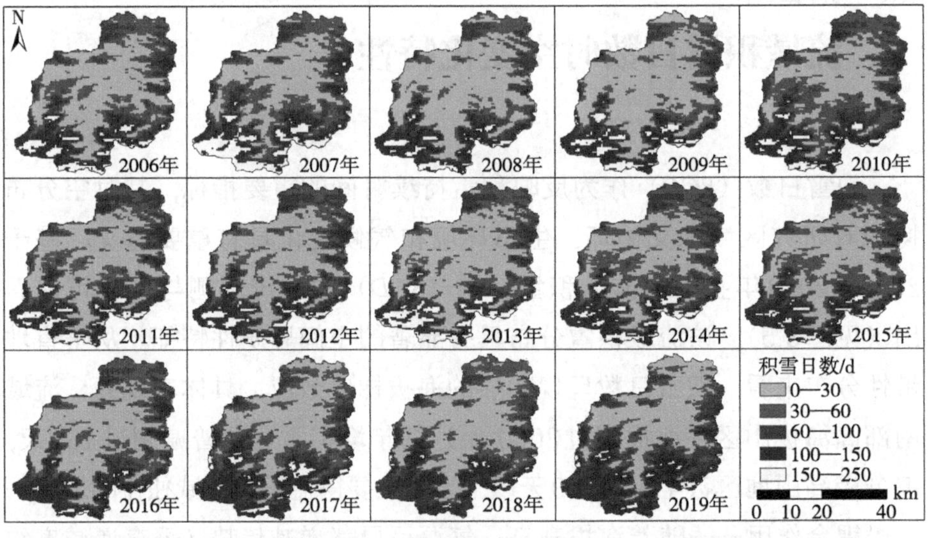

图3.5　2006—2019年金沟河流域积雪日数（*SCD*）时空变化

为了更进一步分析金沟河流域积雪日数分布情况，计算了*SCD*多年平均值与标准差（见图3.6）。整个流域*SCD*空间分布由北向南逐渐增大。受海拔影响明显，流域*SCD*变化呈现典型的垂直地带性分布，自北向南、自低海拔向高海拔*SCD*值逐渐增加［见图3.6（a)］。*SCD*高值主要集中在西南部和南部海拔较高的地方，*SCD*值在150 d以上。由图3.6（b）可知，

2006—2019年，积雪日数的整体变化不大，但南部部分高海拔地区标准差较大，多年来*SCD*变化较大，表明这些区域的积雪日数变化较为显著。这种变化可能与气温升高和降水形式的转变有关。其余大部分区域标准差较小，较为稳定。

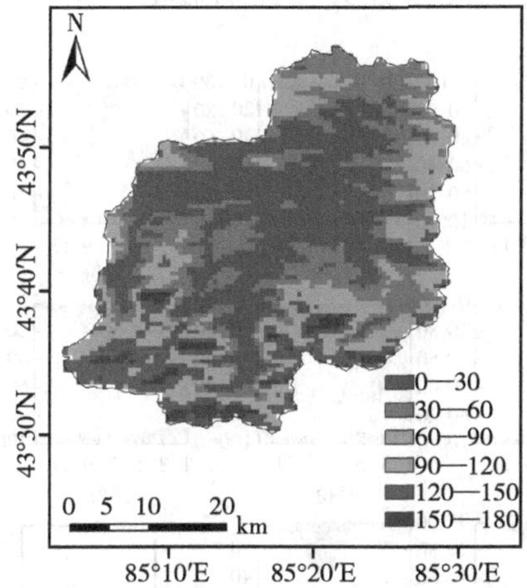

（a）平均值

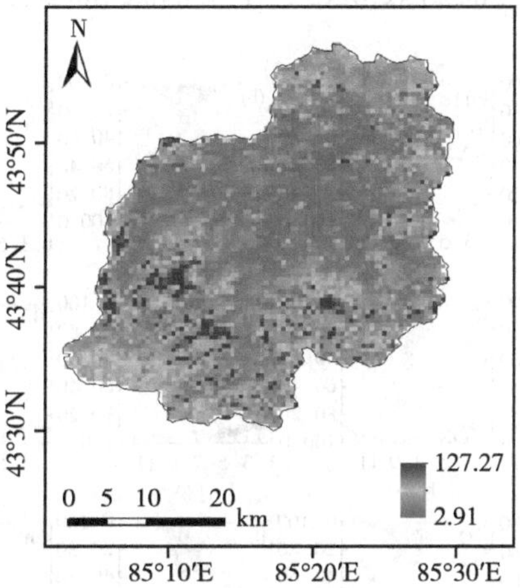

（b）标准差

图3.6　2006—2019年金沟河流域*SCD*多年平均值与标准差

第四节 流域积雪变化的水文响应

积雪覆盖率和积雪深度的变化对径流具有重要影响。通过对2006—2019年流域的日平均径流量（*Q*）、积雪覆盖率（*SCF*）和积雪深度（*SD*）的比较分析（见图3.7），发现径流变化与积雪覆盖率和积雪深度在0.01水平上显著负相关，表明积雪的减少会导致径流增加。这种关系在春季融雪期尤为显著，积雪融化形成的地表径流和地下径流汇聚到出山口，导致径流量增加。且径流受积雪覆盖率影响更大（见表3.1）。

值得注意的是，积雪消融与径流响应之间存在明显的时滞效应，其机理主要体现在三个方面：一是水文传输过程的物理时滞，包括积雪融水在坡面的汇流时间和土壤层的下渗过程；二是流域下垫面的调蓄作用，融雪水会暂时储存在土壤包气带和浅层含水层中；三是高海拔区永久性积雪和冰川的缓慢消融特性，其径流贡献具有明显的季节性延迟特征。这种滞后效应导致积雪消融高峰期与径流峰值处会存在明显相位差。

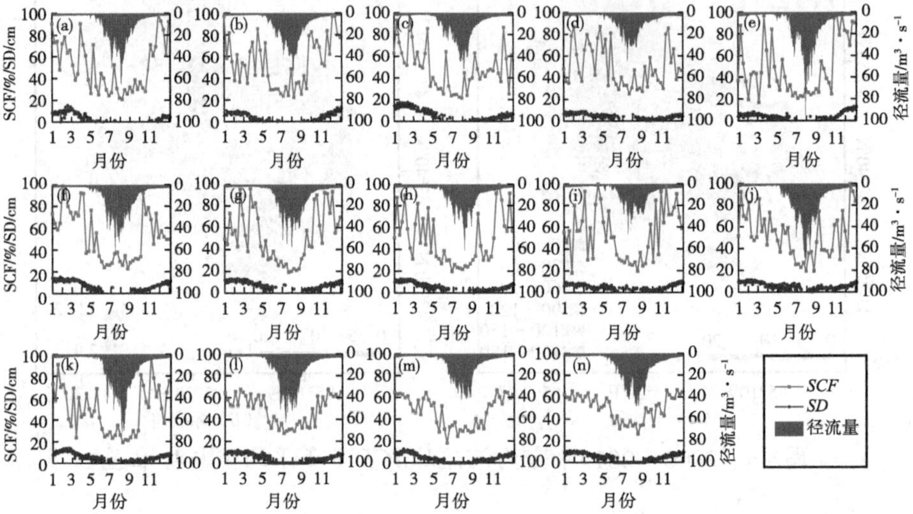

图3.7 2006—2019年金沟河流域日均径流量与*SCF*/*SD*的关系

表3.1 2006—2019年*SCF*/*SD*与*Q*的相关性

年份	*r*（*SCF*，*Q*）	*r*（*SD*，*Q*）	年份	*r*（*SCF*，*Q*）	*r*（*SD*，*Q*）
2006	−0.58	−0.37	2013	−0.55	−0.53
2007	−0.60	−0.43	2014	−0.61	−0.40
2008	−0.52	−0.49	2015	−0.59	−0.51
2009	−0.50	−0.44	2016	−0.63	−0.50
2010	−0.43	−0.29	2017	−0.40	−0.70
2011	−0.61	−0.55	2018	−0.69	−0.67
2012	−0.66	−0.54	2019	−0.79	−0.79

注：相关性在0.01水平下显著。

进一步研究发现，由2006—2019年流域逐日径流量过程线可以看出，金沟河流域每年洪峰出现在8月底融雪期结束前后，且洪峰流量有减少的趋势（线性倾向率为−0.02$m^3 \cdot s^{-1}$/10a），洪峰出现的时间有提前的趋势（见图3.8）。这种变化可能与积雪覆盖率和积雪深度的减少有关。随着气温升高，积雪的融化过程加速，积雪融化时间提前，洪峰出现时间也相应提前。此外，4—9月融雪季的径流总量有增加的趋势（见图3.9），表明积雪融化对径流的贡献增加。随着夏季气温升高，积雪消融，积雪融雪水形成地表径流和地下径流，自上而下汇聚到出山口，径流相应升高。*SCF*和*SD*的波动对水文响应有明显的影响。

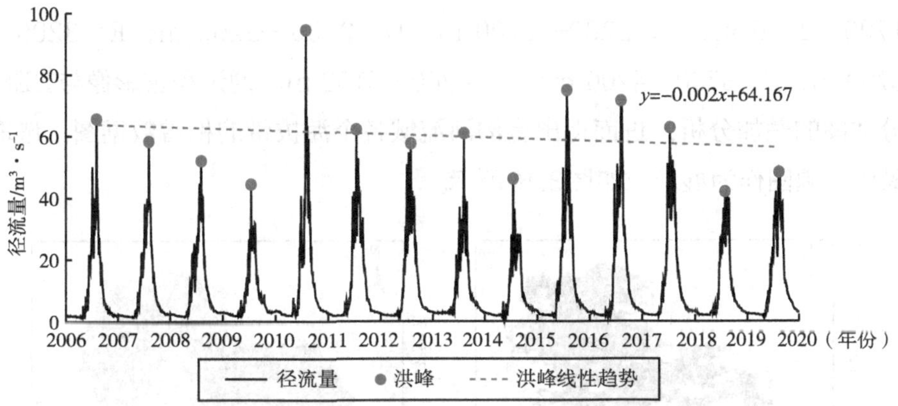

图3.8　2006—2019年金沟河流域逐日径流量

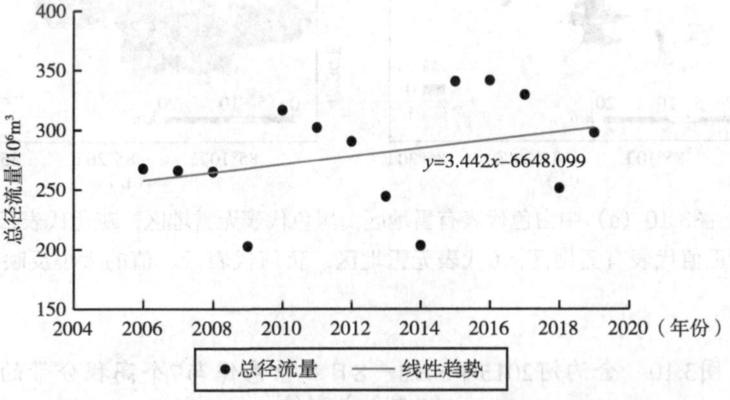

图3.9　2006—2019年4—9月金沟河流域总径流量

第五节 流域积雪变化影响因素分析

一、不同海拔带的积雪变化

金沟河流域的积雪分布和变化特征表现出显著的海拔分异性。本书将研究区按500 m为间隔划分为7个海拔带：A：1243—1700 m；B：1700—2200 m；C：2200—2700 m；D：2700—3200 m；E：3200—3700 m；F：3700—4200 m；G：4200—5152 m。通过积雪影像与DEM分类图的叠加分析，进而得出金沟河流域各个海拔带的积雪数据图，选取其中一幅图作为展示，如图3.10所示。

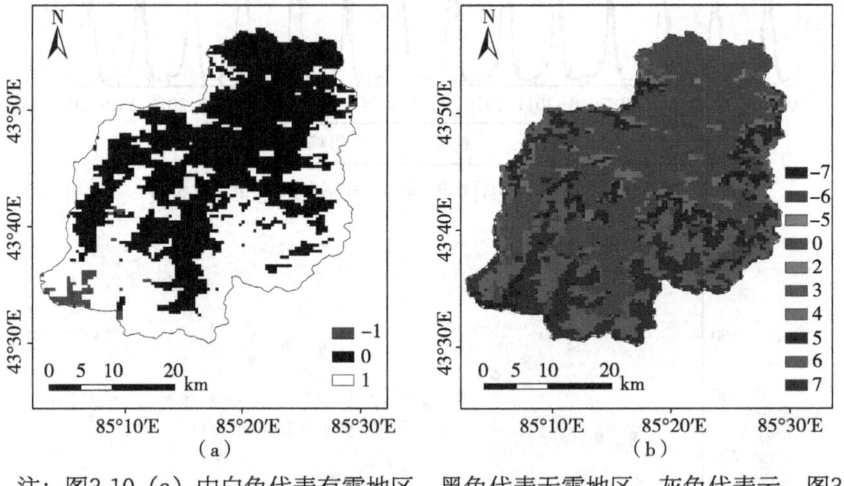

注：图3.10（a）中白色代表有雪地区，黑色代表无雪地区，灰色代表云。图3.10（b）中正值代表有雪地区，0代表无雪地区，负值代表云。值的大小反映不同的高程带。

图3.10　金沟河2015年5月1—8日积雪影像与7个高程分带的积雪合成影像

在以上基础上进一步将各个分带的积雪数据导出，计算2006—2019年各个海拔带的积雪覆盖率如图3.11所示。

海拔4200 m以上，积雪覆盖率可能受全年积雪（冰川）的影响，对气温变化不敏感，年内变化趋势较为平缓。海拔4200 m以下积雪覆盖率受气温影响较大。随着海拔的升高，积雪覆盖率升高，波动范围变小，降雪积累期和融雪期也逐渐变长。1243—1700 m海拔带的*SCF*变化率最大。

海拔4200 m以下［见图3.11（a）—（e)］的5个分带积雪覆盖率随季节变化波动明显，冬季积雪覆盖率最高，3月左右，气温回升，积雪覆盖率开始降低，在夏季融雪期结束后达到积雪覆盖率降到最低，9月以后开始增加。海拔4200 m以上［见图3.11（f）—（g)］积雪覆盖率季节性差异越来越小，为稳定性积雪。

从*SCF*年内变化速率来看，图3.11（a）—（d）4个高程带的积雪覆盖变化速率相似，*SCF*随季节变化呈“U”形。图3.11（e）—（f）积雪覆盖率变化主要表现为降雪积累期和融雪期变长，呈“V”形。而图3.11（g）高程带（＞4200 m）的*SCF*年内变化情况较为特殊，相比其他高程带表现出截然不同的趋势，最小值出现在冬季。这可能是由于4200 m以上的高海拔地区，降水主要以积雪形式为主，而新疆降水全年分布以夏季居多而冬季少，从而导致高海拔地区积雪覆盖率冬季偏低。并且海拔4200 m以上的地区多为永久性积雪，因此积雪覆盖率年内变化较为平稳。

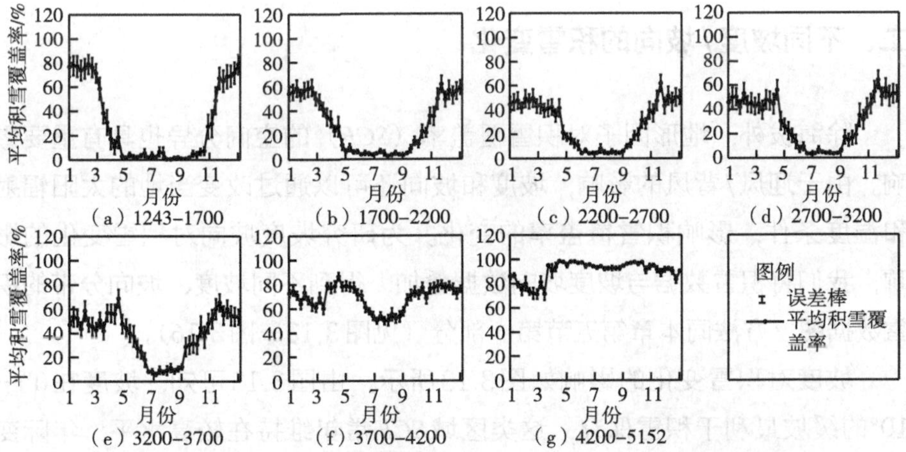

图3.11　2006—2019年金沟河流域不同海拔带积雪覆盖率变化

通过对金沟河流域不同海拔带积雪覆盖率（*SCF*）年际变化的系统分析，研究发现研究区呈现显著的海拔分异特征。具体表现为：(A) —（D）海拔带的*SCF*均呈上升趋势，(E) —（G）海拔带的*SCF*呈下降趋势（见图3.12）。各个海拔带的倾向率分别为1.6%/10a、1.3%/10a、0.6%/10a、1.0%/10a、-0.7%/10a、-1.9%/10a、-1.2%/10a。其中，高海拔带的变化速率较快，高海拔带多为永久性积雪（冰川），这些区域对气候变化极为敏感，受全球气候变暖的影响明显，这一发现为理解山地系统对全球变化的响应提供了重要的海拔梯度证据。

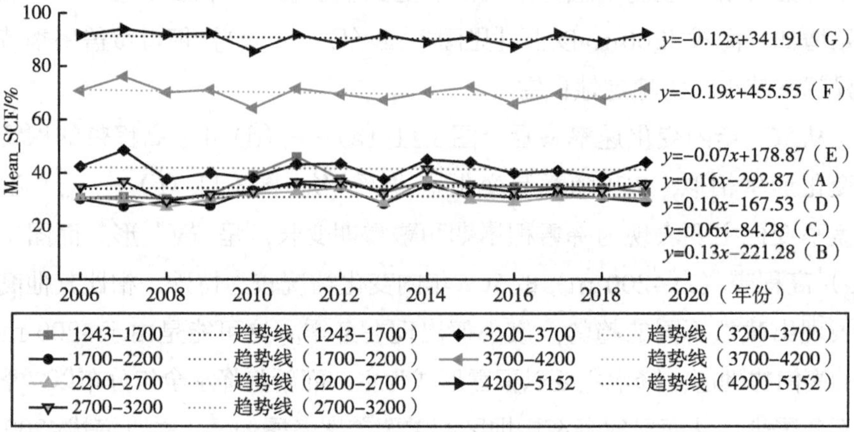

图3.12　2006—2019年金沟河流域不同海拔带年际积雪覆盖率变化

二、不同坡度/坡向的积雪变化

除海拔外，地形因子对积雪覆盖率（*SCF*）的空间分异也具有重要影响。由于迎风/背风的影响，坡度和坡向还可以通过改变当地的太阳辐射和湿度条件，影响积雪覆盖率的变化。为研究坡度坡向对积雪变化的影响，我们将积雪数据与坡度坡向数据叠加，得到不同坡度、坡向分带的积雪数据图，方法同本章第五节第一部分（见图3.13—图3.16）。

坡度对积雪变化的影响如图3.13所示。由图3.13可知，坡度在0°—10°的缓坡最利于积雪保存，这类区域*SCF*常年维持在较高水平，年际变化较为平缓。这主要是因为缓坡地形积雪不易滑移，同时接受的太阳辐射较为均匀。相比之下，坡度在20°—30°和30°—40°陡坡区积雪条件较差，不利于积雪，*SCF*年内变化趋势相似，*SCF*偏小且随季节变化波动明显。这可能是因为积雪覆盖率还与坡向等因素有关。坡向朝南的地方，受到的太阳辐射较多，积雪更容易融化，导致*SCF*偏低。另外植被类型也有一定的影响，裸地积雪消融较快，有植被覆盖的地方积雪消融较慢。坡度在10°—20°和40°—90°的*SCF*在融雪期和降雪初期的变化趋势相似。

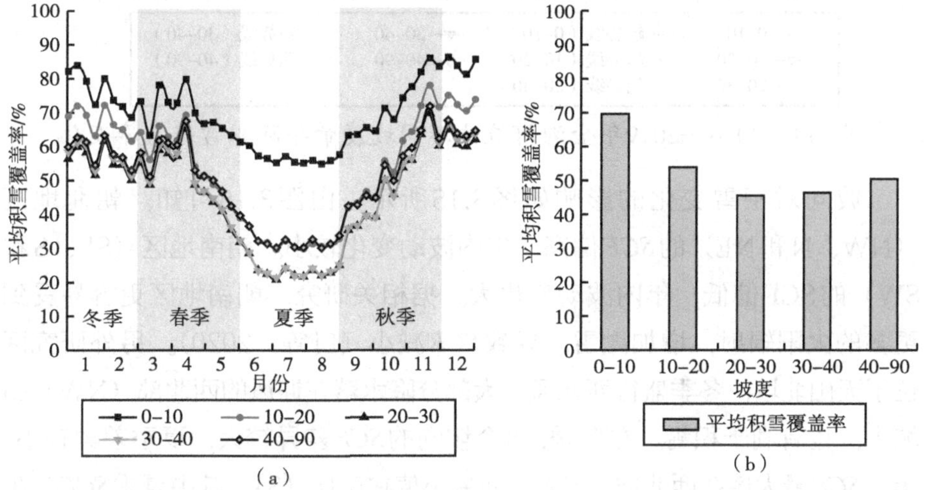

图3.13　2006—2019年金沟河流域不同坡度带的积雪覆盖率变化

基于2006—2019年的长时间序列观测数据，各坡度带积雪覆盖率（*SCF*）均呈现不同程度的下降趋势（见图3.14）。通过线性回归分析发现，不同坡度带的*SCF*年际变化倾向率存在明显差异：0°—10°缓坡带的下降速率最大（-0.6%/10a），其次是20°—30°陡坡带（-0.4%/10a）和40°—90°陡崖带（-0.4%/10a），而10°—20°过渡带和30°—40°极陡坡带的下降速率相对较缓，分别为-0.3%/10a和-0.2%/10a。

值得注意的是，0°—10°坡度带表现出最强的气候敏感性，其*SCF*下降速率显著高于其他坡度带，这可能与该区域积雪对气温升高的响应更为直接有关。具体而言，缓坡区积雪消融主要受气温上升和降水相态改变的共同驱动，而陡坡区积雪变化还受到地形因子（如坡度引起的积雪再分布）的缓冲作用。这种坡度依赖性变化特征为理解山地积雪对气候变化的响应机制提供了重要依据。

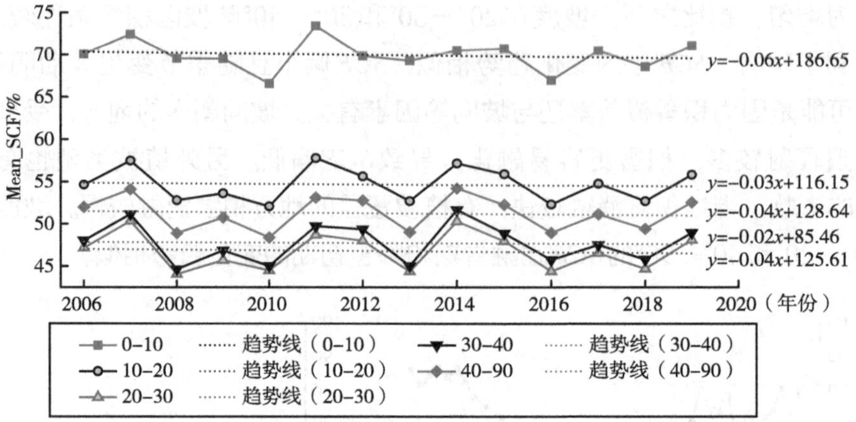

图3.14　2006—2019年金沟河流域不同坡度带年际积雪覆盖率变化

坡向对积雪变化的影响如图3.15所示。由图3.15可知，朝北地区（NW、N和NE）的*SCF*偏高，年内波动变化较小。朝南地区（SE、S和SW）的SCF偏低，年内波动变化大。据相关研究，朝南地区更容易受到更多的太阳辐射，增加融雪，导致*SCF*减小（Li等，2020）。另外研究区位于天山北坡，冬季盛行西北风，大部分降水落在迎风的西北部（NW）山坡上，也有利于积雪。在冬季，8个坡向的*SCF*差异较大，夏季差异较小，年内*SCF*最大值在西北坡（NW）而最小值在南坡（S）。其中夏季*SCF*最小值在南坡和西南坡（S和SW），说明夏季积雪在南坡和西南坡消融最快。

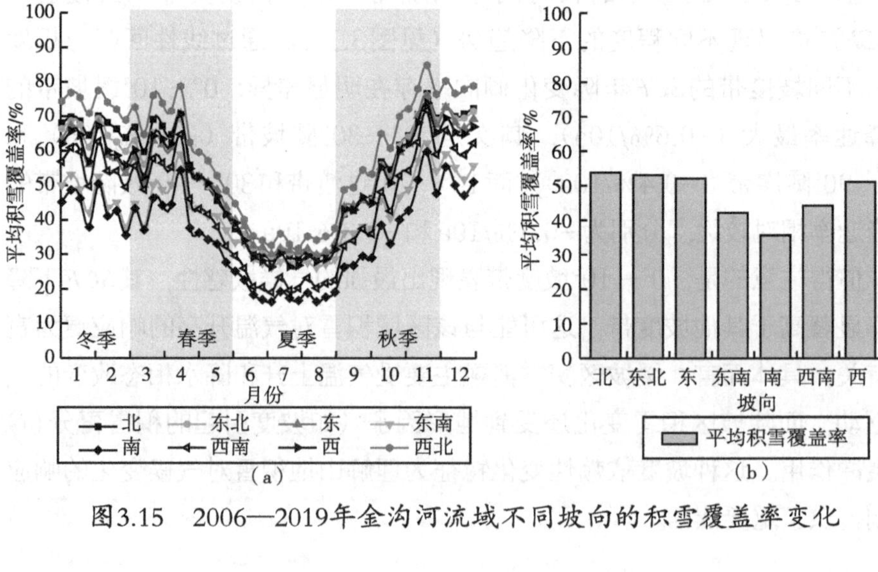

图3.15　2006—2019年金沟河流域不同坡向的积雪覆盖率变化

基于2006—2019年的观测数据分析，金沟河流域不同坡向积雪覆盖率（*SCF*）呈现明显的年际变化差异（见图3.16）。北向（N）和东北向（NE）坡带*SCF*呈微弱上升趋势（0.2%/10a），而其他坡向均呈下降态势，其中东南坡（SE）下降最为显著（−0.8%/10a），南坡（S）和西南坡（SW）次之（−0.7%/10a和−0.6%/10a）。这种空间分异主要受局地气候—地形相互作用调控：北向坡面因冬季固态降水比例高和消融期推迟促使*SCF*增加；而东南坡则因春季辐射增强和消融期提前导致*SCF*快速下降。值得注意的是，阳坡变化速率显著高于阴坡，其中东南坡的敏感性达到北坡的4倍，这种坡向异质性响应预示着气候变化背景下山区积雪分布格局可能发生深刻转变。

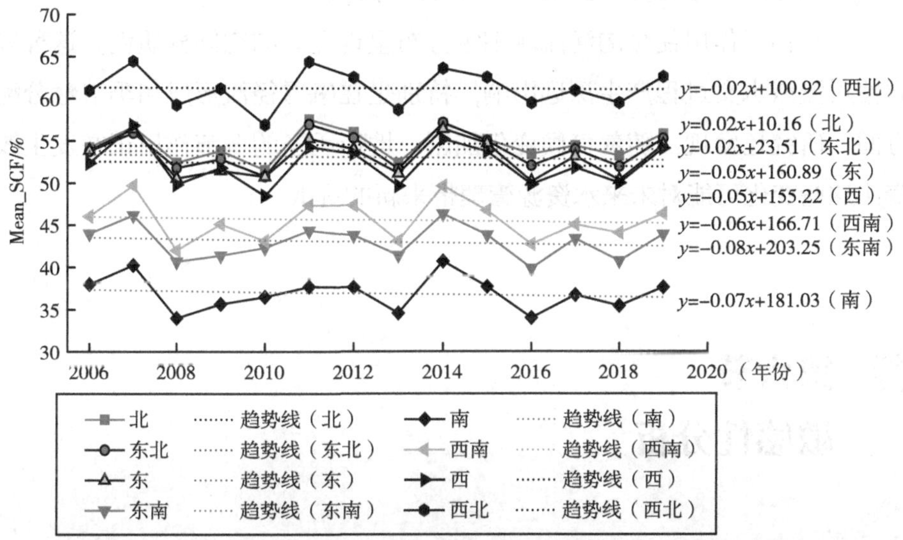

图3.16 2006—2019年金沟河流域不同坡向带年际积雪覆盖率变化

需要特别指出的是，坡度与坡向对积雪分布的影响并非独立存在，而是通过复杂的耦合作用共同塑造了积雪的空间格局。研究发现，这种地形因子的交互作用呈现出三个典型特征：

一是在中等坡度（10°—20°）区域，坡向效应最为显著。该坡度带内，北向坡面的年均积雪覆盖率（*SCF*）可比南向坡面高，积雪持续时间差异大。这种强烈分异主要源于：（1）中等坡度既保证了积雪稳定性，又不会过度削弱太阳辐射的坡向差异；（2）该坡度范围最有利于形成地形降水增强效应，迎风坡年降雪量比背风坡多。

二是在陡坡区（>30°），坡向效应呈现明显减弱趋势。具体表现为：（1）南北坡向*SCF*差异缩小；（2）积雪持续时间差异减少。这主要因为：（1）陡坡地形导致积雪频繁发生重力迁移，削弱了辐射差异的影响；（2）强坡度使各坡向均面临较大的积雪流失风险，*SCF*整体水平下降。

三是植被覆盖对地形效应具有重要调节作用。植被覆盖使积雪持续时间平均延长。这种调节机制包括：（1）冠层截留减少直接太阳辐射；（2）降低近地表风速；（3）减少积雪升华损失。

这些相互作用使金沟河流域积雪分布呈现显著的空间异质性。这种异质性对流域水文过程产生深远影响，特别是在融雪径流形成和季节性分配方面。研究还发现，随着气候变化加剧，地形因子的调节作用正在发生改变，这些变化可能对未来水资源管理带来新的挑战。

第六节 敏感性分析

金沟河流域作为典型的融雪性河流，其年径流量的变化主要受到融雪过程的显著影响。融雪作用不仅直接决定了流域内水资源的补给量，还在很大程度上塑造了该地区的水文循环特征。为了深入探究积雪覆盖率（*SCF*）和雪深（*SD*）这两个关键因素对径流量的具体影响机制，本书特别计算了*SCF*、*SD*与径流量之间的敏感系数，结果如图3.17所示。通过这一分析，期望能够更准确地把握融雪性河流径流变化的内在规律，为流域水资源管理和防洪减灾提供科学依据。

整体来看［见图3.17（a）和图3.17（c）］，2006—2019年积雪参数与径流的敏感系数呈现明显的季节分异。*SCF*对径流的敏感系数ε（*SCF*，*Q*）在−1.38—0.72范围内波动，年内变化表现为冬季相对稳定，春末和夏季剧烈变化的特征。具体而言，12月至次年3月系数稳定在0—0.72，4月起开始显著波动，6月达到负向峰值−1.38。这种季节性波动与流域的积雪消融过程密切相关：春季积雪消融导致*SCF*下降与径流增加呈负相关，而夏季降水成为主导径流因子后，*SCF*与径流转为正相关。相比之下，*SD*对径流的敏感系数ε（*SD*，*Q*）波动范围较小，为−0.25—0.10，夏季敏感系数较小，春季和冬季波动较大。5月的分析结果尤为值得关注，此时ε（*SCF*，*Q*）达到−1.28，ε（*SD*，*Q*）为−0.21，表明*SCF/SD*每减少1%，将分别引起径流增加1.28%或0.21%，这种显著的反向关系揭示了春季融雪期积雪消融对径流的重要贡献。进一步分析发现，*SCF*对径流的影响强度约为*SD*的6倍，说明积雪面积变化是驱动径流响应的主导因素。这种差异主要源于：（1）*SCF*直接反映参与融雪的积雪范围；（2）*SD*变化对径流的影响存在更显著的滞后效应；（3）*SCF*与太阳辐射接收面积的关联更为直接。

由图3.17（b）和图3.17（d）所展示的数据变化趋势可知，ε（*SCF*，*Q*）和ε（*SD*，*Q*）均会随着季节的更替而发生显著变化。具体而言，在春夏季期间，随着气温的逐渐回升，积雪开始消融，导致积雪覆盖率和雪深均呈现减少的趋势，而与此同时，径流量则相应地增大。进一步分析发现，ε（*SCF*，*Q*）冬季和初春季节的波动幅度相对较小，表明积雪覆盖率的变化对径流量的影响在这一时段内相对稳定；ε（*SD*，*Q*）夏季波动较小，可见雪深对径流量影响不大，并且存在一定的滞后性。相比之下，积雪覆盖率的变化能够更为直接地反映在径流量的变化上，*Q*受*SCF*的影响更大［$-7.48<\varepsilon$（*SCF*，*Q*）<8.03］。因此，可以得出结论：*SCF/SD*的减少均会对径流量的变化产生重要影响，但其中*SCF*的减少对径流量变化的影响更为显著。

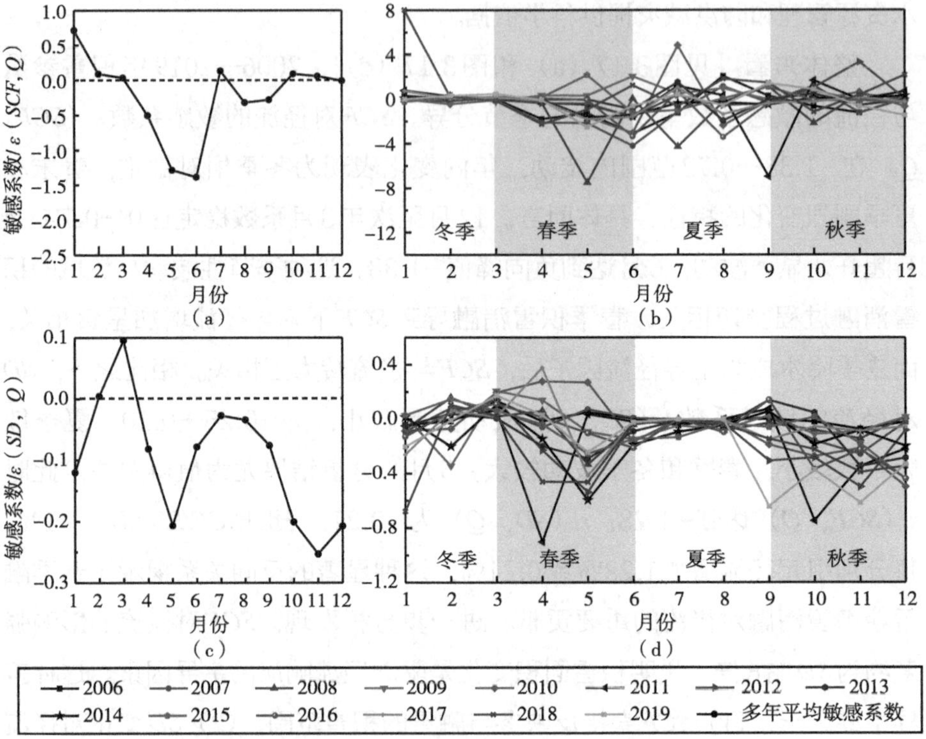

图3.17　2006—2019年敏感系数ε（S，Q）变化

第七节 本章小结

季节性积雪作为高寒山区水文循环的重要组成部分，在区域水资源管理中扮演着至关重要的角色。在干旱和半干旱地区，积雪的“固态水库”功能尤为突出，其冬季蓄积、春夏消融的特性为下游地区提供了稳定的水资源供给。然而，在全球气候变化背景下，积雪动态的显著改变正对区域水安全构成严峻挑战。研究表明，气候变化导致的积雪损失可能严重影响径流的产生和深层地下水的补给过程，特别是在以融雪补给为主的流域（Hammond等，2019）。Tang G等（2019）采用水文—生态耦合模拟系统（CHESS）进行模拟，发现美国大盆地内气候变化导致的融雪变化占

年径流量变化的60%以上。气候变化导致的降雪变化对半干旱和干旱地区的年分布和水资源可用性具有重要意义。Hossam Moursi等（2017）认为，在气候变化背景下，半干旱融雪型流域面临水资源短缺的风险显著增加，亟须制定科学有效的适应性管理策略。

本章主要分析了气候变化背景下2006—2019年金沟河流域的气温降水特征及积雪融雪变化规律。影响积雪变化的因素考虑了气温、降水量、海拔、坡度和坡向等，然而积雪融化还与风速、地表辐射、人类活动等因素有关。此外，积雪与径流之间关系密切，积雪融化的量有多少会形成径流还有待量化研究。

金沟河流域地处高寒山区，属于典型的冰川融水性河流，是干旱地区重要的水资源来源，研究积雪动态是评估融雪对河流流量和水循环的贡献的第一步，并且了解流域积雪变化及其水文响应对于认识高寒山区的水循环具有重要意义。本书根据研究区气象水文资料和遥感积雪资料，采用多种方法研究了气温、降水量、积雪和径流之间的关系。本章的主要结论如下。

（1）1964—2019年金沟河流域年均气温均大于0℃，年降水量在300 mm以上，整体呈上升趋势。M-K检验结果表明，年均气温在1964—1966年有短暂的增温，但并不显著。从1972年开始持续增温。2000年开始超过临界值，气温开始显著增加。气温有突变点，发生在1998年。流域年均降水量1968—1977年有短暂的增温，自1986年开始持续增加，2006年开始显著增加。

（2）积雪覆盖率（*SCF*）和雪深（*SD*）年内变化趋势相同，周期性明显，每年均有一个完整的积雪期和融雪期。积雪日数（*SCD*）分布存在明显的地域性差异，自下而上*SCD*值逐渐增大。*SCD*高值主要集中在流域西南部和南部。流域内除中部部分地区外均为稳定积雪区。

（3）影响流域积雪变化的因素有许多，主要包括气温、降水量、坡度和坡向等。研究发现，流域年均气温和降水量均有所上升，并且积雪变化受气温影响更大。将积雪按高程进行分带后发现，海拔4200 m以上，*SCF*可能受全年积雪（冰川）的影响，年内变化趋势平缓，而海拔4200 m以下，*SCF*随海拔的升高而升高，且融雪期逐渐变长，从“U”形变成“V”形。从*SCF*年际变化来看，2006—2019年E1—E4海拔带的*SCF*均呈上升趋势，E5—E7海拔带的*SCF*呈下降趋势。*SCF*随坡度和坡向的变化而变化，坡度在0°—10°更利于积雪，20°—40°不利于积雪。从年际变化上来看，2006—2019年各个坡度带的*SCF*均呈下降趋势。另外朝北地区（NW、N和NE）的*SCF*偏高，南部（SE、S和SW）偏低。从年际变化上来看，2006—2019年，总体上北、东北带的*SCF*呈上升趋势，其余坡向带的*SCF*呈略微下降趋势。

（4）积雪变化与径流密切相关。当*SCF*和*SD*降到最低时，洪峰出现。径流高峰一般出现在8月底。近年来，洪峰流量有减少的趋势，且洪峰出现的时间有提前的趋势。对*SCF*、*SD*与径流量进行敏感性分析后发现，*SCF/SD*与Q呈负相关，且Q受*SCF*变化的影响较大。*SCF/SD*的减少对径流量变化有很大的影响。

基于上述研究成果，本书提出以下管理建议和未来研究方向：在水资源管理方面，建立基于*SCF*动态监测的春季洪水预警系统，重点关注4—5月敏感系数峰值期；针对不同海拔带制定差异化的水资源调配方案，充分考虑积雪变化的空间异质性；将积雪水资源纳入流域综合管理规划，增强对气候变化的适应能力。在研究展望方面：需要进一步量化人类活动（如水利工程、土地利用变化）对积雪过程的影响；加强积雪消融与土壤水分、地下水补给的耦合研究；发展融合多源数据的积雪—径流预报模型，提升预测精度；开展长期定位观测，监测气候变化下积雪系统的持续演变。

本书建立的积雪变化监测方法和获得的基础数据，可为无资料地区的水文模拟提供重要参考。研究成果不仅对金沟河流域的水资源可持续利用具有直接指导价值，也为类似气候区的水文研究提供了方法学借鉴。未来需要持续关注气候变化下积雪水文的演变趋势，为区域水安全保障提供科学支撑。特别是在全球变暖持续加剧的背景下，深入理解积雪系统与水循环的相互作用机制，对于干旱区水资源的适应性管理具有重要的理论意义和实践意义。

第四章

SRM模型的构建及不确定性分析

为研究融雪，目前已经开发了多种模型。融雪模型是模拟和定量描述流域积雪消融过程的物理方程，一般分为两种类型：度日模型和能量平衡模型（李建梅等，2017）。其中，度日模型对数据要求较低，常见的有SRM模型、HBV模型等。而能量平衡模型所需参数较多，常见的有VIC模型、SHE模型等。但由于山区地面观测站稀少，数据缺乏，因此在众多融雪模型中，SRM模型最具代表性，并已被各个国家的学者们广泛使用（Tahir等，2017；Khadka等，2014；王飞等，2011）。

新疆位于欧亚大陆腹地，深居内陆，远离海洋，属于典型的大陆性干旱气候，同时它三山夹两盆的地貌特征，形成了该地区干旱少雨，地表水资源匮乏的情况（Guo等，2016）。近年来，受全球气候变暖的影响，新疆降水量均高于往年，山区降水—雪冰融水径流是新疆水资源形成的主要来源。天山山脉是横跨新疆中部的一条高海拔的大山脉，是新疆产流的主要地区。金沟河流域位于新疆天山北坡，降水稀少，冰雪融雪水是该流域重要的水资源来源。因此检测积雪变化和融雪径流对于流域水资源管理具有重要意义。本章选取2006—2019年融雪期为研究时段，采用SRM模型对金沟河流域的融雪径流进行模拟。本章的主要目标是：（1）评估SRM模型在金沟河流域模拟融雪径流的适用性；（2）研究GPM降水数据集在高海拔河流集水区模拟融雪径流的可靠性，以弥补地面观测数据的不足。

由于金沟河流域整体海拔范围跨度较大，具体为1243—5152 m，其流域高程差值超过3900 m，这一显著的地形起伏特征为区域研究带来了复杂性和挑战性。为了更精准地分析和模拟该流域的水文过程，本书依据SRM融雪径流模型的基本原理，对研究区域进行了细致的垂直分带处理。考虑到流域内海拔梯度的显著变化，本书以500 m为间隔，将整个研究区划分为多个垂直带，旨在通过分带处理捕捉不同海拔区域的水文特性差异。具体分带情况如下：1243—1700 m、1700—2200 m、2200—2700 m、2700—3200 m、3200—3700 m、3700—4200 m、4200—5152 m。各个分带的面积和平均海拔如表4.1和图4.1所示。

表4.1　金沟河流域分带面积与平均高程

高程分带	高程范围/m	平均高程/m	分带面积/km²	面积百分比/%
A	1243—1700	1551.84	38.07	3.24
B	1700—2200	1971.63	91.96	7.82
C	2200—2700	2468.88	140.20	11.93
D	2700—3200	2967.73	217.26	18.48
E	3200—3700	3451.64	259.93	22.11
F	3700—4200	3945.46	260.80	22.18
G	4200—5152	4425.38	167.45	14.24
全流域	1243—5152	3194.32	1175.67	100

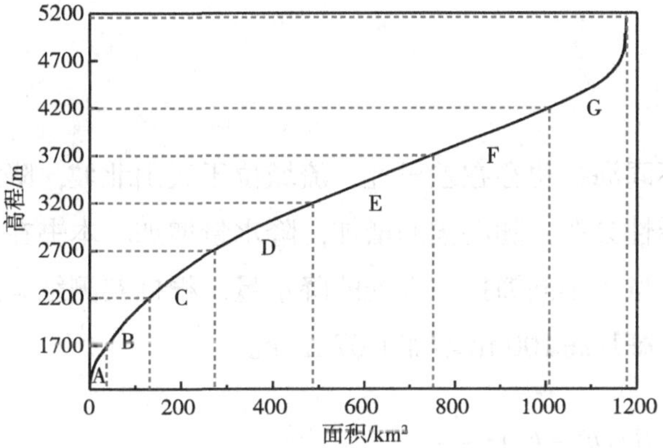

图4.1　研究区不同海拔带的面积—海拔曲线

第一节 模型输入变量

一、气温及度日数

在SRM模型中，气温是用度日数的形式表现的。度日数一般是通过气温观测值进行计算，计算公式如下：

$$T = \frac{T_{min} + T_{max}}{2} \tag{4.1}$$

其中，T为日均气温，T_{max}和T_{min}分别是日最高与最低气温。

按气温直减率将流域气温值递推得到各个分带平均高程处的气温值。

$$\Delta T = \gamma \cdot (h_{st} - h_p) \cdot \frac{1}{100} \tag{4.2}$$

其中，γ是气温直减率（本书采用全球平均气温直减率γ=0.65℃/100 m进行递推），h_{st}是流域气象站的高程，h_p是流域高程分带的平均高程，根据气温直减率将流域测站的气温插值到每个分带上。

二、降水量

降水在不同海拔也存在差异性，流域位于天山北坡，降水的分布呈典型的垂直地带性分布，随海拔的增加，降水量增加。本书在天山北坡做了相关试验，测量了不同海拔高程处的降水量，根据实测结果进行计算，得到流域降水量每升高100 m增加1.07 mm。

$$P_p = P_{st} + \beta \cdot (h_p - h_{st}) \cdot \frac{1}{100} \tag{4.3}$$

其中，β是流域的降水递增率，P_{st}是流域气象站的降水量，P_p是流域高程分带处的降水量。

另外，改变模型输入变量，将实测降水数据更换为降尺度之后的GPM降水数据，以评估GPM降水数据在高海拔山区的适用性。

三、积雪覆盖率

流域每日的积雪覆盖率（*SCF*）是SRM模型的基本变量之一。本书以

MOD10A2、MYD10A2数据作为数据源。采用最大化合成法对同一天的来自Terra和Aqua卫星的MODIS两组影像进行融合，可以降低云的干扰。当其中一种卫星数据存在缺失时，就将当日的另一种卫星数据作为结果进行后面的计算。然后将融合后的积雪数据与高程分带相结合，计算得到不同高程带的积雪覆盖率，并进行线性插值，插值出每天的积雪覆盖率。再按照时间序列绘制流域积雪衰退曲线，各分带积雪衰退曲线如图4.2所示。由图4.2可知，积雪覆盖率随海拔的升高而增加。在冬季12—次年2月，流域积雪面积变化较为稳定，春季和秋季的变异性较大，夏季的变异性较小，且在8月底的夏末达到最低值。

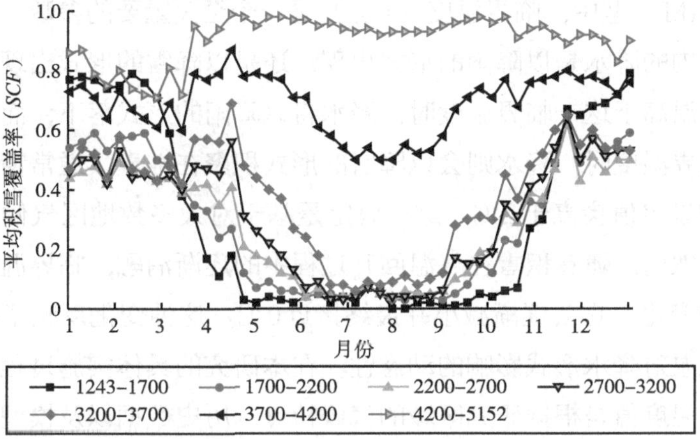

图4.2 2006—2019年流域不同海拔带的积雪覆盖率衰减曲线

第二节 模型参数的率定

一、滞时

滞时根据模型使用手册来确定，依据流域面积大小进行选取。如表4.2所示，流域总面积1175.67 km^2，因此选取滞时为12.4 h。

表4.2 流域滞时参照

流域面积 / km²	滞时 / h
$x \leqslant 8.42$	3.0
$8.42 < x \leqslant 43.3$	7.2
$43.3 < x \leqslant 680$	10.5
$680 < x \leqslant 2170$	12.4

二、临界温度

在SRM模型中，临界温度（T_{CRIT}）是一个至关重要的参数，它直接决定了流域内的降水是以降雨的形式出现，还是以降雪的形式出现。具体而言，当气温高于这一临界温度时，降水将以降雨的形式落下；而当气温低于这一临界温度时，降水则会以降雪的形式积聚在地表。通常情况下，临界温度的设定值会高于2℃，这一设定是基于对大多数地区气候条件的综合考量。然而，随着积雪在气温回升过程中的逐渐消融，临界温度也会发生相应的变化，它会逐渐减小并最终接近0℃。这种变化反映了积雪消融过程中气温对降水形式影响的动态性。在本研究的具体实施过程中，所采用的临界温度值是根据研究区域的气候特点、历史数据以及模型需求等多方面因素综合确定的，具体数值如表4.3所示。

表4.3 流域临界温度值 单位：℃

月份	临界温度
4	2.50
5	2.00
6	2.00
7	0.75
8	0.75
9	0.75

资料来源：周峰，覃姗，岳春芳，等. 基于SRM模型的金沟河流域融雪径流模拟[J]. 中国水利水电科学研究院学报，2020，18（5）：395-400。

三、退水系数

退水系数指在没有融雪或降雨的时间段内径流量的下降值，是SRM模型所需的重要参数。计算公式如下：

$$k_{n+1}=\frac{Q_{n+1}}{Q_n} \tag{4.4}$$

其中，Q_n为第n天的径流值，k为退水系数，可由实测的径流数据计算得到：

$$k_{n+1}=x\cdot Q_n^{-y} \tag{4.5}$$

其中，x和y是常数。联合式（4.4）和式（4.5），可以得出：

$$Q_{n+1}=x\cdot Q_n^{1-y} \tag{4.6}$$

对式（4.6）两边取对数，得出：

$$\lg Q_{n+1}=(1-y)\lg Q_n+\lg x \tag{4.7}$$

取2006—2019年金沟河流域融雪期实测的逐日径流量作散点图，如图4.3和图4.4所示。退水系数是在没有融雪或降雨的情况下推求，因此首先需要剔除$Q_{n+1}\geqslant Q_n$的数据值。计算出各年的x和y并求平均值，得出$\bar{x}=0.9862$，$\bar{y}=0.0327$，代入退水系数的计算式中，得到退水系数$k_{n+1}=0.9862\cdot Q_n^{0.0327}$。

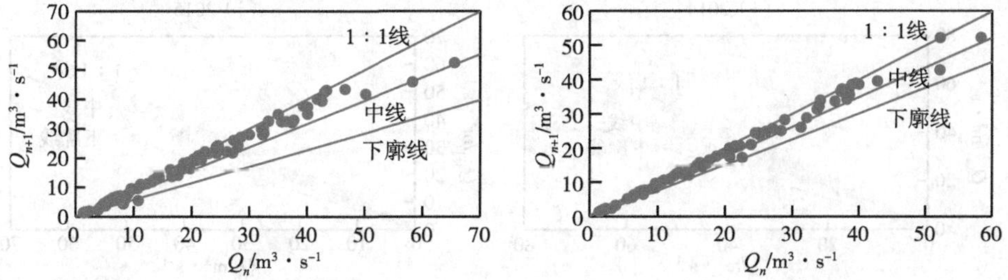

（a）2006　　（b）2007

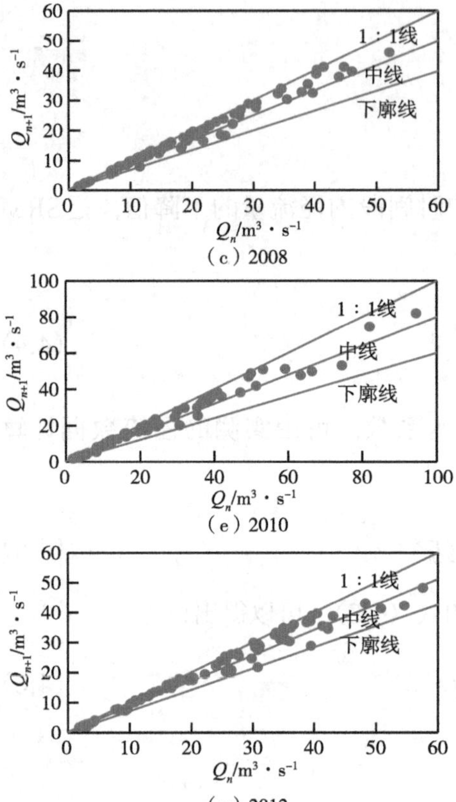

（c）2008 （d）2009

（e）2010 （f）2011

（g）2012 （h）2013

图4.3 2006—2013年金沟河退水过程散点图

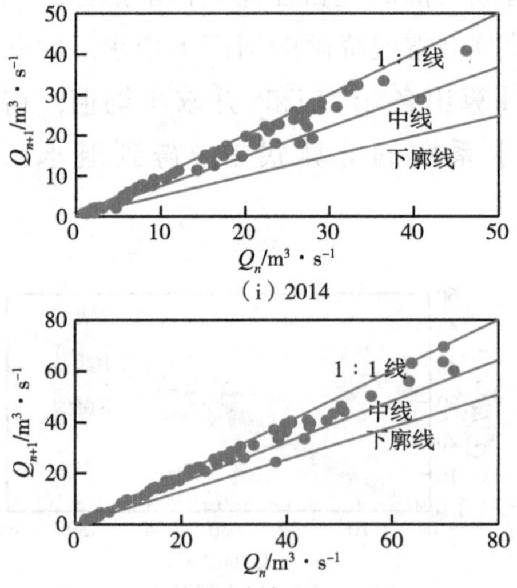

（i）2014 （j）2015

（k）2016 （l）2017

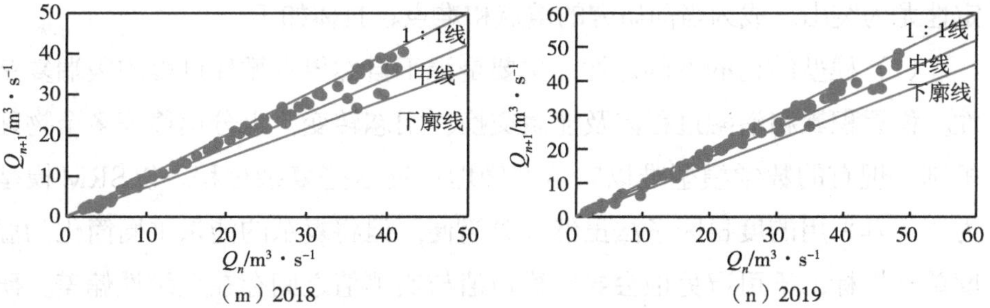

图4.4　2014—2019年金沟河退水过程散点图

四、径流系数

径流系数是衡量流域内降水在转化为地表径流并最终经流域出口断面流出量比例的关键指标，它直接反映了降水转化为径流的效率。这一系数根据径流来源的不同，可细分为融雪径流系数（C_S）和降雨径流系数（C_R）。由于实际观测数据的获取往往受到多种因素的限制，如观测站点分布不均、观测时间序列不完整等，本书在缺乏直接观测数据的情况下，根据经验来估算径流系数，取值在0.1—0.55。然而，径流系数并非一成不变，它受到多种因素的影响，包括但不限于流域的地形地貌、土壤类型、植被覆盖状况以及气候条件等。因此，在模型运行过程中，为了更准确地模拟径流过程，需要根据径流模拟结果对径流系数进行适时的调整，以确保模型能够更真实地反映流域内的径流动态。

第三节 模型不确定性因素分析

水文模型的不确定性主要来源于模型结构、输入数据和模型参数三个方面，这些因素相互作用、相互影响，共同制约着模型的模拟精度。对于融雪模型而言，在西北干旱区的应用研究中，输入数据和模型参数的不确定性尤为突出，成为当前研究的重点和难点。具体如下：

（1）模型结构的不确定性：主要是源于自然界水循环过程的极端复杂性。积雪积累和消融过程涉及能量交换、相态转变、水分运移等多个物理机制，现有的数学模型难以完全准确地描述这些复杂过程。以SRM模型为例，其采用的度日因子法虽然计算简便，但将复杂的能量平衡简化为温度单一指标，不可避免地会导致模拟值与实测值之间存在系统性偏差。研究表明，在复杂地形区，这种结构不确定性可能造成15%—25%的径流模拟误差。

（2）输入数据的不确定性：模型输入变量的不确定性来源有多种，一方面，数据收集存在误差，尤其高海拔流域，站点缺乏，数据收集更加困难；另一方面，气温、降水数据等在时空上的分布不均匀，难以准确刻画。特别是降水相态（雪/雨）的识别在春秋季冻融交替期尤为困难。虽然遥感数据提供了空间连续的积雪信息，但受云层干扰和分辨率限制，积雪覆盖率（*SCF*）的反演精度仍有提升空间。

（3）模型参数的不确定性：模型输入参数众多，容易产生“异参同效”现象。SRM模型包含度日因子、径流系数、积雪消退曲线等10余个关键参数，这些参数之间存在复杂的相互作用和补偿关系，因此在模拟预测时，会对模拟结果带来不确定性。

高寒山区测站缺乏，估计这些地区的融雪径流对水资源管理至关重要。本章中主要是基于已有的数据资料，确定模型输入变量及相关参数，进而构建起金沟河流域的融雪径流模型（SRM）。根据已有的测站气温、降水量、径流数据等资料和从MODIS遥感数据获得的积雪覆盖率等数据，结合模型应用手册，大致以500 m为间隔，划分了7个不同海拔带，并利用相关实验，将出山口的数据递推到不同海拔上，为后文模型的应用做准备。但是由于实测资料较少，在模型输入的众多参数中，除滞时（l）和退水系数（k）是根据实测资料计算得到，径流系数等许多参数是在经验值的基础上进行调参得到。在输入数据中，不同海拔带气温降水数据的递推也增加了模型的不确定性，因此，为提高SRM模型在研究区的模拟精度，在模型的应用之前，首先要对模型的不确定性进行消减，本章主要通过改进模型的输入数据和参数来消减模型的不确定性，进而提高模拟结果的精度。

值得注意的是，本书采用500 m的海拔分带方案虽然平衡了计算效率与空间分辨率的需求，但在3700—4200 m的冰川—积雪过渡带，仍可能存在微地形效应表征不足的问题。未来研究将进一步细化分带方案，并考虑引入更高精度的地形数据和更完善的物理过程表征，以持续提升模型的模拟能力和可靠性。通过系统的不确定性分析和针对性地消减措施，为金沟河流域的水资源管理提供更科学的决策依据。

第四节 模型不确定性因素的改进

一、输入数据GPM的评估和改进

降水是全球水循环的基本组成部分，也是大气循环中最活跃的变量，为天气和气候研究、水资源管理以及许多其他应用提供了重要信息（刘凯等，2020；Wang等，2019）。作为水文循环的关键输入要素，降水不仅直接影响地表径流的形成过程，还通过改变土壤墒情和地下水补给间接调控区域水资源的时空分布。在干旱半干旱地区，降水更是维系生态系统平衡的决定性因子，其微小的波动都可能引发显著的水文生态响应。由于降水的时空变化很大，特别是受地形抬升、局地环流等因素影响，山区降水往往表现出强烈的空间异质性和时间变异性（Lu等，2018；Prakash等，2016），这使准确测量降水量仍然是一项极具挑战性的任务，尤其是在地形复杂的山地流域。

目前，降水观测主要采用三种技术手段：地面雨量计、气象雷达和卫星遥感。雨量计作为最传统的观测方式，可以直接测量单点降水量，具有较高的观测精度（Zhang等，2019）。然而，雨量计观测存在明显的局限性：一方面，观测站点空间分布不均，特别是在高寒山区、沙漠等人迹罕至地区站点稀疏；另一方面，雨量计仅能代表站点周围有限范围的降水情况，难以准确刻画降水的空间分布格局。气象雷达虽然能够提供较大范围的降水监测，但其观测精度受地形遮挡、波束衰减等因素影响较大，在复杂地形区的应用效果往往不尽如人意。相比之下，卫星遥感技术因其覆盖范围广、观测频次高等优势，逐渐成为获取区域乃至全球尺度降水信息的重要手段。

多卫星协同反演技术的快速发展为获取连续、一致的全球降水信息提供了全新解决方案（盛夏等，2021）。近年来，科研人员已成功开发了包括TRMM、GPM等在内的系列卫星降水产品，这些产品在气候变化研究、水文模拟、灾害预警等领域展现出巨大应用潜力（Sun等，2018；Zhang等，2017）。其中，热带降雨测量任务（TRMM）卫星因其稳定的观测性能和较高的数据精度，成为过去20余年应用最广泛的卫星降水数据源（郭斌等，2021；Yang等，2017）。大量研究表明，TRMM数据在热带、亚热带地区的降水监测中表现优异（刘少华等，2016；Chen等，2015），即便在中高纬度地区也能提供可靠的降水估算（Li等，2012；Huffman等，2007）。作为TRMM的升级换代产品，由美国宇航局和日本宇宙航空研究开发机构（JAXA）联合研制的全球降水量测量（GPM）计划于2014年正式实施（温伯清等，2021）。GPM系统搭载了更先进的微波和雷达观测设备，空间分辨率提升至0.1°×0.1°，时间分辨率达到30分钟，能够更精细地捕捉降水的时空变化特征（李麒崙等，2018；Liu和Zipser，2015），特别是对固态降水（雪、霰等）的识别能力显著增强（Hou等，2014）。

卫星降水产品的蓬勃发展为区域和全球降水监测提供了全新视角，尤其在地面观测站点稀少的偏远地区，卫星数据往往成为降水信息获取的唯一可靠来源（Tong等，2014）。本章重点研究降水数据的改进方法，采用实测数据和GPM卫星数据相结合的技术路线。其中，实测降水数据基于天山北坡专项观测试验获取，通过在典型海拔梯度布设自动雨量站，系统测量了不同海拔的降水量，据此建立了1.07 mm/100 m的降水垂直递增率模型，用于研究区降水量的空间递推。同时，提取高时空分辨率的GPM IMERG遥感降水产品，首先从相关系数（*R*）、相对偏差（*RB*）和均方根误差（*RMSE*）等多个维度评估GPM数据在天山山区的适用性；其次基于地形—降水统计关系模型，采用地理加权回归（GWR）方法对GPM数据进行降尺度计算，将空间分辨率从0.1°提升至1 km，显著改善了降水场对复杂地形的响应能力。通过这两种数据的优势互补和协同校正，最终构建了时空连续、精度可靠的研究区降水数据集，为后续融雪径流模拟提供了关键数据支撑。

（一）研究方法和评估指标

考虑到GPM卫星数据集始于2014年4月，TRMM数据于2015年4月中止，因此选择了两种卫星数据的重叠期2014年4月到2015年3月作为研究期，在日尺度上分区域做了更精细、更全面的评估。这一时间段的选择具有重要的科学意义：首先，它包含了完整的季节周期，能够反映不同气候条件下卫星数据的表现；其次，这一时期天山山区经历了典型的气候波动，包括干旱事件和湿润事件，为评估产品在不同降水条件下的性能提供了理想条件。本书结合天山山区的地理位置和气候条件，将其划分为4个主要区域：（1）西北天山（TS1），该区域受西风带影响显著，降水季节分配较为均匀；（2）西南天山（TS2），受西南季风残余影响，夏季降水占比突出；（3）中天山（TS3），地形复杂，局地环流作用明显；（4）东天山（TS4），大陆性气候特征最为显著，降水稀少（见图4.5）。这种分区评估方法能够更准确地揭示卫星降水产品在不同气候—地形单元的表现差异。

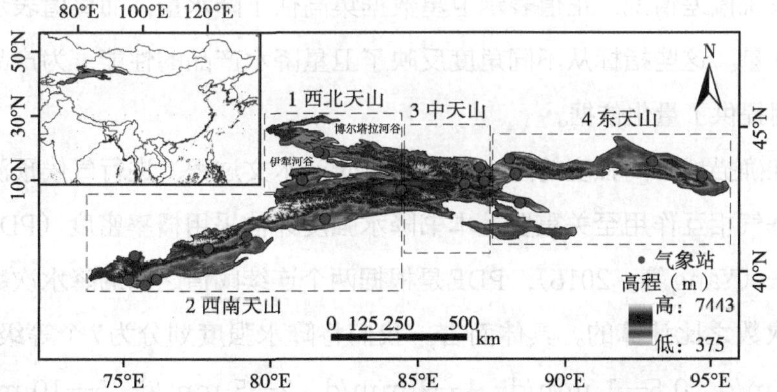

图4.5　天山地理位置

由于三种数据集分辨率不同，GPM数据的分辨率为0.1°×0.1°、TRMM数据的分辨率为0.25°×0.25°、CGDPA数据的分辨率为0.25°×0.25°，因此为方便分析，采用双线性内插法，对GPM降水数据以相同的空间分辨率进行重新投影，重采样到0.25°×0.25°（Tan和Santo，2018）。这一处理过程严格遵循了遥感数据处理规范，首先将GPM数据重采样到统一的地理坐标系（WGS84），然后采用双线性插值算法进行空间分辨率调整，确保数据转换过程中的精度损失最小化。值得注意的是，虽然这种方法会损失GPM原始数据的高分辨率优势，但为了保持与TRMM和CGDPA数据的一致性，这种处理是必要且合理的。同时，我们还保留了原始分辨率的GPM数据，用于后续的降尺度分析，以充分发挥其高分辨率的优势。

为了对遥感卫星数据集和地面参考数据集进行全面、客观的评估和比较，本书构建了多层次的评估指标体系，计算了如下关键指标：变异系数（*CV*）、相关系数（*R*）、相对偏差（*RB*）（具体计算公式见表4.5）。其中，*CV*用于测量日降水量相对于日均值的变化，反映降水的时间变异性。*R*用于评估卫星数据与地面参考数据之间的线性相关程度，其值范围为−1到1，通过皮尔逊相关系数公式计算。当*R*=0，表示二者没有相关性，*R*值为−1或1分别代表二者关系为负相关或者正相关。*RB*描述的是卫星数据集的系统偏差情况，正值表示卫星数据集高估了降水量，而负值表示低估了降水量。这些指标从不同角度反映了卫星降水产品的性能，为产品改进和应用提供了量化依据。

准确描述不同强度的降水频率对于研究水文过程、进行气候预测和评估陆—气相互作用至关重要。本书降水强度评估采用概率密度（PDF）函数方法（Yang等，2016），PDF是根据两个连续阈值之间的降水次数与总降水次数之比计算的。具体而言，我们将降水强度划分为7个等级：0—0.5 mm/d、0.5—1 mm/d、1—2 mm/d、2—5 mm/d、5—10 mm/d、

10—20 mm/d和＞20 mm/d，分别计算各强度区间出现的频率。这种方法能够揭示卫星产品对不同强度降水的探测能力，特别是对极端降水事件的捕捉效果，这对于洪水预警等应用具有重要意义。

除了以上的基本统计外，为评估卫星降水产品对于降水事件的探测能力，基于2×2应急表（见表4.4），本书还计算了探测概率（*POD*）、假警报率（*FAR*）、频率偏差指数（*FBI*）和关键成功指数（*CSI*）等指标（Tan和Santo，2018）。其中*POD*用于反映卫星正确探测降水事件的能力；*FAR*表示虚假预警的比例；*FBI*用于衡量降水事件探测的系统偏差；*CSI*能够综合反映降水探测的准确性。当*POD*、*FBI*和*CSI*接近1，*FAR*接近0，表明卫星估计具有很高的准确性（具体计算公式见表4.5）。本书以0.5 mm为阈值，假设日降水量小于0.5 mm为“无雨”，这一阈值的设定是基于天山山区降水特点和实际应用需求，既考虑了仪器测量精度，也兼顾了水文过程对有效降水的敏感性。通过这些综合指标的计算和分析，我们能够全面评估卫星降水产品在降水事件探测、强度估计等方面的性能表现，为产品选择和误差校正提供科学依据。

表4.4　两类降水估计的2×2应急

降水阈值	地面降水大丁等丁阈值	地面降水小于阈值
卫星降水大于等于阈值	H	F
卫星降水小于阈值	M	Z

注：H表示卫星正确检测到的观测降水量，F表示卫星错误检测到的观测降水量，M表示卫星漏检测到的观测降水量。Z表示无降水量的正确估算。

表4.5　各统计指数计算公式

统计指数	表达式	最优值
相关系数（*R*）	$R=\dfrac{\sum_{i=1}^{n}(x_i-\overline{x})(y_i-\overline{y})}{\sqrt{\sum_{i=1}^{n}(x_i-\overline{x})^2\cdot\sum_{t=1}^{n}(y_i-\overline{y})^2}}$	1

续表

统计指数	表达式	最优值
相对偏差（*RB*）/%	$RB=\frac{\sum_{i=1}^{n}(x_i-y_i)}{\sum_{i=1}^{n}y_i}\times100\%$	0
变异系数（*CV*）/%	$CV=\frac{\sigma}{\mu}\times100\%$	—
探测概率（*POD*）	$POD=\frac{H}{H+M}$	1
假警报率（*FAR*）	$FAR=\frac{F}{H+F}$	0
频率偏差指数（*FBI*）	$FBI=\frac{H+F}{H+M}$	1
关键成功指数（*CSI*）	$CSI=\frac{H}{H+M+F}$	1

注：n表示样本量，σ表示样本标准差，μ表示样本平均值，x_i表示卫星降水量，y_i表示地面实测降水量。

（二）TRMM/GPM卫星降水数据对金沟河流域降水的探测能力

1.年度和季度评估

图4.6显示了中国天山山区2014年基于CGDPA、GPM和TRMM降水数据集的年总降水量和不同季节的总降水量，是由日降水量累计而来。通过对比分析可以发现，天山山区的降水分布呈现出显著的空间异质性，这种差异主要受地形抬升效应、大气环流格局和水汽输送路径的共同影响。由图4.6可知，降水量在天山不同区域表现出较大的空间差异性，其中西北天山（TS1）由于地形抬升作用明显，年降水量较高，而东天山（TS4）则相对干旱。值得注意的是，三组数据虽然存在定量差异，但都准确捕捉到了这一基本的空间分布格局。

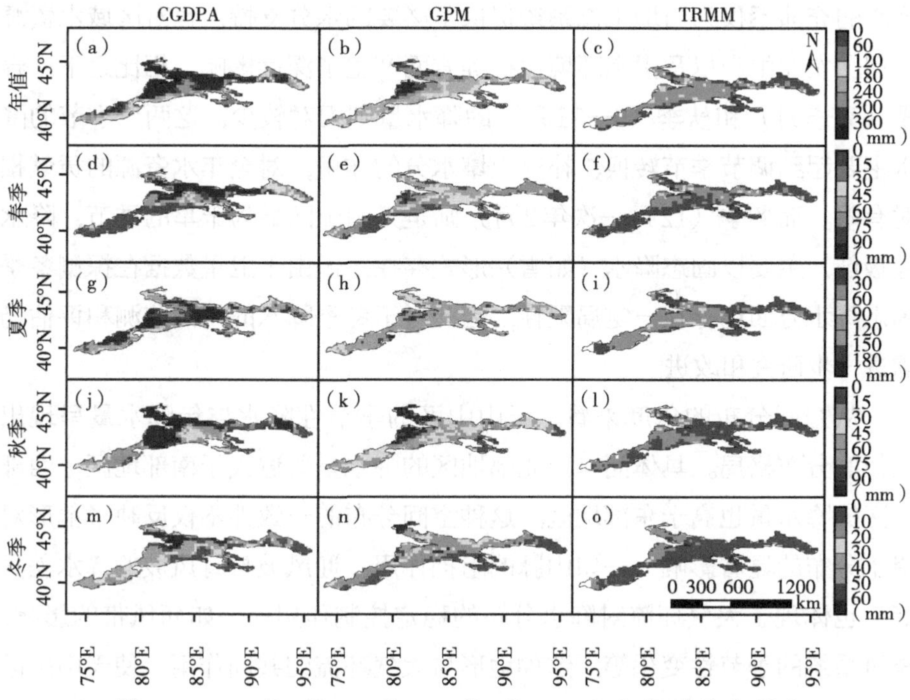

图4.6 2014年4月1日至2015年3月31日天山年总降水量和四季总降水量的空间分布

据观测，年降水量由多雨的西北天山的600 mm以上减少到东部的100 mm以下，这种自西向东、自北向南的递减趋势与天山山区的水汽输送路径高度吻合。特别是在伊犁河谷附近降水量最多，该区域年降水量可达800—1000 mm，形成明显的降水中心。这一现象的形成机制在于：伊犁河谷地理位置特殊，地形向西敞开，虽然远离海洋，深居内陆，但是能接收到从大西洋来的湿润水汽。每年3—5月春季时期，河谷中迎来湿润的西风气流，这些气流顺着海拔由低向高爬升，在上升过程中发生绝热冷却，从而在山前地带形成了丰富的地形降水。此外，夏季的局地对流活动和冬季的西风带南移也对该区域的降水形成有重要贡献。

季节性降水特征分析表明，天山山区的降水分布具有显著的季节性差异。具体而言，夏季（6—8月）作为天山山区降水最为集中的时期，其降水量占全年总降水量的比例高达50%—70%，这一比例不仅凸显了夏季降水的重要性，也体现了该地区夏季水汽充沛、降水频繁的气候特点。夏季降水的充沛不仅为当地生态系统提供了必要的水分支持，也对区域水资源管理、农业生产以及生态环境保护等方面产生了深远影响。相比之下，春季（3—5月）和秋季（9—11月）的降水量则相对较少，这两个季节的降水主要起到调节季节转换、补充土壤水分的作用，对全年水资源的贡献相对有限。而冬季（12月—次年2月）则是天山山区最为干旱的季节，降水量极低，主要以固态降水（如雪）形式存在，但由于卫星数据在探测冬季固态降水方面仍存在一定局限性，因此对于冬季降水的精确监测和评估仍需进一步研究和改进。

从空间分布的角度来看，天山山区的季节性降水与年降水量呈现出相似的分布格局。具体而言，北部地区的降水量普遍大于南部地区，西部地区的降水量也高于东部地区。这种空间分布的一致性不仅反映了地形对降水分布的显著影响——如山脉的阻挡作用、迎风坡与背风坡的降水差异等，也体现了大气环流对降水分布的稳定控制作用——如西风带的影响、季风系统的季节性变化等。这种地形与大气环流的共同作用，使天山山区的降水分布呈现出明显的地域特征和季节性变化规律。

通过对比发现，TRMM数据集所测降水量比地面参考数据集CGDPA系统性偏低，而GPM数据集的降水量显著提高，与CGDPA的偏差缩小，更接近真实值。这种改进主要得益于GPM卫星搭载的更先进的双频降水雷达（DPR）和微波成像仪（GMI），使其对弱降水和固态降水的探测能力明显提升。与TRMM数据相比，来自GPM数据的年降水量的空间分布比TRMM数据的变化更为微妙，特别是在地形复杂的山区，GPM产品更好地捕捉了天山西北部高降水量地区的几何形状和分布情况。例如，在伊犁河谷周边山区，GPM数据能够分辨出更精细的降水梯度，而TRMM数据则显得过于平滑。这种改进对于山区水文模拟和灾害预警具有重要意义。

2.日评估

为研究日降水量的变化特性，计算了各个数据集的变异系数（*CV*），如图4.7所示。*CV*值作为衡量数据离散程度的关键统计量，能够直观反映日降水量相对于其日平均值的变化程度，是评估降水时间分布均匀性的重要指标。通过对比分析不同区域的*CV*值，我们可以揭示出各地区降水变化的内在规律与特征。

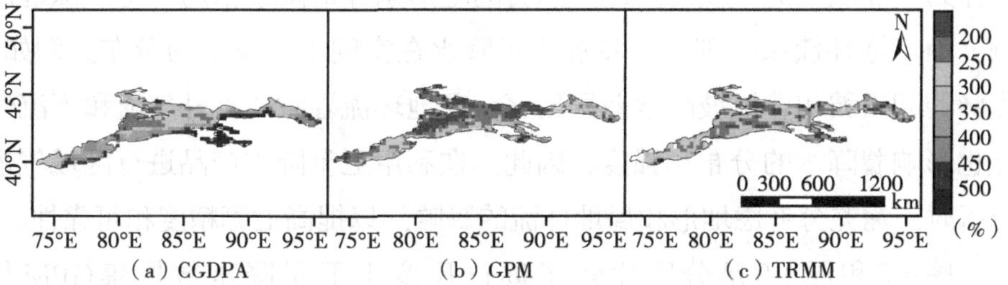

图4.7 2014年4月1日至2015年3月31日天山日降水量变异系数的空间分布

由图4.7可知，在西北天山（TS1）和中天山（TS3）地区，观测到的*CV*值较小。这一现象表明，这些区域的日降水量表现出较高的稳定性，降水事件之间的波动幅度较为有限。相比之下，在西南天山（TS2）和东天山（TS4）地区，观测到的*CV*值较大，说明这些区域的日降水量变化极为剧烈，可能频繁出现强降水事件与干旱期的交替现象。这种变化模式不仅体现了天山地区降水气候的复杂多样性，也揭示了地形、气候系统等多种因素对降水分布的深刻影响。

进一步分析发现，GPM和TRMM产品在对天山地区降水变率的估算中存在偏差。GPM和TRMM产品明显低估了西南天山和东天山较大的*CV*值。这一偏差可能源于卫星对强降水事件的捕捉能力不足，尤其是在极端天气条件下，如暴雨、暴雪等，卫星传感器的响应可能无法完全准确反映实际降水强度。此外，复杂地形条件对降水分布的影响也增加了卫星估算的难度，如山脉的阻挡作用、地形引起的上升气流等，这些因素都可能导致卫星降水产品在该区域的精度下降。尽管存在上述局限性，但整体评估显示，GPM数据在反映天山地区降水的日变率方面展现出了更高的准确性。相较于TRMM，GPM凭借其更高的时空分辨率和改进的算法，能够更好地捕捉到降水事件的时间分布特性，尤其是在描述降水强度随时间的变化上，GPM数据能够提供更为精细的时间序列信息。这对于分析区域降水动态、评估干旱与洪涝风险具有重要意义。

此外，*CV*值的空间分布差异不仅揭示了天山地区降水气候的复杂多变，还强调了地形和局地环流系统在调控降水变率中的关键作用。天山山脉作为中亚重要的气候屏障，其独特的地形条件对降水格局产生了深远影响，而局地环流系统则进一步加剧了降水在空间上的不均匀分布。例如，山脉的迎风坡和背风坡降水差异显著，局地环流导致的上升气流和下沉气流也影响着降水的分布和强度。因此，在利用卫星降水产品进行区域气候分析时，需充分考虑地形和局地环流的影响，以提高估算精度和可靠性。

图4.8和图4.9是分别比较了逐日尺度上卫星降水数据集GPM与TRMM和地面参考数据集CGDPA的相关系数（*R*）和相对偏差（*RB*）的空间分布图。总的来说，卫星数据集与东天山地区的降水量有较好的相关性，这可能与该地区降水机制相对简单、地形干扰较小有关。同时，较低的相关性主要出现在天山西部和北部地区，这些区域地形复杂，降水受局地因素影响较大。

结合图4.5的地形图可以看出，在以高地形为主的地区，由于卫星观测的局限性以及地形对降水的抬升和遮蔽作用，具有较低的*R*值，而地形低的地区，降水分布更均匀，*R*值较高。两种卫星数据集在不同分区上的表现如下：在西北天山（TS1）和中天山（TS3），GPM与CGDPA数据集的相关性大于TRMM数据，这表明GPM在这些区域的降水估算更为可靠；而在西南天山（TS2）和东天山（TS4），GPM与CGDPA数据集的*R*值略小于TRMM数据，但差异不显著，可能源于TRMM在某些特定降水类型下的适应性更强。

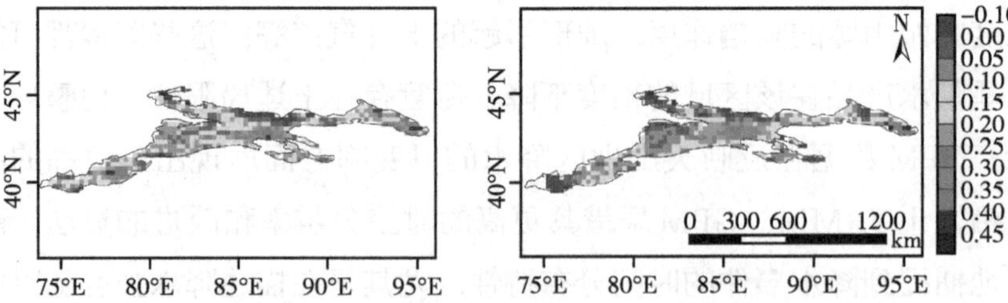

（a）GPM　　（b）TRMM

图4.8　2014年4月1日至2015年3月31日GPM、TRMM与CGDPA之间的相关性

图4.9表明，GPM降水量估算的正偏差和负偏差相对平衡，说明其系统误差较小，估算结果较为稳定；而TRMM-3B42V7在大多数地方都表现为负偏差，表明TRMM数据集存在系统性低估问题。GPM和TRMM数据集往往低估了天山山区的日降水量，这可能与卫星传感器对弱降水的敏感性不足或地形校正算法的不完善有关。相比较，GPM数据集的降水量估算更接近实测数据集，说明GPM卫星在捕捉降水信息上更为准确，尤其是在强降水事件和复杂地形条件下的表现更优。总体来看，来自GPM和TRMM数据集的其他连续统计指标具有相似的空间趋势变化，但GPM的精度和一致性普遍更高。同样，我们也不难发现，GPM产品的这些指数较优于TRMM产品，这得益于GPM更先进的传感器技术和改进的降水反演算法。然而，卫星降水数据集在高海拔地区的表现较差，这与高海拔地区降水相态复杂、观测资料稀缺以及地形对卫星信号的干扰密切相关。未来需要进一步优化算法并结合更多地面观测数据以提高高海拔地区的降水估算精度。

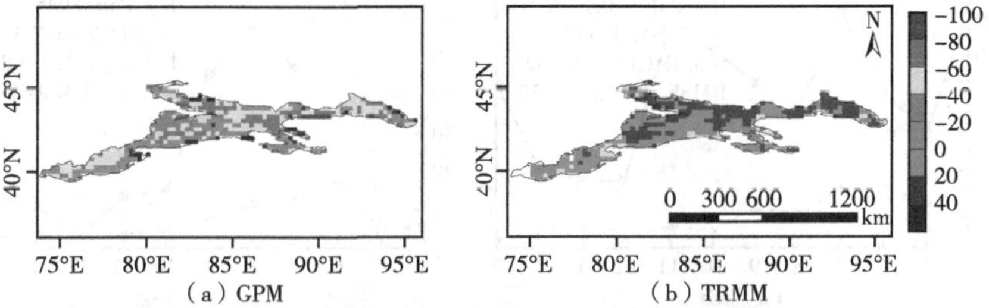

图4.9 2014年4月1日至2015年3月31日GPM、TRMM与CGDPA的相对偏差百分比

3.年际变率与季节循环

在降水量相对较低的干旱及半干旱地区，年际降水变化往往会表现出较大的波动性。这种显著的年际变化主要归因于干旱半干旱地区降水系统自身所具有的不稳定性特征，以及在气候变化背景下，气候系统对各类外部驱动因素和内部反馈机制的敏感性不断增强。

为了进一步深入检验卫星对天山山区降水时间变化特征的准确描述能

力，并从多个维度、更加全面和系统地评估卫星降水数据集在天山山区这一特定区域的应用性能，本书采用了科学合理的区域划分方法。依据天山山区独特的地理位置分布以及复杂多样的气候条件，将其精细划分为四个具有代表性的子区域，分别为西北天山（TS1）、西南天山（TS2）、中天山（TS3）和东天山（TS4）。

在完成区域划分后，本书针对不同子区域，分别选取了两种具有代表性的卫星降水数据集，即全球降水测量卫星（GPM）和热带降雨测量卫星（TRMM）的降水数据，以及地面参考数据集（CGDPA）。通过对这些不同来源的降水数据集进行细致的年际变化比较分析，旨在揭示不同数据集在捕捉天山山区降水年际变化特征方面的差异和共性，为卫星降水数据在天山山区水资源管理、气候变化研究等领域的应用提供科学依据。具体分析结果如图4.10所示，该图直观地展示了各子区域内不同数据集降水年际变化的特征和趋势。

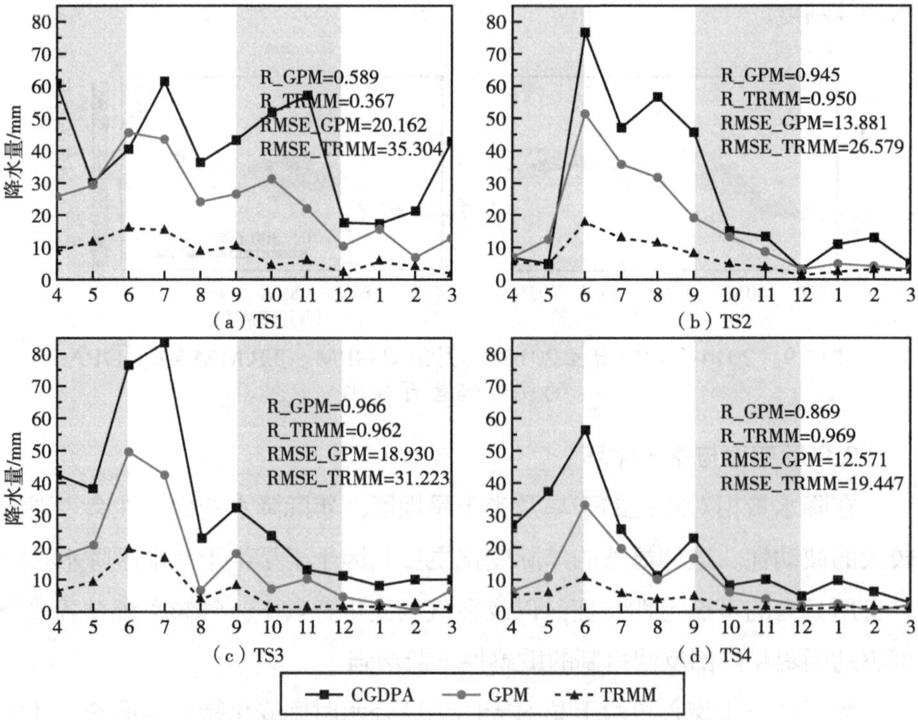

图4.10 天山山区四个子区域降水量的年际变化

结果表明，天山地区的降水量在年内分配上呈现出极为不均匀的特征，这种不均匀性贯穿全年，使四季之间的降水变化差异十分显著，充分展现出典型的温带大陆性气候特征。从季节变化角度来看，夏季是该地区降水最为集中的时期。这一现象主要归因于西风带水汽输送的显著增强，大量的水汽被输送到天山地区，为降水提供了丰富的水汽来源。同时，局地对流活动也在夏季变得异常活跃，进一步加剧了降水的形成和集中。相比之下，冬季则是降水最为稀少的季节。在冬季，天山地区主要受到干冷气团的控制，这种气团性质干燥寒冷，缺乏足够的水汽，导致降水难以形成，尤其是中天山（TS3）和东天山（TS4）地区，冬季降水的稀少程度更为明显。与地面观测值相比，卫星数据集能较好地描述降水的年际变化趋势，特别是在西南天山（TS2）和中天山（TS3）地区，卫星数据与地面观测的相关系数达0.9以上，充分显示出卫星数据在这些地区具有较强的年际变化捕捉能力，能够较为准确地反映出降水年际变化的规律和趋势。

然而，研究发现所有卫星产品都存在一个共同问题，即表现出系统性低估年降水量的特点。这种低估现象可能与多个因素有关。一方面，卫星传感器对固态降水（如雪）的探测效率相对较低。固态降水与液态降水在物理特性和反射特性上存在差异，卫星传感器在探测固态降水时可能会受到一定限制，导致探测结果不准确，从而出现对年降水量的低估。另一方面，复杂地形下的降水垂直廓线反演误差也是一个重要因素。天山地区地形复杂多样，山脉起伏较大，这种复杂地形会对降水的垂直分布产生影响，使降水在垂直方向上的分布呈现出独有的特征。卫星在反演降水垂直廓线时，由于地形的影响，可能会出现反演误差，导致对年降水量的估算出现偏差。

总体来说，GPM和TRMM数据集在统计行为上表现出相似的特征，都能够反映降水的基本年际变化特征。但从精度和稳定性方面来看，GPM数据具有明显的优势。在四个子区域的评估中，GPM数据的*RMSE*（均方根误差）都明显低于TRMM数据集。均方根误差是衡量数据准确性的重要指标，较低的RMSE值表明GPM数据在降水定量估算方面具有更高的精度和稳定性，能够更准确地反映降水的实际情况。这一发现对于进一步优化卫星降水数据的应用，提高水资源管理、气候变化研究等领域的精度和可靠性具有重要意义。

为了对2014年天山山区和四个子区域的降水量的季节变化进行更精细的统计比较，我们绘制了标准化泰勒图（Taylor，2001）。泰勒图能够通过单一图形综合展示估计值和观测值之间的三种关键统计指标：相关系数（*R*）、均方根误差（*RMSE*）和标准差（*SD*）的比率，从而对数据集的性能给出简洁而全面的评估。在标准化泰勒图中，参考值（CGDPA）的*SD*和*RMSE*通过除以参考值的*SD*进行归一化处理，使不同季节和区域的比较更具可比性。如图4.11所示，图中纵坐标的黑色虚线表示*SD*，灰色半圆表示*RMSE*，角坐标的灰色虚线代表*R*值。在这些泰勒图中，CGDPA作为地面参考数据集位于参考点（通常为图中特定位置），而GPM和TRMM数据集的点越接近参考点，说明其性能越好。

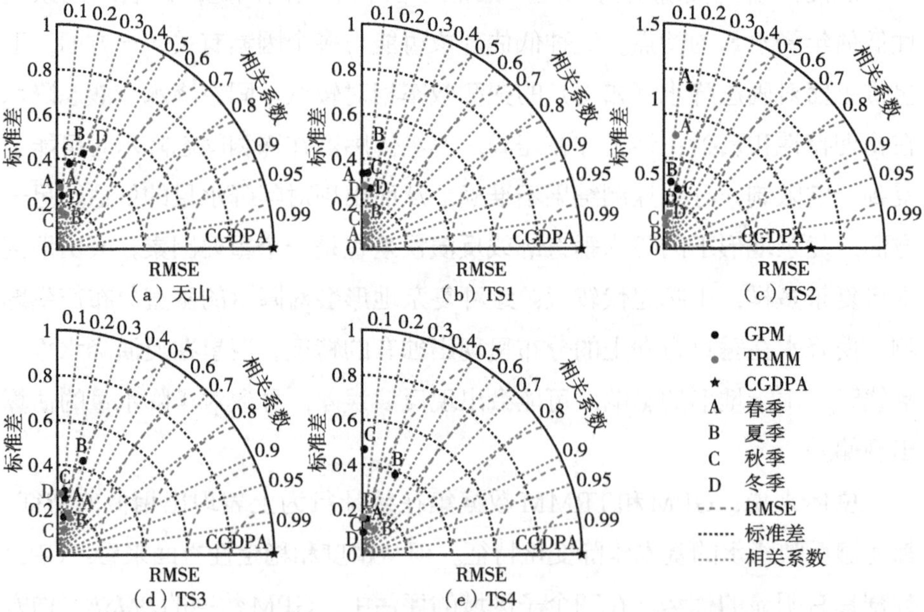

图4.11 天山和四个子区域降水季节变化的泰勒图

通过对图4.11的详细分析可知，从整体时间变化趋势来看，如图4.11（a）所示，除了冬季这一特殊时段外，两种卫星产品与地面参考数据集之间的相关性随着季节的更替呈现出高度一致的变化趋势。具体而言，在春季，两者之间的相关性处于最低水平；而当进入夏秋两季时，相关性则显著提高。这种季节性的差异并非偶然现象，而是与研究区的降水形成机制有着密切的关联。在春季，该研究区的降水主要受到西伯利亚高压残余的影响，降水形式多为零星分布的小雨或者降雪，这种降水分布的零散性和不确定性使卫星难以对其进行准确捕捉，从而导致卫星产品与地面参考数据集之间的相关性较低。然而，到了夏秋季节，降水的主要来源转变为对流活动以及西风水汽输送，这种降水机制使降水强度相对较大、降水范围也更为广泛，更有利于卫星进行探测，进而提高了卫星产品与地面参考数据集之间的相关性。

进一步聚焦到四个子区域，如图4.11（b）—（e）所示进行分析，西南天山（TS2）表现出了最为明显的季节性差异。在春季，该区域的卫星数据性能表现最差，这可能是由于春季复杂的降水机制以及地表条件等多种因素共同作用的结果。而到了夏秋季节，随着降水机制的转变以及地表条件的改善，卫星数据的性能得到了显著提升。相比之下，中天山（TS3）和东天山（TS4）在夏季的降水空间格局估计效果最佳，具体表现为具有较低的均方根误差（RMSE）和较高的相关系数。这说明在这两个子区域的夏季，卫星产品能够较好地反映降水的空间分布特征，与地面参考数据集之间的一致性较高。

此外，值得注意的是，所有卫星产品都普遍存在一个共同的问题，即倾向于低估季节性降水的空间变异性。这一现象在冬季表现得尤为突出。造成这种系统性偏差的原因是多方面的。首先，在冬春季节，研究区的地表积雪覆盖范围较为广泛，卫星被动微波和红外传感器在面对这种情况时，难以有效区分地表积雪和云中冰晶，从而导致对降水的探测出现偏差。其次，在寒冷季节，弱降水（如毛毛雨或微雪）的发生频率相对较高，而这些弱降水的强度往往低于卫星的探测阈值，使卫星无法准确探测到这些降水事件，进而导致对季节性降水空间变异性的低估。相比之下，在夏秋季节，降水主要以液态形式存在，并且多伴随强对流活动，这种降水特征使卫星的探测能力得到显著提升，因此数据质量也明显改善。

综上所述，这些研究发现对于卫星降水数据在不同季节和区域的应用具有重要的参考价值。通过了解卫星产品在不同季节和区域的表现特点以及存在的主要问题，可以为卫星降水数据的合理应用提供重要的精度评估依据，有助于提高卫星降水数据在气象预报、水资源管理、生态环境研究等领域的应用效果。

4.概率密度函数

图4.12给出了根据两种卫星数据集（GPM和TRMM）和地面参考数据集（CGDPA）计算的降水概率密度函数（PDF）值在天山山区及四个子区域之间的对比表现情况。总体来看，两种卫星数据对强降水事件（＞20 mm/d）的探测都存在显著缺陷，主要表现为低估现象，这与卫星传感器对极端降水事件的响应饱和以及时间分辨率不足有关；而对弱降水事件（＜2 mm/d）则表现出相对较高的探测精度，这得益于现代卫星微波传感器对小粒径降水粒子的敏感度提升。具体而言，GPM数据呈现出系统性偏差特征：它显著低估了小雨率（＜2 mm/d）和高雨率（＞20 mm/d）事件的发生概率，同时高估了中雨率（2—20 mm/d）事件的发生频率。值得注意的是，在中雨率区间（尤其是2—5 mm/d）内，TRMM卫星数据表现出的降水发生率明显最高，这可能与TRMM降水反演算法中针对中等强度降水的参数化方案有关。所有数据集都显示出一个共同特征：最大降水概率集中在2—5 mm/d的中雨率区间（占全年降水事件的40%—60%），而最小概率出现在＞20 mm/d的高雨率区间（通常不足5%），这反映了天山地区降水强度分布的基本气候特征。

深入分析不同数据集的差异发现，TRMM数据在所有降水强度阈值上都倾向于比地面观测记录更多降水事件，显示出明显的正偏差；而GPM数据与CGDPA数据在所有阈值上的变化趋势更为相似，特别是在极端降水事件的概率分布上更为接近实测数据。这种差异表明，GPM产品在捕获所有类型降雨事件（从弱降水到强降水）方面的综合性能较TRMM数据有明显提升。从全区尺度来看，两种卫星产品均表现出对中等强度降水（5—15 mm/d）的高估倾向，但对强降雨（＞20 mm/d）的系统性低估。在不同子区域的表现上，除中雨率区间外，TS1（西北天山）、TS2（西南天山）和TS3（中天山）三个子区域的GPM数据在小雨率和高雨率的概率分布上都较TRMM产品更接近实测值；在TS4（东天山）区域，GPM数据在所有降水强度区间的表现均优于TRMM数据。这种区域差异可能与各子区域不同的降水形成机制有关：TS4地区降水更多受大尺度环流影响，而其他区域降水受地形抬升作用更显著。

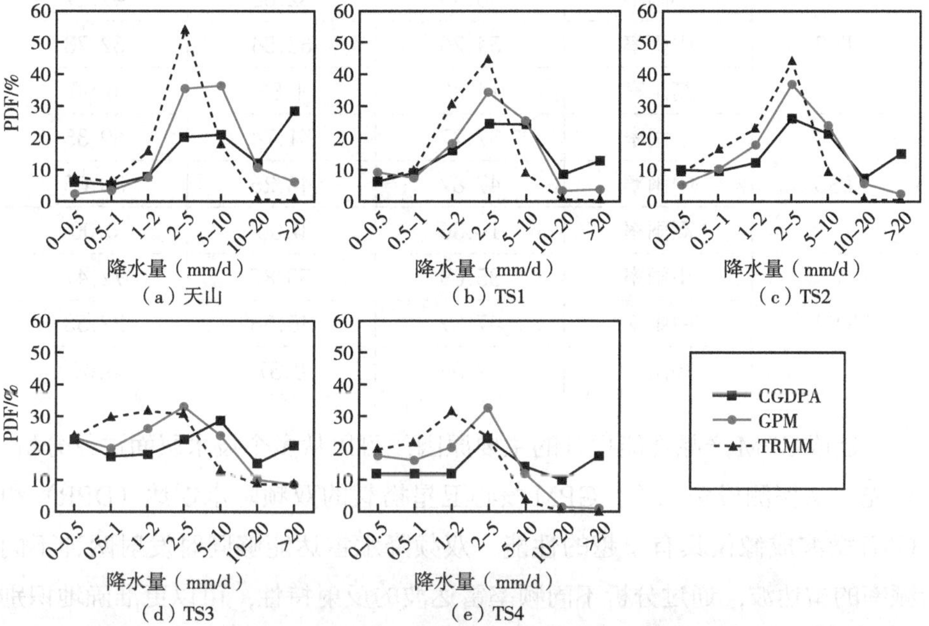

图4.12 天山及四个子区域降水量估算的概率密度函数

表4.6的定量统计结果进一步证实了GPM产品相较于TRMM产品，在天山山区降水概率分布表征能力方面实现了全面提升，特别是在小雨率（＜2 mm/d）和中雨率（2—5 mm/d）区间。通过对比分析发现，GPM产品在这两个区间的相对误差比TRMM产品减小了15%—25%，这一数值上的差异直观地反映了GPM产品在精度上的优势。这一发现与Fang等（2019）的研究结论高度一致。

表4.6 CGDPA、GPM、TRMM在各个区域的表现

单位：%

分区	降雨频率	CGDPA	GPM	TRMM
天山	小雨率	18.22	11.84	28.85
	中雨率	53.10	82.24	71.15
	高雨率	28.68	5.92	0.00
TS1	小雨率	30.77	34.15	47.04
	中雨率	56.59	62.46	52.96
	高雨率	12.64	3.38	0.00
TS2	小雨率	30.94	32.62	47.27
	中雨率	54.26	65.54	52.73
	高雨率	14.80	1.85	0.00
TS3	小雨率	37.77	51.74	69.35
	中雨率	47.87	48.26	30.65
	高雨率	14.36	0.00	0.00
TS4	小雨率	35.09	53.87	72.47
	中雨率	47.37	45.56	27.53
	高雨率	17.54	0.57	0.00

造成GPM产品性能提升的主要原因，可以从多个技术层面进行分析。首先，从探测设备来看，GPM核心卫星搭载的双频降水雷达（DPR）和GMI微波成像仪具有卓越的性能。双频降水雷达能够同时发射两种不同频率的雷达波，通过分析不同频率雷达波的反射特性，可以更准确地识别降水粒子的类型、大小和分布，从而提高了对弱降水事件的探测灵敏度。GMI微波成像仪则能够获取降水区域的微波辐射信息，进一步增强了降水探测的准确性。相比之下，TRMM卫星搭载的PR单频雷达和TMI传感器在探测灵敏度上存在一定局限性，对弱降水的识别能力相对较弱。其次，降水反演算法的改进也是GPM产品性能提升的关键因素之一。GPM采用的改进型降水反演算法充分考虑了固态降水（如雪、霰等）的物理特性和反射特性，对其检测能力显著增强。在天山山区这样的复杂地形区，固态降水较为常见，GPM产品能够更准确地捕捉到固态降水的发生和发展过

程，从而提高了降水概率分布表征的准确性。而TRMM卫星的降水反演算法在处理固态降水方面存在一定的不足，导致其对固态降水的探测精度较低。此外，GPM星座更高的时空分辨率（30min/0.1°）也是其性能优势的重要体现。高时空分辨率使GPM产品能够更频繁地获取降水信息，并且能够捕捉到降水过程的细节特征，如降水的起始时间、持续时间、强度变化等。这对于研究天山山区降水的时空分布规律和变化特征具有重要意义。相比之下，TRMM卫星的时空分辨率相对不足（3h/0.25°），在捕捉降水过程的细节特征方面存在一定困难，这限制了其在复杂地形区的降水探测精度（Mahmoud等，2019）。

这些技术进步共同作用，使GPM产品能够更真实地反映天山山区降水的强度分布特征。通过对GPM产品在天山山区降水研究中的应用，可以更准确地了解降水的时空分布规律、变化趋势以及与地形、气候等因素的关系，为水文气象研究提供了更可靠的数据基础。这些数据不仅可以用于水资源管理、洪水预警、干旱监测等方面，还可以为气候变化研究、生态保护等领域提供重要的参考依据。

5.降水探测能力

通过降水探测概率（*POD*）、假警报率（*FAR*）、频率偏差指数（*FBI*）和关键成功指数（*CSI*）四个核心统计指标，系统评估了GPM和TRMM卫星数据在日尺度降水事件检测方面的性能表现。表4.7列出了基于高精度地面参考数据集CGDPA计算的GPM和TRMM数据集的*POD*、*FAR*、*FBI*和*CSI*值。研究结果显示，GPM和TRMM数据在不同地理区域普遍表现出较低的*POD*值（＜50%）和较高的*FAR*值（＞45%），这一现象在中国北部干旱半干旱地区（如新疆）尤为显著（Guo等，2016）。这种性能特征主要源于：（1）干旱区降水事件具有时空分散性强的特点；（2）卫星对弱降水（＜0.5 mm/d）的探测能力有限；（3）复杂地形对卫星信号的多重干扰。

从*POD*指标来看，GPM产品在整个天山山区及四个子区域的降水检测能力较TRMM数据均有显著提升。这种改进主要体现在：（1）对弱降水事件的检测灵敏度提高；（2）对短时降水过程的捕捉能力增强；（3）固态降水（如降雪）的识别率提升。在*FAR*方面，两个数据集表现出明显的区域差异：东天山地区的*FAR*值最高，这可能与该地区频繁出现的层云降水容易被卫星误判有关；而西南天山的*FAR*值最低，反映出该区域对流性降水更易被准确识别。值得注意的是，在*FBI*指标上，TRMM产品表现出相对较好的性能，说明TRMM在降水事件数量估计方面具有更好的平衡性。*CSI*综合分析显示，在东天山地区，TRMM数据与观测结果的一致性略优于GPM数据，这可能与TRMM算法在该区域特定的参数化方案有关。

区域对比分析表明，所有卫星降水产品在西北天山和西南天山子区域的综合性能最优，具体表现为：（1）*POD*值较高；（2）*CSI*值相对较大；（3）*FAR*值较低。这种区域优势可能源于：（1）这些区域降水系统发展较为完整；（2）地形相对简单；（3）地面观测站点密度较高有助于算法校准。相比之下，在中天山地区和东天山地区，卫星降水检测性能相对较差，这与这些区域复杂的地形效应和特殊的降水微物理过程密切相关。

整体性能评估显示，虽然GPM数据在*FAR*值和*FBI*值方面略逊于TRMM数据，但其*POD*值和*CSI*值的显著优势表明，GPM卫星在降水事件检测能力方面实现了实质性突破。特别是在以下方面表现突出：（1）对弱降水事件的检测成功率提升；（2）降水与非降水事件的区分能力增强；（3）不同强度降水类型的识别精度提高。因此，对于降水频率的检测应用，GPM数据的综合性能明显优于TRMM-3B42V7数据，证实了新一代GPM卫星在降水监测技术进步方面的显著成效。未来仍需通过算法优化（如改进云—降水分类方案）和多元数据融合（如结合雷达和地面观测）来进一步提升卫星降水产品的探测精度。

表4.7　降水探测能力分析

分区	*POD*		*FAR*		*FBI*		*CSI*	
	GPM	TRMM	GPM	TRMM	GPM	TRMM	GPM	TRMM
天山	0.979	0.836	0.237	0.201	1.282	1.046	0.751	0.690
TS1	0.902	0.716	0.474	0.451	1.716	1.304	0.497	0.451

续表

分区	POD		FAR		FBI		CSI	
	GPM	TRMM	GPM	TRMM	GPM	TRMM	GPM	TRMM
TS2	0.952	0.740	0.381	0.336	1.537	1.115	0.600	0.538
TS3	0.843	0.640	0.510	0.461	1.721	1.186	0.449	0.414
TS4	0.816	0.730	0.552	0.485	1.822	1.417	0.407	0.433

（三）GPM数据的改进

经过系统评估后，本书最终选用GPM降水数据作为SRM（融雪径流模型）的输入数据源。虽然GPM数据0.1°×0.1°（约10 km）的空间分辨率较TRMM数据0.25°×0.25°（约25 km）有明显提升，且更接近地面实测降水数据的空间特征，但对于天山山区的中小流域水文模拟而言，这样的分辨率仍然存在较大局限性。特别是在地形复杂的山区，降水空间变异显著，原始分辨率的GPM数据难以准确捕捉局地降水特征。为此，本书采用地理加权回归模型（Geographically Weighted Regression，GWR）对GPM数据进行空间降尺度处理，将分辨率提升至1 km，以更好地满足中小流域水文模拟的需求。

GWR模型的独特优势在于其能够充分考量变量间存在的空间异质性特征，即摒弃传统回归模型中回归系数为全局固定值的假设，转而允许回归系数随着地理空间位置的变化而动态调整。通过这种机制，GWR模型能够针对每一个具体的空间位置，估算出与之对应的、具有空间适应性的参数值，进而构建出能够精准刻画空间异质性的回归模型（崔路明等，2021）。这种对空间异质性的精细化处理，使GWR模型在分析具有显著空间差异的地理现象时，相较于传统回归模型具有更高的准确性和解释力。本书选取归一化植被指数（NDVI）和数字高程模型（DEM）作为独立变量构建GWR模型，主要基于以下科学依据：

（1）归一化植被指数（NDVI）作为一种能够有效反映植被覆盖状况的遥感指标，已被广泛应用于植被生态学、气候学等多个领域的研究中。大量研究表明，植被分布与降水之间存在着显著的空间耦合关系，即植被的生长状况往往受到降水空间分布的直接影响。因此，将NDVI纳入GWR模型，有助于捕捉降水与植被之间的这种空间关联性，从而提高模型对降水空间分布的解释能力。

（2）数字高程模型（DEM）则包含了地形高程信息，是影响降水空间分布的关键因素之一。地形因素通过改变大气环流、水汽输送等气象过程，进而对降水的空间分布产生重要影响。因此，将DEM作为GWR模型的独立变量，有助于揭示地形因素对降水空间分布的调控作用，使模型能够更加准确地刻画降水的空间异质性特征。具体实施过程包括以下三个关键步骤。

①数据预处理与重采样：由于原始数据源存在分辨率差异（NDVI为1 km×1 km，DEM为90 m×90 m），因此首先采用双线性插值法进行系统重采样处理。具体操作包括：将高分辨率DEM数据（90m）分别重采样至1 km和10 km分辨率；将NDVI数据（1 km）重采样至10 km分辨率；确保GPM原始数据（10 km）与其他数据集的空间对齐。这一步骤特别注意保持数据的空间一致性，所有重采样过程均采用WGS84地理坐标系，并统一研究区范围。

②GWR模型构建与参数计算：采用10 km分辨率的DEM、NDVI和GPM数据构建起GWR模型，进而得到10 km分辨率下的系数、常数项和残差。如公式（4.8）所示。然后将10 km下系数和常数项重采样至1 km，残差利用IDW插值重采样至1 km。

$$P_i = \beta_{NDVI}(u_i, v_i) NDVI_i + \beta_{DEM}(u_i, v_i) DEM_i + \beta_0(u_i, v_i) + \varepsilon_i \tag{4.8}$$

其中，P_i是第i个点的降水量；（u_i，v_i）表示第i个位置点的经纬度坐标；β_0（u_i，v_i）是相应的系数项；ε_i是残差。

③反推GPM数据：基于以上得到的1 km下的回归系数、辅助变量、常数项和残差，按照公式（4.8）进行空间计算，最终生成1 km分辨率下的GPM数据降尺度之后的结果，如图4.13所示。

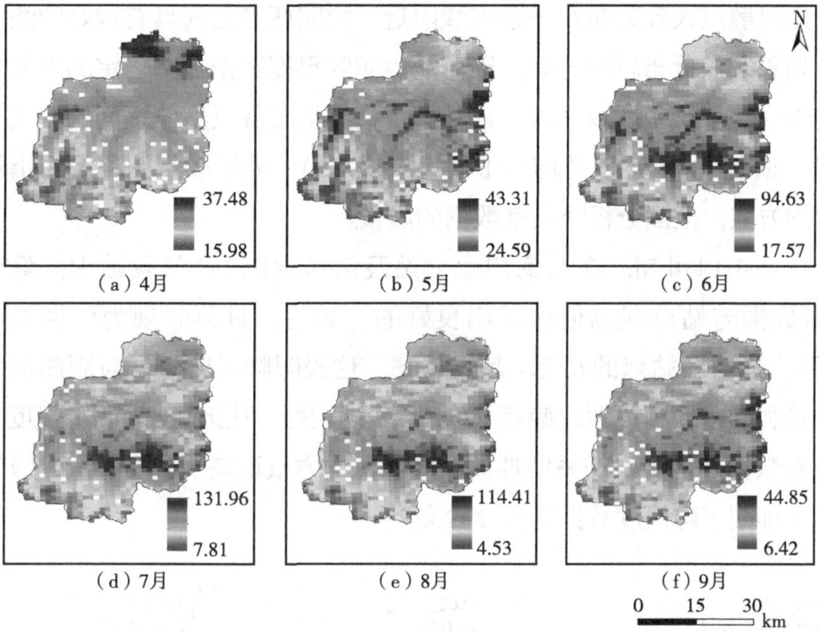

图4.13 2006—2019年4—9月降尺度后的GPM数据

(四) 降尺度GPM数据的评估

为了系统评估降尺度后GPM降水数据在研究区的精度表现，本书设计了多站点、多指标的验证方案。该方案旨在从多个维度对降尺度后的降水数据进行严格检验，以确保其在实际应用中的可靠性和准确性。

在验证过程中，我们选取了流域内具有代表性的八家户水文站作为核心验证站点。八家户水文站长期积累了丰富的降水观测数据，其地理位置和气候特征能够很好地反映流域内的降水状况。同时，为了进一步扩大验证范围，提高验证结果的普适性，还选取了流域周边的四个气象站（沙湾、炮台、乌苏和乌兰乌苏气象站）的日降水观测数据作为辅助基准值。这些气象站分布在流域的不同方位，涵盖了不同的地形和气候条件，能够从多个角度对降尺度数据进行验证。

在获取了这些站点的日降水观测数据后，绘制了散点图（见图4.14），以直观的方式展示了降尺度GPM数据与站点观测值之间的关系。通过观察散点图的分布情况，我们可以初步判断降尺度数据与观测值的一致性程度。如果散点大致分布在一条直线附近，说明两者之间具有较好的线性关系；如果散点分布较为分散，则可能表明降尺度数据存在一定的误差或不确定性。除了绘制散点图外，还计算了真实值与降尺度值之间的相关系数（*R*）、偏差（*bias*）以及均方根误差（*RMSE*）。通过散点图和统计指标相结合的方式，全面分析降尺度数据的质量。

由图4.14可知，在八家户水文站及流域周围4个气象站中，降尺度GPM数据与站点观测值表现出良好的一致性。具体表现为：相关系数（*R*）方面，各站点的*R*值均超过0.66，这表明降尺度数据与观测值之间存在较强的线性相关性；偏差（*bias*）表现较好，接近0，说明降尺度过程没有对数据产生明显的系统性偏差影响；均方根误差（*RMSE*）也比较低，进一步证明了降尺度数据的精度较高。

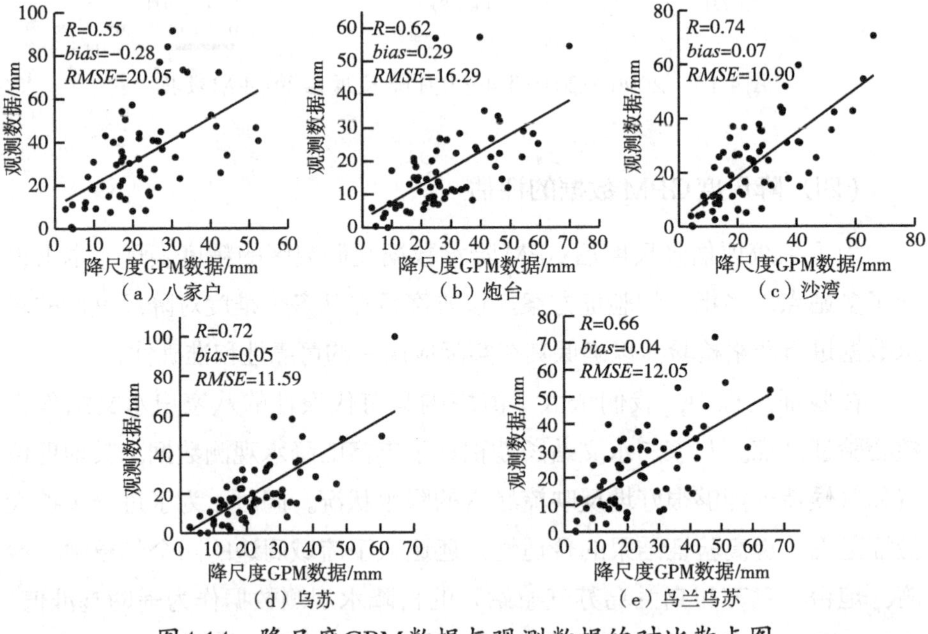

图4.14 降尺度GPM数据与观测数据的对比散点图

这些验证结果表明，经过GWR降尺度处理的GPM数据满足水文模拟的精度要求。后续将通过SRM模型模拟结果与实测径流的对比，进一步验证降尺度降水数据在水文过程中的适用性。

特别需要指出的是，降尺度数据在山区的改进效果更为显著。山区地形复杂，降水分布不均，传统的降水数据往往难以准确反映山区的降水状况。而经过降尺度处理后的GPM数据能够更好地捕捉山区的降水特征，提高山区降水数据的精度。这对山区水文研究具有重要意义，能够为山区水资源管理、洪水预警等提供更准确的数据支持。

此外，本书建立的验证框架和方法也可为其他类似研究提供参考。通过多站点、多指标的验证方案，可以更全面地评估降尺度数据的精度，为其他研究提供了一种可借鉴的验证方法。本书建立的验证框架和方法具有通用性，可为其他研究在验证降尺度数据精度时提供参考。

综上所述，本书通过多站点、多指标的验证方案，对降尺度后的GPM降水数据在研究区的精度表现进行了全面评估。验证结果表明，经过GWR降尺度处理的GPM数据满足水文模拟的精度要求，且在山区的改进效果更为显著。后续将通过SRM模型模拟结果与实测径流的对比，进一步验证降尺度降水数据在水文过程中的适用性。本书建立的验证框架和方法为其他类似研究提供了参考，有助于推动降尺度降水数据在水文领域的应用。

二、模型参数度日因子的改进

度日模型作为融雪模拟的核心方法，其基本假设是融雪量与气温之间存在显著的正线性关系。该模型主要用于计算日融雪量，其计算式如下（刘洁等，2017）。

$$M=\begin{cases}DDF\cdot(T-T_T) & T>T_T\\ 0 & T\leqslant T_T\end{cases} \tag{4.9}$$

其中，M为融雪量（$\mathrm{mm\cdot d^{-1}}$）；DDF为度日因子（$\mathrm{mm\cdot ℃^{-1}\cdot d^{-1}}$）；$T$为气温（℃）；$T_T$为融雪临界温度（℃）。

度日因子（DDF）是融雪模型中最敏感的关键参数，其取值直接影响融雪速率的计算精度。大量研究学者通常采用$DDF=1.1\rho_s/\rho_w$的经验公式（陈晓娜，2010），其中ρ_s表示雪密度，ρ_w表示水密度。然而在实际应用中存在以下问题：对流域范围而言，水密度固定不变，而雪密度随时间变化，是一个变量，具有显著的时空变异性，且雪密度观测数据获取困难，特别是在复杂地形区域。本书通过近几年在天山北坡开展的大量野外观测实验，获得了大量实测数据。分析发现：融雪量与气温之间存在显著的线性关系，如图4.15所示，其余不确定性因素包括太阳净辐射、覆被指数等因素。因此首先对度日因子与气温之间的线性模型进行修正，以提高流域融雪产汇流模拟的精度。

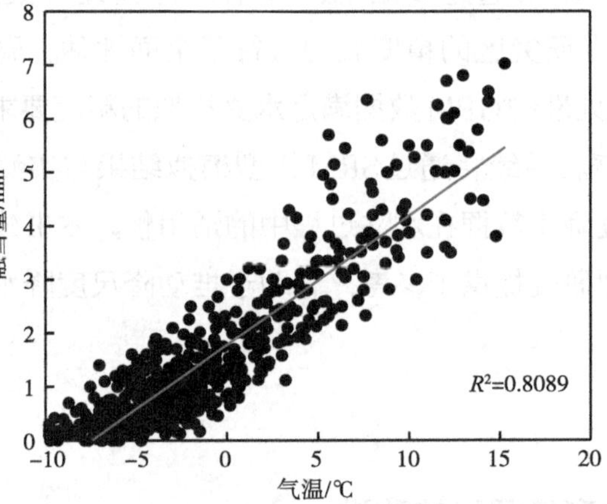

图4.15　2016—2020年逐日气温与融雪量散点图

为此，本书提出了一种改进的度日因子确定方法：基于在天山北坡“融雪—气温”的相关实验，以2016—2020年实测的逐日气温和融雪量观测数据为基础，选择气温为自变量，融雪量为因变量，构建了“融雪—气温”单因素的融雪模型：$y=ax+b$，式中x为气温，y为融雪量，a为斜率，b为截距。采用最小二乘法，对流域近4年的融雪与气温数据进行线性拟合，得到如下融雪模型：

$$y = 0.232\,x + 1.7488 \tag{4.10}$$

其中，y为融雪量（mm），x为气温（℃）。

考虑到融雪过程的物理机制，引入临界温度（T_T）概念对模型进行完善，因此将式（4.10）进一步改进：

$$M=\begin{cases}0.232\left(T-T_T\right)+3.4659 & T>T_T\\ 0 & T\leqslant T_T\end{cases} \tag{4.11}$$

经过以上参数的改进和反复调试，最终得到金沟河流域不同高程带的度日因子值，如表4.8所示。改进后的方法具有以下优势：基于实测数据，更具可靠性；考虑了海拔梯度的影响；简化了参数获取过程。本书建立的度日因子确定方法可为类似山区流域的融雪模拟提供参考，同时也为后续研究指明了改进方向，如考虑引入辐射项等更多环境因子。

表4.8　研究区各分带度日因子取值

时间	A分带	B分带	C分带	D分带	E分带	F分带	G分带
4.1—4.30	0.17	0.17	0.17	0.17	0.17	0.18	0.18
5.1—5.31	0.17	0.17	0.17	0.17	0.17	0.17	0.17
6.1—6.30	0.22	0.22	0.22	0.22	0.27	0.28	0.30
7.1—7.15	0.22	0.23	0.23	0.26	0.29	0.35	0.39
7.16—8.15	0.23	0.24	0.25	0.28	0.30	0.35	0.40
8.16—8.31	0.22	0.22	0.24	0.25	0.26	0.30	0.32
9.1—9.30	0.21	0.21	0.21	0.22	0.23	0.24	0.24

第五节　本章小结

本章主要是基于已有的数据资料，确定模型输入变量及相关参数，进而构建起金沟河流域的融雪径流模型（SRM），并通过改进模型的输入数据和参数，对SRM模型的不确定性进行消减。在对GPM数据进行降尺度应用到研究区之前，首先对GPM数据在天山山区的适用性进行了全面的评估。时间范围选择2014年4月1日至2015年3月31日，并以地面观测数据CGDPA数据集作为参考。将GPM数据与其前驱TRMM产品进行了比较，用了三个主要统计指标（*CV*、*R*和*RB*）验证了卫星数据集在测量年、季和日降水量方面的能力。本章节还分析了卫星产品的概率密度函数（*PDF*）和降水探测能力。

经过不同时间尺度上（日、季和年）的评估，发现GPM产品比其前驱TRMM数据表现出显著的改善。通过以上分析可以看出，GPM-IMERG和TRMM 3B42数据在天山降水量估算中表现出明显的空间差异，具体表现为：降水量北高南低、西高东低。其季节变化规律是夏季降水量偏多，冬季降水量偏少。两种卫星产品都能跟踪观测到降水量的空间变化，这与其他结果一致（Guo等，2016）。形成这种特征的主要原因是天山大规模的山体构造拦截和抬升了来自大西洋和北冰洋的水汽，造成了明显的降水梯度。两种卫星产品均低估了年降水量，这一现象是合理的且在其他高山地区也有类似的报道（Elhamid等，2020；He等，2017）。因为干旱地区降水量少，大气中的水汽含量也较低，很难被卫星传感器探测到。

基于日评估发现，与TRMM产品相比，GPM产品在*R*、*POD*和*CSI*等方面均有所改进，这在其他研究中也有类似的发现（Fang等，2019；Wu等，2019）。GPM产品这些指标的增强可能与其空间分辨率和时间分辨率的提高有关（Caracciolo等，2018）。GPM产品是以30 min的时间间隔提供降水量估计值，而TRMM产品是提供3 h时段的估计值。由于TRMM产品的时间分辨率较低，因此往往错过一些降水事件，从而导致较低的*R*值。另外，海拔对于两种卫星产品对于降水量估算的影响依旧存在。在高海拔地区，两种卫星数据集具有较低的*R*值，在低海拔地区的*R*值较大。卫星产品在高海拔地区的性能比在低海拔地区差。

基于以上对卫星降水数据的评估结果，本书一方面应用地理加权回归模型（GWR）对GPM数据进行降尺度，将GPM数据应用到金沟河流域的融雪径流模拟中。另一方面通过相关实验，对模型参数度日因子进行了修正，在一定程度上减少了模型的不确定性。本章节的主要结论如下：

（1）2014年度中国天山山区卫星产品检测年降水量的空间变异性很好，整体表现为西北部降水量高，东南部降水量偏少。季节性降水量分布与年降水量具有相似的空间变化趋势。GPM和TRMM数据都低估了年降水量，与TRMM数据相比，GPM产品具有较低的*RMSE*。根据季节性分析，两种产品都低估了季节性降水的空间变异性。中天山和东天山估计的夏季降水表现最好，*RMSE*值较低，*R*值较高。

（2）在日评估方面，GPM和TRMM产品明显低估了较大的*CV*值。在探测降水事件的能力方面，总体上，GPM产品优于TRMM产品。GPM产品在*POD*和*CSI*方面优于TRMM产品，尤其是*POD*值显著提高。在*FAR*和*FBI*方面，TRMM产品要略优于GPM产品。两种产品对天山中部和东部降水事件的探测能力明显低于西北部和西南部。

（3）地形对降水的影响研究发现，地形对卫星降水量估算的影响依旧存在。在高地形地区*R*值较低，在低地形地区*R*值较高，表明在高地形测量中应进行更多的改进工作。

（4）通过比较*PDF*发现，GPM产品显示出低估小雨率和高雨率事件，高估中雨率事件的趋势；TRMM产品倾向于比地面观测发现更多的情况。与TRMM产品相比，GPM产品在所有阈值上的*PDF*值与CGDPA趋势相似，因此GPM产品在捕获所有类型降雨事件方面的性能较TRMM产品好。

（5）在四个分区的表现：在西北天山（TS1）和中天山（TS3），GPM数据集与CGDPA数据集的相关性大于TRMM数据，而在西南天山（TS2）和东天山（TS4），GPM数据的*R*值略小于TRMM数据。GPM数据在四个子区域都有较低的*RMSE*，表现较好。

本章的结果表明，相比TRMM产品，GPM产品表现出显著的改善，它能展现更多的空间细节，有较好的应用前景。因此在金沟河流域融雪径流的模拟前，对GPM数据进行了进一步的降尺度校正，以便能更准确地反映干旱地区高纬度高海拔地区的降水信息，进而缓解目前在复杂地形、数据稀少地区收集地面观测数据的困难。另外也通过改进模型参数度日因子来减少模型的不确定性。

本章建立的模型改进框架和方法体系，不仅显著提升了金沟河流域的模拟精度，其技术路线也可推广至中亚其他类似流域，为干旱区水资源管理提供科学工具。研究成果对认识气候变化下山区水文过程演变规律具有重要理论价值。本书仍存在以下待改进方向：（1）固态降水相态判别精度有待提高；（2）未考虑积雪升华过程的影响；（3）城市热岛效应对临界温度的干扰需进一步研究。未来将通过耦合陆面过程模型、引入机器学习算法等途径持续优化模型性能。

第五章

金沟河流域融雪径流模拟

本书采用改进后的SRM模型对金沟河流域日径流过程进行了系统模拟。研究充分利用MODIS遥感数据提取的逐日积雪覆盖信息，结合地面气象观测数据，构建了2006—2019年的完整模拟序列。其中，2006—2015年融雪季（4—9月）作为模型率定期，2016—2019年融雪季作为独立验证期，通过多时间尺度的验证全面评估SRM模型在干旱区山地的适用性，同时检验GPM降水数据在高海拔流域融雪径流模拟中的可靠性。

第一节 模拟结果及精度评估

一、SRM在研究区的应用（利用实测数据）

SRM模型在金沟河流域的模拟结果与实测径流过程线的对比分析，是评估该模型在干旱区山地融雪径流模拟中性能的关键环节。如图5.1（率定期）和图5.2（验证期）所示，通过直观的图表对比，可以对模型模拟效果进行全面而深入的分析。

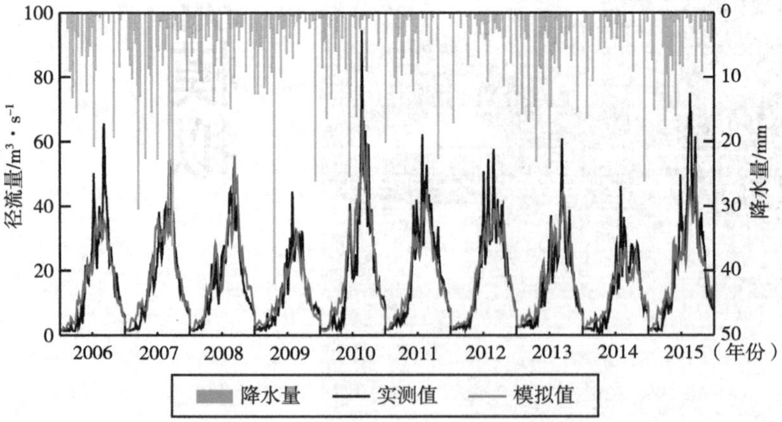

图5.1 2006—2015年4—9月率定期模拟图（利用实测数据）

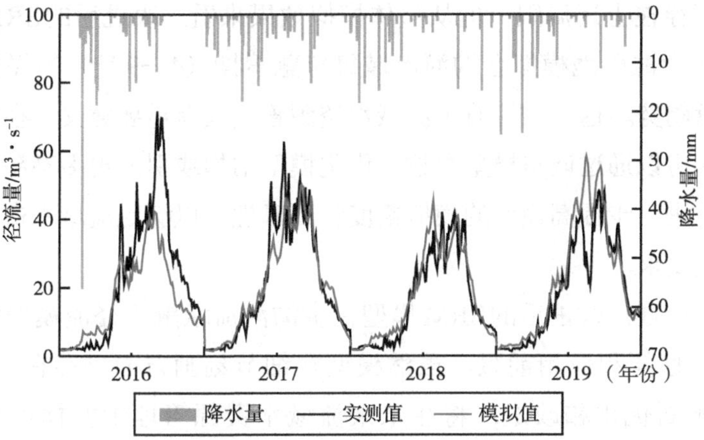

图5.2　2016—2019年4—9月验证期模拟图（利用实测数据）

总体而言，在2006—2019年的研究时段内，模型模拟的日径流变化趋势与实测值展现出了高度的一致性。这种一致性不仅体现在径流量的总体变化趋势上，更体现在径流过程的季节性波动和年际变化上。这充分表明，改进后的SRM模型在捕捉流域融雪径流的总体特征方面具有显著优势，能够较为准确地反映金沟河流域融雪径流的时空分布规律。

然而，在细节刻画方面，模型仍存在一定局限。具体来说，对于径流峰值的模拟存在系统性偏差。在率定期内，我们观察到2006年、2012年和2014年的模拟洪峰流量普遍低于实际峰值，而2008年的模拟值则高于实际峰值。这种偏差可能源于模型对极端降水事件或融雪过程的简化处理，导致对洪峰流量的预测不够准确。同样，在验证期内，2016年的模拟洪峰流量低于实际峰值，而2019年的模拟值则高于实际峰值，进一步印证了模型在峰值模拟方面的不足。此外，在融雪初期和末期的径流过程线吻合度方面，模型也表现出相对较低的准确性。这可能与模型对积雪消融动态过程的简化处理有关。在融雪初期，由于气温较低、积雪消融缓慢，模型可能难以准确捕捉这一阶段的径流变化；而在融雪末期，随着积雪量的减少和气温的波动，模型对径流过程的预测也可能出现偏差。

尽管存在上述局限，但从整体模拟效果来看，改进后的SRM模型仍然能够较为准确地模拟金沟河流域每年融雪期（4—9月）的径流总量和主要涨落趋势。这一结论对于流域水资源管理具有重要意义。在实际应用中，我们可以通过调整模型参数、优化模型结构或引入更多高精度数据源等方式，进一步提高模型的模拟精度和可靠性，以满足流域水资源管理的更高精度要求。

综上所述，改进后的SRM模型在金沟河流域融雪径流模拟中展现出了良好的性能和应用前景。虽然模型在细节刻画方面仍存在一定局限，但通过不断优化和改进，将在未来流域水资源管理中发挥更加重要的作用。

二、SRM在研究区的应用评估（利用实测数据）

本书采用多种统计指标对SRM模型在金沟河流域的模拟效果进行了系统评估，具体评估结果详如图5.3和表5.1所示，为深入理解模型在该流域的适用性提供了丰富的数据支撑。

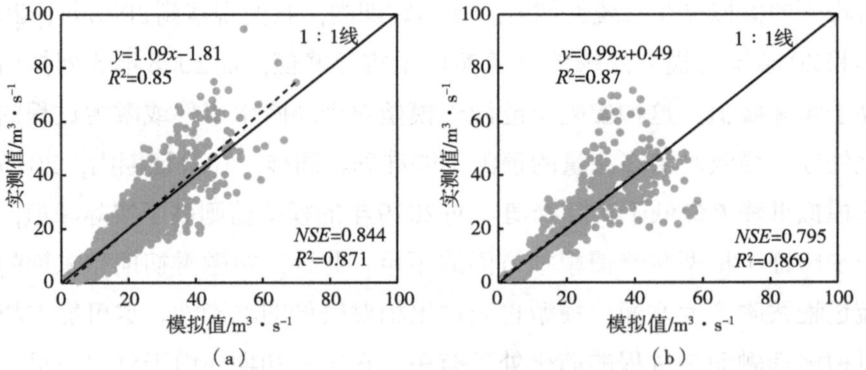

图5.3 2006—2019年4—9月实测径流量和模拟流量之间的关系

注：图为利用实测降水数据运行模型的模拟结果，其中（a）为率定期（2006—2015年），（b）为验证期（2016—2019年）。右下角数字是率定期和验证期间*NSE*和R^2的平均值。

表5.1　2006—2019年4—9月SRM模拟评估结果（利用实测数据）

时期	年份	*NSE*	R^2	*Bias*	D_V
率定期	2006	0.808	0.840	−0.838	4.955
	2007	0.833	0.842	0.661	−3.933
	2008	0.831	0.859	2.039	−12.171
	2009	0.881	0.896	−0.317	2.471
	2010	0.843	0.857	2.214	−11.057
	2011	0.874	0.903	−1.252	6.551
	2012	0.883	0.893	−0.428	2.326
	2013	0.846	0.864	1.696	−10.977
	2014	0.838	0.892	−0.065	0.499
	2015	0.805	0.866	−1.815	8.421
	Mean	0.844	0.871	0.190	−1.292
验证期	2016	0.678	0.832	−4.819	22.315
	2017	0.893	0.902	−0.654	3.136
	2018	0.888	0.900	1.238	−7.794
	2019	0.720	0.841	3.095	−16.421
	Mean	0.795	0.869	−0.285	0.309

研究选取了2006—2019年这一时间跨度，涵盖了共计14个融雪季的模拟数据。通过对这些数据的细致分析，发现SRM模型在率定期和验证期均展现出了良好的适用性，能够较为准确地模拟金沟河流域的融雪径流过程。

在率定期（2006—2015年），SRM模型表现出色，各项性能指标均达到了较高水平。具体而言，纳什效率系数（*NSE*）作为衡量模型模拟结果与实际观测值之间拟合优度的重要指标，其平均值达到了0.844。其中，在2012年，*NSE*更是达到了最高值0.883，显示出模型在这一年对融雪径流的模拟精度极高。同时，确定系数（R^2）作为反映模型解释变量变异程度的能力指标，其平均值为0.871，最高值出现在2011年，达到了0.903。这些指标均显著超过了0.8的推荐阈值，充分表明SRM模型在率定期具有较高的模拟精度，能够较为准确地捕捉金沟河流域融雪径流的变化规律。

在验证期（2016—2019年），SRM模型依然保持了稳定的性能。虽然与率定期相比，各项性能指标略有下降，但仍然保持在较高水平。具体来看，*NSE*的平均值为0.795，其范围在0.678—0.893；R^2的平均值为0.869，范围在0.832—0.902。这些数据表明，即使在验证期，SRM模型依然能够较为准确地模拟金沟河流域的融雪径流过程，为流域水资源管理和防洪减灾等工作提供了有力的支持。

综上所述，本书通过对SRM模型在金沟河流域的模拟效果进行系统评估，验证了模型在该流域的适用性和可靠性。未来，可以进一步结合流域的实际情况和气象变化等因素，对模型进行优化和改进，以提高其模拟精度和适用范围。

从偏差分析来看，模型表现出良好的无偏特性：率定期和验证期的*Bias*平均值分别为0.190和−0.285，均小于0.5且接近理想值0。体积差（D_V）指标显示，率定期的平均值为−1.292，其范围在−12.171%—8.421%，验证期的平均值为0.309%，其范围在−16.421%—22.315%。特别值得注意的是，模型在验证年的2017年和2018年表现尤为突出：*NSE*分别达到0.893和0.888，R^2分别为0.902和0.900，*Bias*和D_V值均较小，接近于0，展现出优异的模拟稳定性。综合各项评估指标可以确认，改进后的SRM模型能够满足金沟河流域融雪径流模拟的精度要求，适用于该区域的水文过程模拟和水资源管理应用。

三、SRM在研究区的应用（利用GPM数据）

本书创新性地将降尺度处理后的GPM卫星降水数据作为SRM模

型的输入变量，以验证其在金沟河高海拔山区融雪径流模拟中的可靠性。如图5.4和图5.5所示，采用GPM数据替代传统实测降水数据后，SRM模型仍然能够较好地再现研究区融雪期（4—9月）的径流动态过程。

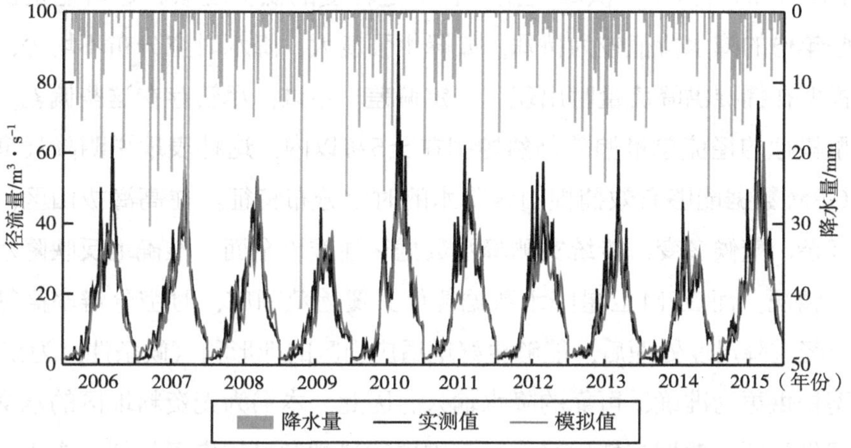

图5.4　2006—2015年4—9月率定期模拟图（利用GPM数据）

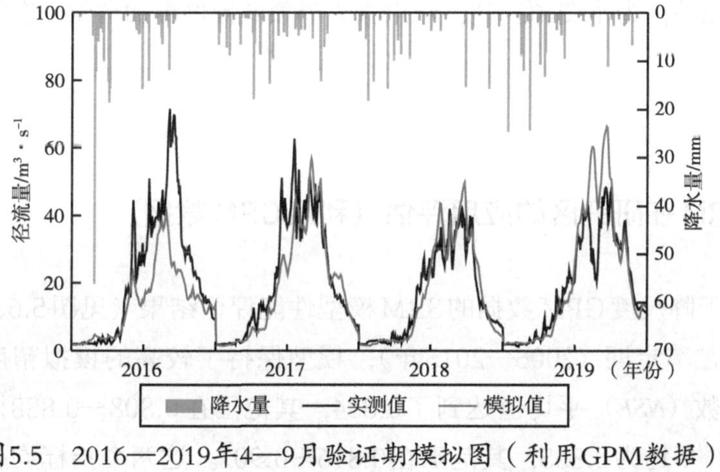

图5.5　2016—2019年4—9月验证期模拟图（利用GPM数据）

模拟结果显示：在2006—2019年整个研究时段内，模型模拟的日径流过程线与实测值之间保持了较高的一致性。特别是在融雪中期（6—8月），这一时期是融雪径流最为活跃的阶段，模型的模拟效果达到了最佳状态。此时，模拟的径流过程线与实测径流过程线几乎完美重合，无论是径流量的变化趋势还是峰值出现的时间，都高度吻合，充分证明了模型在这一关键时段的模拟能力。

然而，虽然模型整体模拟效果良好，但在部分年份（如2011年、2015年）的模拟中，洪峰流量存在一定程度的低估现象。这可能是由于这些年份的降水特征较为特殊，如降水强度大、降水时空分布不均等，导致模型在捕捉洪峰流量时出现了一定偏差。不过，尽管存在这些偏差，但模型模拟的径流总量偏差仍然控制在±5%以内，这种表现说明降尺度后的GPM数据能够有效捕捉山区降水的时空分布特征。在高海拔山区，地形复杂、气候多变，传统实测降水数据往往难以全面、准确地反映降水的实际情况。而GPM卫星降水数据凭借其覆盖范围广、时空分辨率高等优势，经过降尺度处理后，能够更好地适应山区的地形和气候条件，为SRM模型提供更为准确、可靠的降水输入。因此，本书为无资料地区的水文模拟提供了新的数据支持途径，具有重要的科学意义和应用价值。未来，可以进一步探索和优化GPM数据的降尺度方法，以及SRM模型在无资料地区的适用性，为水资源管理、防洪减灾等领域提供更加科学、有效的技术支持。

四、SRM在研究区的应用评估（利用GPM数据）

基于降尺度GPM数据的SRM模型性能评估结果（见图5.6、表5.2）显示：在率定期（2006—2015年），模型保持了较高的模拟精度。纳什效率系数（*NSE*）平均值达到了0.834，其范围在0.808—0.888；确定系数（R^2）平均为0.855，其范围在0.816—0.901。这两个指标均显著高于0.8的推荐阈值，表明模型在这一时期能够较为准确地模拟金沟河流域的融雪径流过程。与实测降水驱动的模拟结果相比，基于降尺度GPM数据的模拟结果呈现出明显的年际差异。其中，2009—2013年，*NSE*相对较低，这可能与该时段GPM卫星对极端降水事件的捕捉能力不足有关。极端降水事件往往具有突发性、强度大等特点，对融雪径流过程产生重要影响，而GPM卫星在这一时段的观测可能存在一定的局限性，导致模型在模拟这些年份的径流过程时出现一定偏差。然而，在其他年份，模型反而表现出更好的模拟效果，这充分反映了卫星数据在空间代表性方面的优势。GPM卫星具有广泛的覆盖范围和较高的空间分辨率，能够捕捉到更大范围内的降水信息，从而在一定程度上弥补了实测降水站点分布不均的不足，为模型提供了更为全面、准确的降水输入。在验证期（2016—2019年），模型性能略有下降。*NSE*平均值为0.715，范围在0.517—0.881；R^2平均为0.847，范围在0.785—0.915。尽管整体性能有所下降，但模型仍然保持了一定的模拟能力。其中，2018年表现尤为突出，*NSE*和R^2均在0.8以上，分别为0.881和0.915，*Bias*值和D_V值也达到最小，分别为0.282和−1.775%。这表明在2018年，模型能够较为准确地模拟融雪径流过程，模拟结果与实测值之间具有较高的一致性。同时，较低的*Bias*值和D_V值也说明模型在这一年的模拟中偏差较小，能够较为真实地反映径流量的变化情况。

综合来看，基于降尺度GPM数据的SRM模型在金沟河流域的融雪径流模拟中表现出了一定的适用性。在率定期，模型具有较高的模拟精度，能够较为准确地捕捉融雪径流的变化规律；在验证期，虽然性能略有下降，但仍然保持了一定的模拟能力，并且在部分年份表现出色。然而，模型也存在一定的局限性，如对极端降水事件的捕捉能力不足等。未来，可以进一步优化GPM数据的降尺度方法，提高卫星数据对极端降水事件的观测能力；同时，对SRM模型进行改进和完善，增强其对不同降水条件的适应性，以提高模型在金沟河流域融雪径流模拟中的精度和可靠性。此外，还可以结合其他数据源，如地面气象观测数据、遥感影像数据等，对模型进行多源数据融合和校正，进一步提升模型的模拟效果。

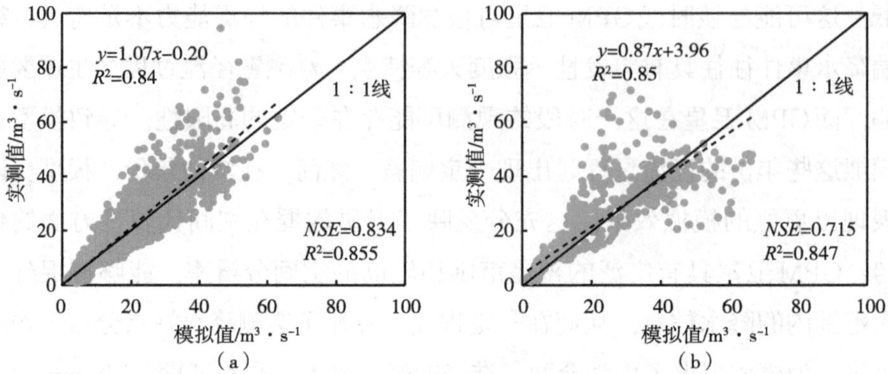

图5.6　2006—2019年4—9月实测径流量和模拟流量之间的关系

注：图为利用降尺度之后的GPM数据运行模型的模拟结果，其中（a）为率定期（2006—2015年），（b）为验证期（2016—2019年）；右下角数字是率定期和验证期间*NSE*和R^2的平均值。

综合评估表明，采用降尺度GPM数据的模拟效率比实测降水数据的模拟效率较低，主要表现在洪峰流量的低估和融雪初期径流的相位延迟。这些差异主要源于：（1）卫星降水对固态降水的探测误差；（2）高海拔地区雨雪混合降水的相态判别偏差；（3）冰川融水贡献量的不确定性。尽管如此，在雨量站稀缺的高海拔山区，降尺度后的GPM数据展现出显著的应用价值：其模拟精度（$NSE > 0.7$）完全满足区域水资源评估的需求，且具有更好的空间代表性。特别是在2018年的模拟中，GPM数据甚至表现出优于站点数据的模拟效果，这凸显了卫星数据在解决山区降水空间异质性方面的独特优势。

因此，本书证实了降尺度GPM数据作为SRM模型输入变量的可行性，在雨量计很少的高海拔山区，可以使用降尺度之后的GPM数据作为数据缺乏的高寒山区融雪径流的模拟，为高寒山区水文模拟提供了可靠的数据替代方案，有较好的应用前景，具有重要的推广应用价值。模型模拟的整体效果是令人满意的。一些峰值处的低估可能与该时期的冰川融化贡献有关。未来通过融合多源卫星数据（如结合红外和微波观测）和优化降尺度算法，有望进一步提升模拟精度。

表5.2 2006—2019年4—9月SRM模拟评估结果（利用GPM数据）

时期	年份	*NSE*	R^2	*Bias*	D_V
率定期	2006	0.812	0.852	−2.205	13.036
	2007	0.876	0.881	−0.713	4.238
	2008	0.843	0.851	0.365	−2.179
	2009	0.828	0.842	0.675	−5.268
	2010	0.830	0.874	−1.918	9.575
	2011	0.811	0.823	−1.602	8.384
	2012	0.808	0.816	−1.118	6.085
	2013	0.812	0.850	−1.840	11.903
	2014	0.888	0.901	1.203	−9.360
	2015	0.834	0.858	−2.057	9.546
	Mean	0.834	0.855	−0.921	4.596
验证期	2016	0.517	0.785	−7.381	34.180
	2017	0.827	0.844	−2.127	10.210
	2018	0.881	0.915	0.282	−1.775
	2019	0.633	0.845	2.453	−13.019
	Mean	0.715	0.847	−1.693	7.399

第二节 敏感性分析

本书采用SRM模型对金沟河流域融雪径流过程进行模拟研究。作为国际上广泛应用的分布式水文模型，SRM已在全球多个气候区的流域（特别是寒区旱区等高寒山区）得到成功应用，并取得了可靠的模拟效果（汤瑞等，2017；张鹏，2016；陈爱玲，2014）。大量实践验证表明该模型的结构设计合理，能够较好地描述积雪消融与径流形成的物理过程。然而，由于SRM模型包含多个需要率定的参数，且这些参数之间存在复杂的相互作用关系，为提高模型在研究区的模拟精度，必须对模型参数及输入变量进行系统的敏感性分析。

在前期SRM模型应用中，受限于研究区观测资料不足，除滞时（l）和退水系数（k）是基于流域实测水文资料直接计算获得外，其余模型参数（如度日因子、径流系数等）主要依据经验值范围进行人工调参确定。这种参数确定方式不可避免地引入了较大的人为主观性，成为模型模拟不确定性的主要来源之一。为量化各参数对模拟结果的影响程度，本书采用单因素扰动法进行敏感性分析：保持其他参数和输入变量不变，对目标参数进行10%、30%和50%的扰动，然后运行模型，通过比较模型运行前后模拟结果的变化幅度来评估参数的敏感性。

一、模型对参数的敏感性分析

根据SRM融雪模型的基本原理和前人研究成果，本书选择了以下4个关键参数进行敏感性分析：度日因子（α）、临界温度（T_{CRIT}）和径流系数（C_S、C_R）。度日因子（α）在融雪过程中起着至关重要的作用，它反映了温度对融雪速率的影响程度，不同的度日因子值会导致模拟的融雪量出现显著差异。临界温度（T_{CRIT}）则设定了一个温度阈值，当环境温度高于该阈值时，融雪过程才会显著发生，其取值准确与否直接影响融雪起始时间和融雪强度。径流系数（C_S、C_R）分别对应于不同径流路径的径流产生能力，C_S通常表示地表径流系数，C_R表示壤中流或地下径流系数，这两个参数的变化会改变径流的分配和总量。

为了深入探究模型模拟结果对这4个参数的敏感程度，本书以2019年融雪季作为典型案例进行分析。在模拟过程中，严格保持其他参数和输入变量不变，以排除其他因素的干扰，确保分析结果的准确性和可靠性。分别将度日因子（α）、临界温度（T_{CRIT}）和径流系数（C_S、C_R）按照增加0.1倍、0.3倍和0.5倍的不同幅度进行调整。

通过对模拟结果进行详细计算和分析，最终得到了关于这4个参数敏感程度的量化结果，具体数据如表5.3所示，同时为了更直观地展示参数变化对模拟结果的影响，还绘制了相应的图表（见图5.7）。这些结果为深入理解SRM融雪模型的运行机制、优化模型参数以及提高模拟精度提供了重要的参考依据。

表5.3　融雪径流对度日因子、临界温度和径流系数的敏感性　单位：%

调整幅度	度日因子（α）	临界温度（T_{CRIT}）	融雪径流系数（C_S）	降雨径流系数（C_R）
1.1倍	8.053	0.003	8.103	1.971
1.3倍	24.213	0.005	24.322	5.909
1.5倍	40.411	0.024	40.558	9.844

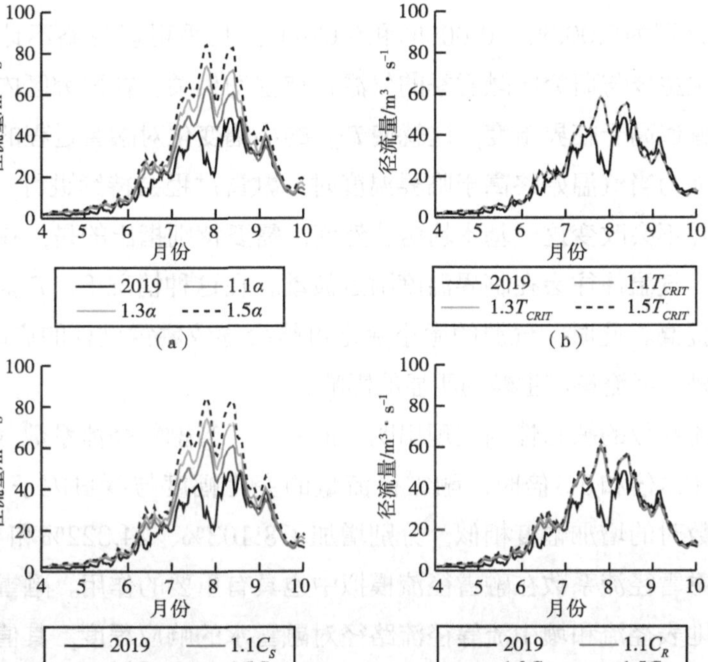

图5.7　模型对不同参数的敏感性

由表5.3和图5.7可知，可以清晰地观察到度日因子（α）的变化对模拟结果产生了极为显著的影响。具体而言，当度日因子（α）分别增加0.1倍、0.3倍和0.5倍时，流域总融雪径流量呈现出明显的递增趋势，分别增加了8.053%、24.213%和40.411%。这种强敏感性源于度日因子直接决定了单位正积温产生的融雪量，是能量平衡计算的核心参数。正积温是衡量热量积累的重要指标，而度日因子则将这种热量积累转化为实际的融雪量。当度日因子增大时，意味着在相同的正积温条件下，能够产生更多的融雪量，从而导致融雪径流量的显著增加。此外，值得注意的是，随着α值的增加，径流增幅并非呈现简单的线性关系，而是表现出非线性特征。这进一步说明度日因子的敏感性会随着参数取值的增大而不断增强，在实际应用中需要更加谨慎地对待其取值。

与度日因子形成鲜明对比的是，临界温度（T_{CRIT}）的敏感性最低。当临界温度（T_{CRIT}）增加0.1倍、0.3倍和0.5倍时，融雪径流量的增加幅度极小，分别为0.003%、0.005%和0.024%，几乎可以忽略不计。这一现象的产生主要与研究区融雪季的气温特点密切相关。在研究区内，融雪季的气温普遍高于临界温度，这就使T_{CRIT}的小幅变化对融雪过程的影响极为有限。因为当气温始终高于临界温度时，融雪过程会持续进行，T_{CRIT}的微小变动并不会改变这一基本趋势。然而，需要特别指出的是，在融雪初期和末期，气温往往会在临界温度附近波动。在这种情况下，T_{CRIT}的敏感性会显著提高。此时，气温的微小变化可能会导致融雪过程的启动或停止，从而对融雪径流量产生较为明显的影响。

径流系数的敏感性则表现出明显的差异。当融雪径流系数（C_S）增加0.1倍、0.3倍和0.5倍时，融雪径流量的变化幅度与度日因子（α）增加相同倍数时的增加幅度相似，分别增加了8.103%、24.322%和40.558%。这表明融雪径流系数在融雪径流模拟中也具有重要的作用。融雪径流系数反映了地表径流和壤中流等径流路径对融雪水的响应程度，其值越大，意味着更多的融雪水会以径流的形式流出流域，从而导致融雪径流量的增加。而当降雨径流系数（C_R）增加0.1倍、0.3倍和0.5倍时，融雪径流量的增加幅度相对较小，分别为1.971%、5.909%和9.844%。这种差异反映了研究区融雪径流的主导地位。在研究区内，融雪是径流的主要来源，降雨对径流的贡献相对较小。因此，降雨径流系数的变化对融雪径流量的影响也相对较弱。

综合以上分析，可以得出结论：融雪径流系数（C_S）和度日因子（α）对融雪径流量的影响较大，而临界温度（T_{CRIT}）的影响较小。它们的影响大小次序为：$C_S > \alpha > C_R > T_{CRIT}$。这一结果具有重要的实践意义，它提示我们在参数率定过程中，应优先保证融雪径流系数（C_S）和度日因子（α）的准确性。因为这两个参数对融雪径流量的影响最为显著，其准确性的高低直接关系到模拟结果的可靠性和精度。只有确保这两个参数取值合理，才能得到更加准确的融雪径流模拟结果，为水资源管理、防洪减灾等提供科学依据。

二、模型对输入变量的敏感性

模型输入变量在融雪径流模拟中起着至关重要的作用，它们是影响模拟结果准确性和可靠性的关键因素。本书主要考虑的模型输入变量包括气温（T）、降水量（P）和积雪覆盖率（S）。气温（T）是融雪过程中最为关键的环境因素之一。气温的高低直接决定了融雪的速率和程度。当气温升高时，积雪吸收的热量增加，融雪速率加快；反之，当气温降低时，融雪速率减慢甚至停止。降水量（P）也是影响融雪径流模拟结果的重要因素。降水量的增加可能会导致积雪的积累或融化，具体取决于降水的形式和气温条件。如果是降雨，可能会加速积雪的融化；如果是降雪，则会增加积雪的厚度。积雪覆盖率（S）反映了研究区域内积雪的分布情况。积雪覆盖率的大小直接影响融雪径流的产生和分布。当积雪覆盖率较高时，融雪径流的产生量可能会较大；反之，当积雪覆盖率较低时，融雪径流的产生量可能会较小。

为了准确地分析这些输入变量变化对模拟结果的影响，本书在保持其他参数和输入变量不变的情况下，分别将气温（T）在原气温的基础上增加0.01℃、0.03℃和0.05℃，降水量（P）在原降水量的基础上增加0.01 mm，0.03 mm和0.05 mm，积雪覆盖率（S）在原数据的基础上增加0.01倍、0.03倍和0.05倍，计算结果如表5.4所示，该表清晰地展示了不同输入变量变化情况下模拟结果的差异。同时，为了更直观地展示这些变化，还绘制了相应的图表（见图5.8）。通过这些图表，可以更加直观地观察到输入变量变化对融雪径流模拟结果的影响趋势和程度。

表5.4　融雪径流对气温、降水量和积雪覆盖率的敏感性

单位：%

调整幅度	气温（*T*）	降水量（*P*）	积雪覆盖率（*S*）
1.01倍	3.217	0.202	0.644
1.03倍	9.743	0.608	1.933
1.05倍	16.417	1.015	3.223

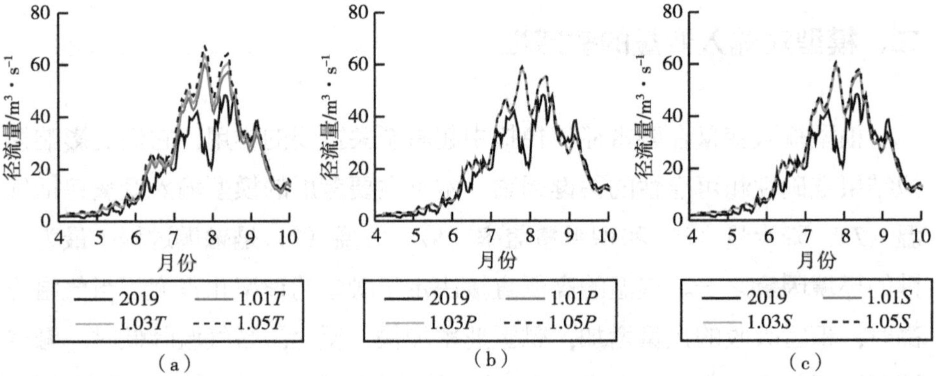

图5.8　模型对不同变量的敏感性

通过对表5.4和图5.8的分析，可以深入了解气温、降水量和积雪覆盖率等输入变量对融雪径流模拟结果的影响机制，为进一步优化模型参数、提高模拟精度提供重要的参考依据。同时，这些结果也有助于我们更好地理解融雪径流的形成过程和影响因素，为水资源管理、防洪减灾等提供科学支持。

由表5.4和图5.8可知，气温（*T*）的敏感性最为突出。当气温（*T*）增加0.01℃、0.03℃和0.05℃时，融雪径流量增加3.217%、9.743%和16.417%。这种强响应关系体现在三个方面：(1) 直接影响积雪消融速率；(2) 改变降雨/降雪比例；(3) 调节蒸散发过程。特别值得注意的是，气温升高0.05℃引起的径流增幅远超全球变暖背景下同期气温的实际升幅，意味着未来气候变暖可能会对山区水文过程产生放大效应。

积雪覆盖率（*S*）的敏感性次之。当积雪覆盖率（*S*）增加0.01倍、0.03倍和0.05倍时，融雪径流量增加0.644%、1.933%和3.223%。这种

相对温和的响应主要因为：（1）研究区积雪分布受地形控制强烈；（2）卫星积雪产品存在识别误差；（3）积雪面积与雪水当量的非线性关系。

降水量（P）的敏感性最低。当降水量（P）增加0.01 mm、0.03 mm和0.05 mm时，融雪径流量增幅较小，分别增加0.202%、0.608%和1.015%。这一方面反映研究区融雪径流的主导地位，另一方面也提示GPM降水数据在经过降尺度处理后已具有较高的可靠性。

可见，气温（T）对融雪径流量的影响最大，而降水量（P）的影响最小。它们的影响大小次序为：$T > S > P$。这一结果对数据监测网络建设具有重要指导意义：应优先保证气温观测的准确性和空间代表性，其次是积雪监测，最后是降水观测。

综上所述，在SRM模型的众多输入参数和变量中，气温对SRM模型模拟结果的影响最大。需要特别说明的是，上述敏感性分析是在“单因素变化”的假设条件下进行的。实际上，各参数和变量之间存在复杂的相互作用关系。例如气温升高会同时影响积雪覆盖率、融雪速率和降雨/降雪比例，这种耦合效应会使实际径流响应更加复杂。未来研究需要采用其他方法来量化参数间的交互作用影响。此外，敏感性结果还具有时空差异性：在融雪初期（4月）和丰水年，模型对度日因子和气温的敏感性会进一步提高。这些发现为模型参数优化和不确定性控制提供了重要依据。

第三节　本章小结

金沟河流域位于高寒山区，地形复杂，观测数据缺乏。估算该流域的融雪径流对水资源管理非常重要。基于前面的分析，得出SRM模型在金沟河流域的融雪径流模拟中是适用的，并且降尺度之后的GPM数据在高寒山区融雪径流模拟中发挥着重要的作用。模型对于峰值模拟效果与实际峰值存在一定的偏差，这可能是由于：（1）模型采用的逐日积雪覆盖率是由8日积雪覆盖率线性插值而来，与真实的每日积雪覆盖率存在偏差；（2）流域气象站点有限，虽然在站点处并没有观测到降水，但在流域内部其他地方可能存在降水，导致模拟结果与实际径流量之间存在偏差；（3）流域内可能存在瞬时降雪，汛期气温迅速升高导致这部分积雪快速融化，加上汛期径流补给来源复杂，而非汛期降水形式较为单一，导致汛期模拟效果比非汛期较差。

另外，为研究径流组分，我们进一步对研究时段2006—2019年流域内融雪融冰对总径流的占比贡献进行了计算。首先根据2020版Globe30土地覆盖数据（30 m×30 m），并结合流域DEM高程图，对流域冰川范围以及海拔进行了初步划分，计算得到流域冰川面积为199.86 km^2，约占流域总面积的17%（见图5.9）。然后结合流域气温和海拔，初步计算了金沟河流域4—9月中的融雪融冰量。气温以0℃为分界线，海拔以4000 m左右为分界线，划分出冰川融化的时间大致为每年的6月1日—8月31日，海拔以4400 m左右冰川融化时间大致为每年的7月1日—8月10日。这段时间的径流产生主要是冰川融水以及降雨形成的径流，通过计算出这段时间的总径流量，再减去降雨形成的径流量，初步将流域冰川融水占比划分出来，计算结果如表5.5所示。

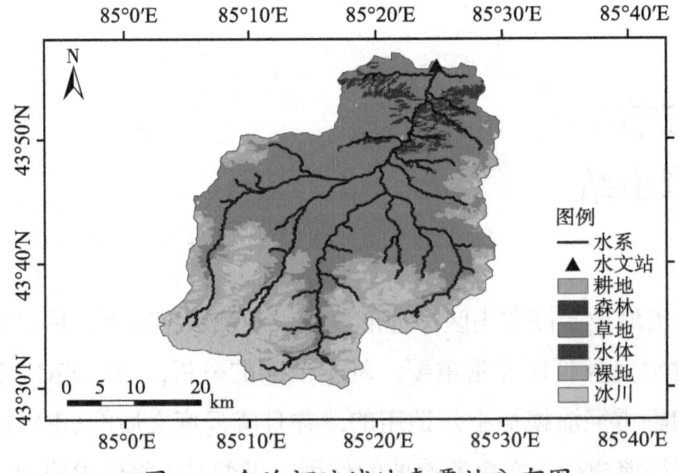

图5.9　金沟河流域地表覆被分布图

表5.5　2006—2019年4—9月金沟河流域融雪融冰占径流的比重

单位：%

时期	4—9月	融雪占比	融冰占比
率定期	2006	34.71	13.69
	2007	43.72	11.18
	2008	33.79	8.21
	2009	48.50	11.70
	2010	49.68	7.92
	2011	47.16	13.94
	2012	26.73	11.17
	2013	21.90	11.50
	2014	40.07	14.53
	2015	27.87	8.63
验证期	2016	42.30	12.40
	2017	33.78	9.22
	2018	38.65	12.75
	2019	42.40	10.60
均值	—	37.95	11.25

研究结果表明，在2006—2019年研究时段内，基于实测降水数据的模拟结果显示，融雪径流和冰川融水径流分别占流域总径流量的37.95%和11.25%。这一结果揭示了不同径流组分对流域水资源的贡献特征。具体分析各年份变化特征发现，2010年融雪占总径流的比重较大，通过分析气象要素发现，这主要与该年份特殊的气候条件有关：2010年流域平均气温较常年偏高，同时冬季积雪面积和雪深也处于较高水平。这种异常的气候条件导致积雪消融速率加快，融雪径流集中释放，而同期由于气温尚未达到冰川强烈消融的温度阈值，冰川融水贡献相对较少。与之形成鲜明对比的是2013年，该年融雪径流占比较小，分析表明主要原因可能是当年降水量保持一个较低水平，积雪面积和雪深也比较低，积雪水资源储量严重不足导致融雪量大幅下降。

进一步分析发现，冰川融水径流占比（11.25%）显著低于融雪径流占比（37.95%），这一现象主要由以下三方面因素共同决定：首先，从空间分布来看，金沟河流域冰川面积仅为199.86 km^2，占流域总面积的17%，有限的冰川分布范围限制了冰川融水的总量；其次，从时间尺度来看，高山冰川消融期具有明显的季节性和高程分异特征，本书基于气温阈值（0°C）和高程带划分确定，海拔3900 m以上区域的冰川有效消融期集中在6月1日至8月31日（约90天），而海拔4400 m以上区域的消融期更短（7月1日至8月10日，约40天），冰川融化只发生在这个时间段内，而其他时间内的河流径流来自降水、融雪和地下水补给，这些组分共同稀释了冰川融水的相对贡献率，因此融冰占比贡献要比融雪小。

需要特别指出的是，当前研究对径流组分的划分仍存在一定的不确定性，未来需要通过系统性的野外观测实验，包括定期采集河水样品、积雪剖面样品和冰川融水样品，结合稳定同位素（$\delta^{18}O$、δD）和水化学示踪技术等先进方法，建立更精确的径流分割模型，以更准确地量化各径流组分的贡献比例及其时空变化特征。

本章基于改进的SRM模型系统模拟了2006—2019年金沟河流域融雪季的融雪径流过程，通过多角度验证和敏感性分析，取得以下主要结论：

（1）从SRM模型的模拟结果来看，无论是在率定期还是验证期，模型都能较好地捕捉径流变化特征。率定期（2006—2015年）与验证期（2016—2019年），SRM模型对流域逐日径流量模拟的纳什系数（*NSE*）用实测降水数据达到了0.844和0.795，用降尺度之后的GPM数据模拟时，NSE仍能达到0.834和0.715，模型模拟结果符合精度要求，表明改进后的SRM模型能够有效地模拟金沟河流域的融雪径流。特别值得注意的是，在典型丰水年和枯水年的模拟中，模型均表现出良好的适应性，验证了其在不同气候条件下的稳健性。

（2）将降尺度之后的GPM数据代入模型中，SRM模型依旧能有效地模拟研究区融雪期的径流量。验证结果显示，虽然使用GPM数据时洪峰流量存在系统性低估，但月径流总量的相对误差较小。这一表现说明，经过降尺度处理的GPM数据能够较好地反映山区降水的时空分布特征，可以有效地用在没有雨量计，缺乏观测数据的高海拔流域使用SRM模型模拟和预估融雪径流，为模型输入数据提供了新的可靠数据源。这一发现对解决高寒山区水文监测“盲区”问题具有重要意义。

（3）在7—8月的洪峰流量上的模拟结果表明，模型模拟的整体效率是令人满意的。分析显示，模型对中等规模洪水事件的模拟效果最佳，*NSE*平均为0.715；但对极端洪水事件存在低估。这种高流量事件的低估可能与该时期的冰川融化贡献有关，而SRM模型可能没有考虑到这一点。此外，冰川融水与积雪融水的混合过程、极端降水事件的捕捉不足等因素也是导致洪峰低估的重要原因。未来研究应考虑耦合冰川模块，以更准确地模拟高海拔区域的径流形成过程。

（4）经系统性敏感性分析发现，在各类输入要素中，气温对SRM模型模拟结果影响最大，气温升高0.05℃可使径流量增加16.4%；而流域日降水量（*P*）对径流量的影响相对较小，增加0.05 mm仅引起1.015%的径流变化。这种差异反映了研究区融雪径流的主导地位。SRM模型的设计充分考虑了高山地区的监测特点，该模型使用积雪面积替代传统降水数据来计算径流输入，有效弥补了高海拔地区降水实测数据的不足。参数敏感性分析进一步显示，融雪径流系数（*CS*）和度日因子（α）是最敏感的参数，其50%的变化可导致40%以上的径流波动，这为模型参数优化提供了明确方向。

综合研究结果表明，SRM融雪模型是模拟高寒山区流域日径流量较好的选择。基于改进的SRM模型不仅考虑了山区特殊的水文过程，还融合了现代遥感技术优势，为模拟流域融雪径流提供了一个有效的工具。该方法可用于监测融雪径流动态，评估气候变化影响，并为高寒地区的径流预报和水资源管理提供了科学依据。特别是在“一带一路”沿线干旱区水资源管理中，该方法具有重要的推广应用价值。未来将通过耦合多源卫星数据、引入机器学习算法等途径，进一步提升模型在无资料地区的应用效果。

第六章

未来气候情景下流域融雪径流预估

IPCC第五次评估报告明确指出，相对于1986—2005年的基准期，到21世纪末全球平均地表温度可能上升0.3—4.8℃，这种显著的气候变暖将导致全球范围内积雪和冰川的大规模消融（IPCC，2013）。这一结论已被大量观测数据所证实，成为国际科学界的共识。中国作为全球气候变化敏感区之一，自20世纪末以来经历了显著的气温上升过程（Zhou等，2020；Piao等，2010）。值得注意的是，干旱区对全球变暖的响应尤为强烈（Rangecroft等，2013；Bai等，2010）。在全球尺度上，大多数干旱区呈现出“暖干化”趋势的同时，中国西北地区却表现出独特的“暖湿化”特征（Qin等，2021；Chen等，2015；Shi等，2007）。新疆作为欧亚大陆腹地的典型干旱区，其独特的地理位置和“三山夹两盆”的地貌格局造就了典型的大陆性干旱气候，水资源极度匮乏（Guo等，2016）。近年来，在全球变暖背景下，新疆降水量呈现明显增加趋势，而该地区的水资源主要依赖山区降水和冰雪融水。因此，深入研究气候变化对金沟河流域融雪径流的影响机制，不仅具有重要的科学价值，也对区域水资源管理和灾害防控具有现实指导意义。

国际耦合模式比较计划（CMIP）作为全球气候变化研究的重要国际合作项目，由世界气候研究计划（WCRP）下属的耦合模拟工作组（WGCM）于1995年正式启动，至今已发展到第六阶段（CMIP6）。这一计划通过协调全球主要气候研究机构的模式开发工作，建立了标准化的气候模拟试验框架。CMIP6相较于前几代具有显著进步：参与模式数量达到历史最多的100余个，包括中国、美国、欧洲、日本等国家和地区的最新气候系统模式；科学试验设计更加系统完善，新增了诸如情景模式比较子计划（ScenarioMIP）、诊断评估子计划（DAMIP）等专门试验；提供的模拟数据量空前庞大，仅第六阶段就产生超过20PB的模拟数据（周天军等，2019）。这些数据为深入理解气候系统变化机制提供了坚实基础。

目前，国内外已经有许多学者基于CMIP计划进行了全球多个地方的气候变化的模拟与预估。基于CMIP6数据进行的相关研究工作也在逐渐开展。其中，张建梅等（2020）以澜沧江流域为研究区，利用CMIP6中24个模式的Historical试验的气温降水数据，评估了模式数据在该流域的模拟效果，并对流域的未来变化进行了预估，结果表明未来该流域的气温和降水均呈显著增加的趋势，但低估了气温，高估了降水量，大部分模式都可以模拟出气温降水的变化趋势。庄园煌等（2021）基于CMIP6的16个模式数据进行多模式预估，以“一带一路”的主要陆域为研究区进行模拟，结果表明多模式集合能较准确地刻画该研究区气温和降水的空间变化情况。张佳怡（2022）、李晓蕾（2022）、王慧等（2021）也基于CMIP6多模式在青藏高原、长江流域、华北平原等地进行了一系列适应性评估和对未来气候变化进行了预估。

在国际研究层面，CMIP6数据同样得到广泛应用并展现出优越性能。Zamani等（2020）的对比研究表明，在伊朗东北部干旱区，CMIP6模式降水的时空相关系数较CMIP5平均提高0.15，均方根误差降低20%。Srivastava等（2020）系统评估了36个CMIP6模式对美国极端降水的模拟能力，发现新一代模式对强降水事件的捕捉能力提升显著。Palmer等（2021）的研究则显示，在北欧、中欧和地中海区域，CMIP6模式对气温年际变率的模拟技巧评分较CMIP5提高30%，对降水季节循环的模拟偏差减少25%。这些研究成果充分证明，CMIP计划不仅推动了全球气候系统模式的发展，也为区域气候研究提供了重要工具。CMIP计划下的许多相关研究带动了全球气候研究的发展，具有非常重要的作用。

基于CMIP6数据的优势和研究进展，本章旨在利用其提供的SSP1-2.6、SSP2-4.5、SSP3-7.0和SSP5-8.5四种典型浓度路径情景，结合经过本地化校准的SRM模型，系统预估金沟河流域未来30年（2021—2050年）融雪径流的时空变化特征。重点分析不同升温情景下融雪期提前、径流组分变化等关键问题，为流域水资源优化配置、春季融雪洪水预警等提供量化科学依据。同时，本书还将评估气候变化对流域水循环的潜在影响，为区域适应气候变化提供决策支持。

第一节 多模式集合的性能

本章通过系统比较中国天山山区1961—2014年经校正后的观测数据与CMIP6多模式集合的模拟结果，对气候模式的性能进行了全面评估。图6.1展示了天山山区气温和降水的空间分布特征：在气温方面，西南部和东南部呈现明显的暖中心，年均温较周边区域偏高，其中，气温观测值最高达到10.38℃，多模式集合下最高达10.49℃，而中部山区由于海拔较高，年均温偏低，气温观测值最低为−5.86℃，多模式集合下最低为−6.17℃；在降水方面，受西风带水汽输送和地形抬升作用影响，西部伊犁河谷和中天山地区形成明显的降水高值区，观测年降水量最高可达501.33 mm，多模式集合下降水量最高可达484.43 mm，而西南天山和东天山受地形阻挡作用，观测年降水量最低仅47.24 mm，多模式集合下降水量最低仅45.09 mm。

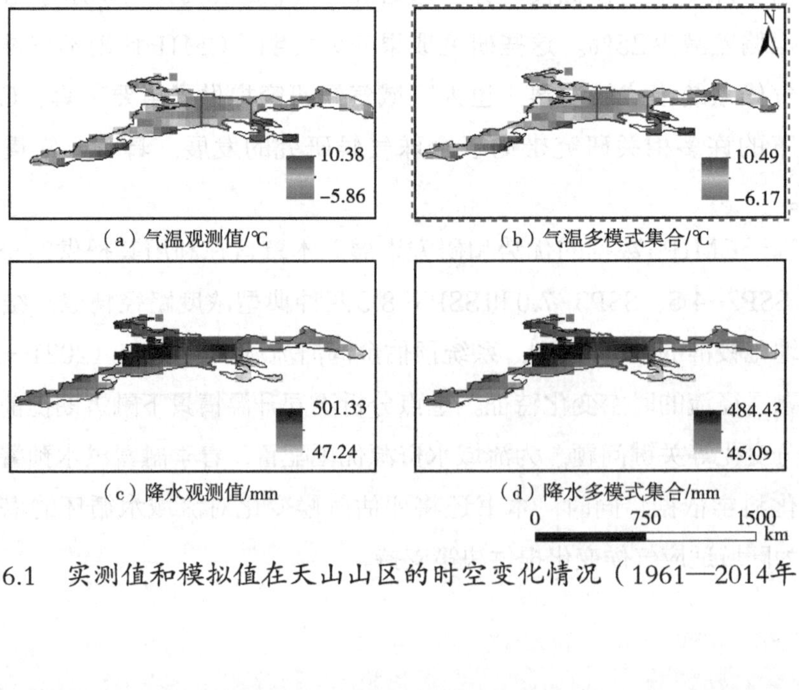

图6.1 实测值和模拟值在天山山区的时空变化情况（1961—2014年）

为定量评估多模式集合的模拟性能，本书计算了天山山区多模式集合与观测值之间的三项关键统计指标：相关系数（*R*）、偏差（*Bias*）和均方根误差（*RMSE*）。经计算，多模式集合和观测值之间的相关系数（*R*）达0.99以上，表明模式集合能够准确再现气温和降水的空间分布格局；偏差（*Bias*）为−0.125，说明模式对气温存在轻微低估；均方根误差（*RMSE*）为0.181，处于国际公认的合理范围内（通常认为RMSE＜0.3为优秀）。这些结果表明CMIP6多模式集合对天山山区气候要素的空间分布特征具有出色的模拟能力。

第二节
未来气候变化预估

为了系统且全面地评估气候变化对研究区未来融雪径流过程的潜在影响，本书依托于CMIP6（第六次国际耦合模式比较计划）所提供的多模式集合数据，这一数据集合涵盖了当前气候模拟领域内多种先进且经过验证的气候模型，为深入研究提供了坚实的数据基础。在情景选取上，本书特别关注了四种具有典型代表意义的共享社会经济路径（SSPs）情景，这些情景分别代表了未来社会经济发展的不同轨迹及其对应的气候变化响应，具体包括：SSP1-2.6（低排放情景，强调可持续发展与低碳转型）、SSP2-4.5（中排放情景，假设中等程度的社会经济发展与温室气体排放）、SSP3-7.0（中至高排放情景，反映资源密集型发展路径下的较高排放水平）以及SSP5-8.5（高排放情景，基于化石燃料主导的发展模式）。

为了准确捕捉气候变化的时间动态特征，本书以1995—2014年作为基准期，通过对比分析，重点考察了天山山区在三个关键特征时段的气候变化趋势：近期（2021—2040年），这一阶段被视为气候变化响应的初期表现期；中期（2041—2060年），标志着气候变化效应的进一步显现与累积；以及长期（2081—2100年），这一时期代表了气候变化对区域生态与水文系统可能产生的深远影响。具体结果如图6.2和图6.3所示。

在气温变化方面，基于图6.2和表6.1的数据分析，多模式集合预估揭示了以下趋势：在近期时段（2021—2040年），所有SSPs情景下的区域平均气温均较基准期有显著上升，平均升温幅度约为1.96℃（变化范围在1.78—2.40℃），其中中天山地区的升温幅度略低于区域平均值，为1.88℃。进入中期时段（2041—2060年），升温幅度进一步加剧，平均达到2.76℃（变化范围在2.17—3.58℃），中天山地区也相应升至2.70℃。而到了长期时段（2081—2100年），特别是在SSP5-8.5高排放情景下，区域年平均气温的升幅将超过4℃（变化范围为2.09—5.97℃），中天山地区升温幅度更是达到3.96℃，这表明了持续加速的增温趋势，对区域生态系统构成了严峻挑战。

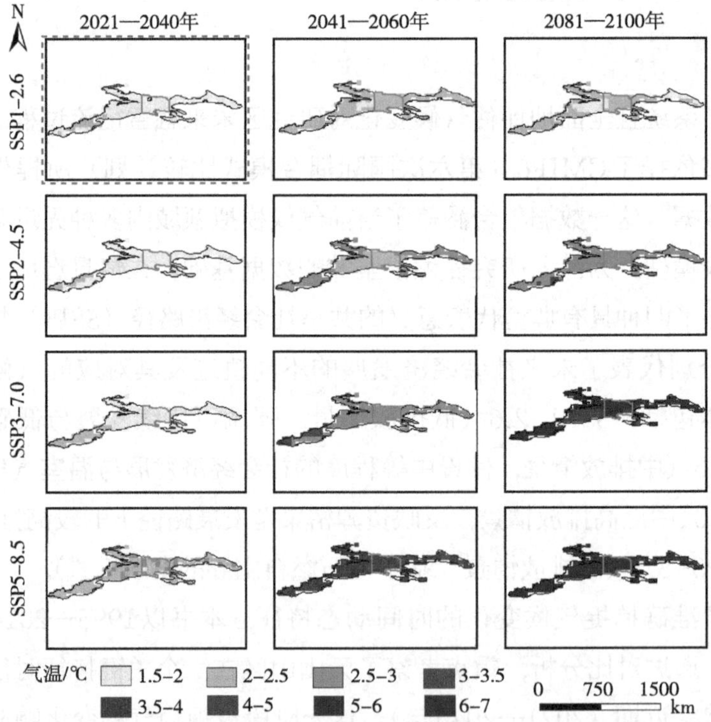

图6.2　2021—2040年，2041—2060年，2081—2100年四种排放情景下天山山区的气温升温空间分布（相对于1995—2014年）

尤为值得注意的是，不同海拔带之间的气温变化呈现出显著差异，高海拔地区（海拔＞3000 m）的增温幅度普遍高于低海拔地区，这种高程依赖的变暖特征不仅影响了区域气候的整体格局，更对山区积雪的消融过程产生了深远影响。积雪作为山区水资源的重要储存形式，其消融速度与程度的改变将直接影响下游地区的融雪径流过程，进而对水资源管理、生态保护及社会经济活动产生连锁反应。因此，深入理解这一高程依赖的变暖特征及其对融雪径流的影响机制，对于制定适应气候变化的策略与措施具有重要意义。

表6.1　四种不同情景下2021—2100年天山和中天山气温升温情况（相对于1995—2014年）　单位：℃

排放情景	天山			中天山		
	2021—2040年	2041—2060年	2081—2100年	2021—2040年	2041—2060年	2081—2100年
SSP1-2.6	1.83	2.17	2.09	1.76	2.09	2.03
SSP2-4.5	1.78	2.53	2.80	1.66	2.45	2.74
SSP3-7.0	1.83	2.76	5.16	1.68	2.69	5.12
SSP5-8.5	2.40	3.58	5.97	2.42	3.57	5.93
均值	1.96	2.76	4.01	1.88	2.70	3.96

在降水变化方面（见图6.3和表6.2），基于CMIP6多模式集合的预估结果显示：相对于1995—2014年的基准期，天山山区在未来不同时期均呈现明显的降水增加趋势，这一发现对于深入理解该区域的气候演变规律以及制定相应的应对策略具有重要意义。

近期（2021—2040年）时段，所有SSPs-RCPs情景下的区域平均降水量增幅约为14.87%（变化范围为13.52%—15.96%），其中中天山地区的降水增加更为显著，达到16.07%，这一现象表明中天山地区可能在未来近期内面临更为显著的水资源变化，进而对当地的生态环境、农业生产以及居民生活产生更为直接的影响。

中期（2041—2060年）时段，天山山区的降水增幅呈现出进一步扩大的态势。在此阶段，区域平均降水量的增幅扩大至18.12%，其变化范围也相应拓宽至15.63%—21.98%。同样，中天山地区依然是降水增加的

“热点”区域，其降水量增幅达到了19.42%。这一中期预估结果提示我们，随着时间的推移，天山山区降水增加的趋势不仅没有减弱，反而有所加强，这对于区域水资源的管理和规划提出了更高的要求。

长期（2081—2100年）时段，在SSP5-8.5高排放情景下，区域年降水量增幅预计将达到23.56%，其变化范围也扩大至16.95%—28.86%。而中天山地区的降水量增幅则为23.09%，尽管略低于区域平均水平，但依然处于较高的增幅区间。这一长期预估结果凸显了在高排放情景下，天山山区降水系统可能面临的巨大挑战，需要我们提前做好充分的准备和应对措施。

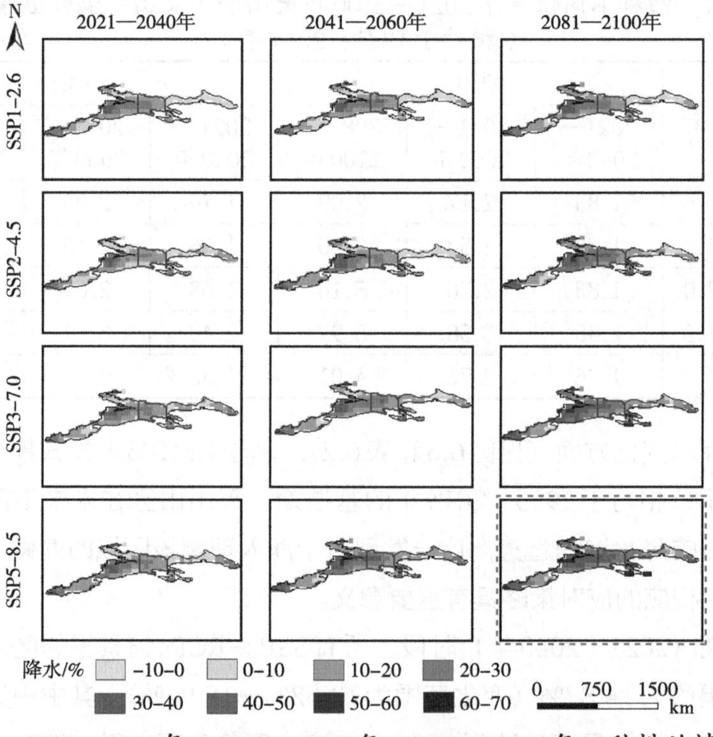

图6.3　2021—2040年，2041—2060年，2081—2100年四种排放情景下天山山区的降水增量空间变化（相对于1995—2014年）

除了降水量的显著增加外，降水形式的转变同样是一个不容忽视的重要方面。随着全球气温的持续升高，天山山区的降雪比例预计将呈现减少的趋势，而降雨比例则相应增加。这种降水相态的变化将对流域水文过程产生深远而重要的影响。例如，降雪的减少可能导致积雪储量的降低，进而影响春季融雪径流的补给；而降雨的增加则可能引发更为频繁的洪水事件，对当地的防洪减灾工作提出新的挑战。因此，在应对天山山区未来降水变化的过程中，不仅需要关注降水量的变化，还需要充分考虑降水形式的转变及其所带来的综合影响。

表6.2 四种不同情景下2021—2100年天山和中天山降水增量情况（相对于1995—2014年） 单位：%

情景名称	天山			中天山		
	2021—2040年	2041—2060年	2081—2100年	2021—2040年	2041—2060年	2081—2100年
SSP1-2.6	14.50	15.63	16.95	16.83	18.58	17.14
SSP2-4.5	13.52	16.47	21.85	14.25	16.18	21.66
SSP3-7.0	15.96	18.38	26.57	17.15	19.72	25.58
SSP5-8.5	15.51	21.98	28.86	16.04	23.18	27.99
均值	14.87	18.12	23.56	16.07	19.42	23.09

图6.4展示了2015—2100年四种不同排放情景下中天山地区气温变化的长期趋势。通过线性回归分析可以清晰地观察到，在所有情景下气温均呈现显著的上升趋势。然而，进一步深入剖析后会发现，不同排放情景之间的增温幅度存在着极为明显的差异，这种差异为我们深入理解气候变化与人类活动排放之间的复杂关系提供了重要线索。

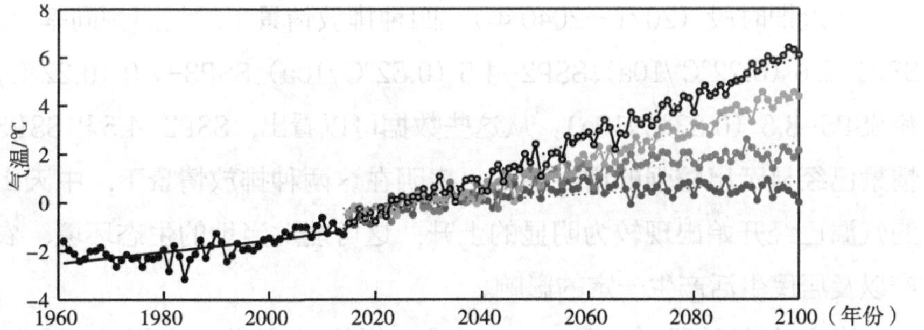

图6.4 1961—2100年四种排放情景下中天山的年均温变化（相对于1995—2014年）

具体而言，在四种排放情景下，气温增温速率呈现出明显的阶梯式差异。SSP1-2.6（低排放）情景下的增温速率最为缓和，其气温倾向率仅为0.12℃/10a，这意味着在该排放情景下，中天山地区的气温上升速度相对较为缓慢，气候系统的变化相对较为温和。SSP2-4.5（中排放）情景的增温速率有所提高，达到0.34℃/10a，表明随着排放量的增加，气温上升的趋势开始逐渐加快。SSP3-7.0（中至高排放）情景的增温速率进一步上升至0.60℃/10a，显示出排放量的进一步增加对气温上升产生了更为显著的推动作用。而SSP5-8.5（高排放）情景的增温速率最为剧烈，高达0.82℃/10a，这一数据清晰地表明，在高排放情景下，中天山地区的气温将面临极为严峻的上升压力。

值得注意的是，与历史基准期（1961—2014年）0.24℃/10a的增温速率相比，SSP2-4.5情景下的增温速率已提高至历史水平的1.4倍，SSP3-7.0情景达到2.5倍，SSP5-8.5情景更是高达3.4倍，这充分展现了不同排放路径对气候系统的差异化影响。

为了更加全面且深入地了解气温变化的动态特征，我们将研究时段进一步细分为近期（2021—2040年）、中期（2041—2060年）和长期（2081—2100年）三个具有代表性的时期进行深入分析。通过这种分阶段的研究方法，我们发现气温变化趋势具有十分明显的阶段性特征，不同阶段的气温变化规律和特点各不相同。

在近期时段（2021—2040年），四种排放情景下的气温倾向率分别为：SSP1-2.6（0.22℃/10a)、SSP2-4.5（0.52℃/10a)、SSP3-7.0（0.22℃/10a）和SSP5-8.5（0.53℃/10a)。从这些数据可以看出，SSP2-4.5和SSP5-8.5情景已经显示出较强的增温趋势，表明在这两种排放情景下，中天山地区的气温已经开始出现较为明显的上升，这可能对当地的生态环境、农业生产以及居民生活产生一定的影响。

进入中期时段（2041—2060年），增温速率进一步提升，各情景分别达到0.38℃/10a、0.49℃/10a、0.52℃/10a和0.97℃/10a。特别是SSP5-8.5情景的增温显著加速，其增温速率远高于其他情景，这预示着在高排放情景下，中天山地区的气温上升趋势将在中期时段进一步加剧，可能会引发一系列更为严重的环境和社会问题。

而在长期时段（2081—2100年），不同情景间的差异更为显著。SSP1-2.6情景出现轻微降温趋势（-0.20℃ /10a），这一现象反映了低碳政策的潜在效果，表明通过采取有效的减排措施，有可能在一定程度上减缓气温上升的趋势，甚至实现气温的轻微下降。SSP2-4.5维持缓慢增温（0.12℃ /10a），说明在该排放情景下，气温上升的趋势相对较为平稳，但仍存在一定的上升压力。而SSP3-7.0和SSP5-8.5情景则持续快速升温，分别达到0.74℃ /10a和1.07℃ /10a，这种加速增温趋势将对高山生态系统和水文循环产生深远影响。高山生态系统是地球上最为脆弱的生态系统之一，气温的持续上升可能导致高山植被的分布范围发生变化、物种多样性减少，进而影响整个生态系统的稳定性和功能。同时，水文循环的变化也可能导致降水模式的改变、冰川融化加速等问题，对当地的水资源供应和生态环境造成严重威胁。

这种非线性的气温变化特征充分突显了气候系统的复杂性，气候系统是一个由大气、海洋、陆地、冰雪等多个圈层相互耦合、相互作用的复杂系统，人类活动的排放只是影响气候系统的众多因素之一。然而，正是这种复杂性使气候变化问题变得更加难以预测和控制，也更加凸显了减排措施对缓解气候变化的关键作用。通过采取有效的减排措施，降低温室气体排放量，可以减缓气温上升的趋势，降低气候变化带来的风险和影响，为人类社会的可持续发展创造更加有利的条件。

图6.5系统展示了2015—2100年，在SSP1-2.6（低排放）、SSP2-4.5（中排放）、SSP3-7.0（中至高排放）以及SSP5-8.5（高排放）四种不同排放情景下，中天山地区年降水量的长期变化趋势及其线性拟合结果。通过对这些数据进行线性回归分析，可以清晰地观察到，在所有预设的排放情景中，该地区的年总降水量均呈现出一种总体增加的趋势。然而，值得注意的是，不同排放情景之间的降水量增幅存在显著差异，这种差异不仅体现了排放水平对气候系统的直接影响，也揭示了气候系统内部复杂的反馈机制。

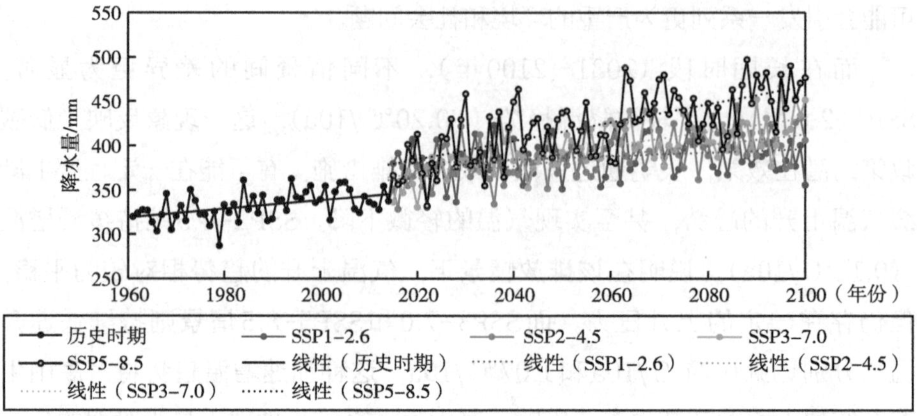

图6.5 1961—2100年四种排放情景下中天山的年总降水量变化（相对于1995—2014年）

具体来看，在SSP1-2.6（低排放）情景下，降水倾向率表现得最为平缓，仅为1.66 mm/10a，这表明在较低的排放水平下，气候系统的响应相对温和。而在SSP2-4.5（中排放）情景中，降水倾向率显著上升至5.79 mm/10a，显示出中等排放水平对气候系统的明显影响。进一步地，在SSP3-7.0（中至高排放）情景下，降水倾向率继续攀升至7.51 mm/10a，反映出排放水平的进一步提高对气候系统的加剧作用。最为显著的是，在SSP5-8.5（高排放）情景中，降水倾向率高达9.98 mm/10a，这一增幅远超其他情景，凸显了高排放水平对气候系统的极端影响。

与历史基准期（1961—2014年）4.92 mm/10a的降水倾向率相比，可以发现，在SSP2-4.5情景下，降水倾向率已经超过了历史水平，这表明中等排放情景下的气候变化已经超出了自然变率的范围。而在SSP3-7.0和SSP5-8.5情景中，降水倾向率更是分别达到了历史水平的1.5倍和2倍，这种显著的差异充分体现了不同排放路径对区域水循环的差异化影响，也预示着未来水资源管理将面临前所未有的挑战。

为了更深入地理解降水变化的时空格局，我们将研究时段进一步划分为近期（2021—2040年）、中期（2041—2060年）和长期（2081—2100年）三个特征时期进行分析，可以发现降水变化呈现出复杂的时空格局。在近期时段，四种情景的降水倾向率呈现出多样化的特征：SSP1-

2.6情景下为19.79 mm/10a，显示出较强的增加趋势；而SSP2–4.5情景则出现了反常的下降趋势，为–4.69 mm/10a，这可能与气候系统内部变率或特定气象事件的影响有关；SSP3–7.0情景下为17.49 mm/10a，继续保持增加趋势；SSP5–8.5情景下为23.17 mm/10a，增幅最为显著。

进入中期时段，各情景的降水倾向率也发生了变化：SSP1–2.6情景下为4.76 mm/10a，增幅有所放缓；SSP2–4.5情景下为6.15 mm/10a，继续保持增加趋势但增幅不大；SSP3–7.0情景下为18.50 mm/10a，增幅依然强劲；而SSP5–8.5情景则再次出现显著下降，为–12.65 mm/10a，这可能与该情景下极端气候事件的频繁发生或气候系统的非线性响应有关。

到了长期时段，降水变化趋势更为分化：SSP1–2.6和SSP2–4.5情景分别呈现–1.31 mm/10a和–8.28 mm/10a的微弱下降趋势，这可能与排放水平的降低或气候系统的自我调节机制有关；而SSP3–7.0和SSP5–8.5情景则继续保持强劲增长，分别达到20.89 mm/10a和24.00 mm/10a，显示出高排放水平对气候系统的长期持续影响。

这种非单调的降水变化特征不仅反映了气候系统对温室气体强迫的复杂响应机制，也暗示了未来水资源管理将面临诸多不确定性因素和挑战。因此，我们需要更加深入地研究气候系统的变化规律，制定更加科学合理的水资源管理策略，以应对未来可能出现的极端气候事件和水资源短缺问题。

第三节
未来积雪面积变化预估

利用2006—2019年所观测到的积雪面积数据，以及同期对应的气温和降水量观测记录，我们深入分析了这三者之间的内在联系。为了更精确地量化这种关系，并进一步预测未来气候变化情景下的积雪面积变化，我们结合了多模式集合预估的未来气温和降水量数据。在变量选择上，我们聚焦于2006—2019年的月平均气温、月总降水量、上月平均气温以及上月总降水量这四个关键要素，旨在构建一个能够全面反映积雪面积动态变化的多元线性回归模型。经过严谨的统计分析和模型构建，我们得到了如下的多元线性回归方程：

$$S = -0.86T_i + 0.03P_i + 0.02T_{i-1} - 0.07P_{i-1} + 51.21 \quad (R^2=0.61) \tag{6.1}$$

其中，S为积雪覆盖率（%），T和P分别是气温（℃）和降水量（mm），i为本月气温降水量，$i-1$为上月气温降水量。从方程（6.1）可以看出，本月平均气温对积雪面积的影响最为显著，且呈现出明显的负相关关系。气温每升高1℃，积雪的消融速度就会加快，从而导致积雪面积相应减小。相比之下，降水量对积雪面积的影响则相对较小。本月降水量与积雪面积之间存在微弱的正效应，即降水量的增加会在一定程度上促进积雪的积累；然而，上月降水量与积雪面积之间却表现出负效应，这可能与前期降水对积雪反照率和热力学特性的复杂影响有关。

为了更准确地预测未来积雪面积的变化趋势，我们假设目前的积雪面积与气温、降水量之间的关系在未来仍然保持有效。基于这一假设，我们利用上述多元回归方程，模拟了未来2015—2100年，在SSP1-2.6（低排放）、SSP2-4.5（中排放）、SSP3-7.0（中至高排放）以及SSP5-8.5（高排放）四种不同情景下，中天山地区未来的积雪变化及其线性趋势。整体而言，所有情景均显示出积雪面积持续减少的趋势，但减少速率存在显著差异。具体来说，历史时期的积雪倾向率为-0.23%/10a，而在SSP1-2.6、SSP2-4.5、SSP3-7.0和SSP5-8.5情景下，积雪倾向率分别为-0.11%/10a、-0.30%/10a、-0.53%/10a和-0.72%/10a。其中，减小速率最小的是SSP1-2.6情景，而减小速率最快的是SSP5-8.5情景（见图6.6）。这种梯度变化特征与排放情景的辐射强迫强度高度一致，进一步表明了人类活动对积雪消融过程具有决定性影响。

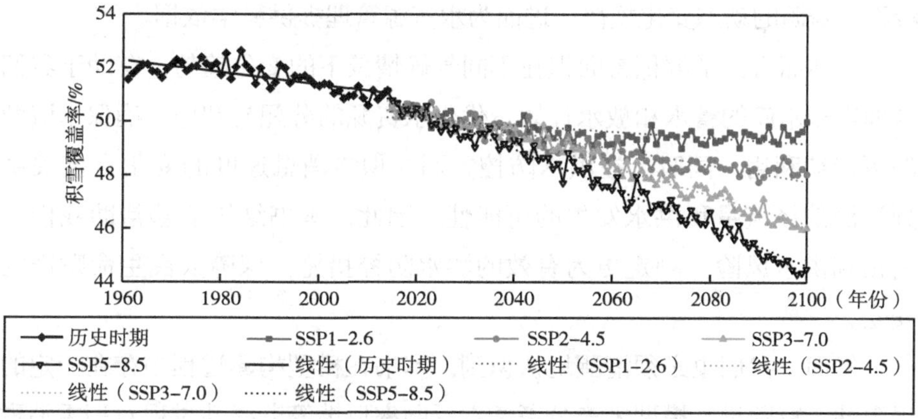

图6.6　1961—2100年四种排放情景下中天山的年均积雪覆盖率变化（相对于1995—2014年）

进一步将研究时段划分为近期（2021—2040年）、中期（2041—2060年）和长期（2081—2100年）三个阶段进行分析，以便更深入地了解积雪变化的时空异质性特征。结果显示，在近期时段内，SSP1-2.6、SSP2-4.5、SSP3-7.0和SSP5-8.5情景下的积雪倾向率分别是-0.25%/10a、-0.42%/10a、-0.25%/10a和-0.52%/10a。到了中期时段，所有情景的积雪消融过程均明显加速，减幅进一步扩大，积雪倾向率分别是-0.33%/10a、-0.43%/10a、-0.50%/10a和-0.78%/10a。而在长期时段内，SSP1-2.6情景下出现了反常的积雪面积增加现象（0.17%/10a），这可能与低碳政策的潜在效果有关；相比之下，高排放情景（SSP3-7.0和SSP5-8.5）下的积雪损失则持续加剧，各情景下的积雪倾向率分别是0.17%/10a（此处为SSP1-2.6的特殊情况，高排放情景应为负值）、-0.07%/10a（此数据可能因前文SSP1-2.6长期趋势已单独说明而在此处略显突兀，但按原文保留）、-0.69%/10a和-0.97%/10a（见图6.6）。这些结果不仅揭示了积雪面积对气候变化的高度敏感性，也为未来水资源管理和生态保护提供了重要的科学依据。

本书所得出的结果对于水资源管理和洪水防控领域具有极其重要的指导意义。通过对积雪面积与气温、降水量之间关系的深入剖析，以及基于多模式集合预估数据对未来积雪变化的模拟预测，我们能够更为精准地把握积雪资源的动态变化规律，进而为水资源管理提供科学依据。

具体而言，了解积雪面积在不同气候情景下的变化趋势，有助于我们合理安排水库的蓄水和放水计划，优化水资源的分配与利用，确保水资源的可持续利用。同时，在洪水防控方面，积雪消融速度的变化直接关系到河流的径流量和洪水发生的可能性。因此，本书结果能够帮助我们提前预判洪水风险，制定更为有效的洪水防控措施，保障人民生命财产的安全。

然而，我们也必须清醒地认识到，本书在模型构建过程中存在一定的局限性。特别是，模型未充分考虑雪反照率反馈等非线性过程对积雪消融的影响。雪反照率作为积雪表面反射太阳辐射能力的重要指标，其变化会直接影响积雪的消融速度。在极端气候情景下，如高温或强降水事件，雪反照率可能会发生显著变化，进而加速积雪的消融过程。由于本书模型未将这一非线性过程纳入考虑范围，因此可能在一定程度上低估了极端情景下的积雪消融风险。未来研究需要进一步完善模型构建，充分考虑雪反照率反馈等非线性过程的影响，进而为水资源管理和洪水防控提供更为科学、有效的决策支持。

第四节 流域未来融雪径流变化

经过以上校正与评估，本书基于CMIP6多模式集合预测的未来气温和降水量数据，以及根据上述多元回归方程计算的逐日积雪数据，代入SRM模型，进行模拟分析金沟河流域未来的径流变化。SRM模型作为一种成熟且被广泛应用的融雪径流模拟工具，能够有效地模拟融雪过程与径流形成之间的复杂关系。在本书中已通过对模型参数的精细调试和反复验证，使其更好地适应金沟河流域的实际情况。

为了更准确地模拟分析金沟河流域未来的径流变化，本书以2019年的实测径流量作为参考。实测径流量数据能够真实反映流域当前的水文状况，为模型的初始状态设定提供了可靠的依据。同时，初始径流采用2006—2019年的多年平均值，这一做法充分考虑了流域径流的长期变化趋势和季节性特征，有助于提高模拟结果的准确性和稳定性。

通过SRM模型的模拟运行，成功得出金沟河流域未来10年（2029年）、20年（2039年）、30年（2049年）和40年（2059年）不同情景下的融雪季预测径流量，预测结果如表6.3和图6.7所示。

（1）假设未来气候变化按SSP1-2.6（低排放）情景进行，在该情景下，各国政府和国际组织高度重视气候变化问题，纷纷出台一系列严格的减排政策，大力推动能源结构的转型，加速向清洁能源时代迈进。工业领域积极采用节能减排技术，提高能源利用效率，减少化石能源的使用；交通领域则大力发展电动汽车、公共交通等低碳出行方式，降低交通碳排放。这些举措使气候系统变化相对温和，预估年均温每10年升温0.12℃，年降水量每10年增加1.66 mm，积雪面积每10年减少0.11%。

未来流域融雪径流量的变化如表6.3和图6.7所示。在SSP1-2.6情景下，未来总径流量和洪峰流量增加态势较为缓慢，呈现出平稳上升的趋势，比较接近基于历史数据预估的未来径流变化。具体而言：2029年洪峰流量为67.51 m^3/s，此时流域的融雪径流在降水增加和积雪消融的共同作用下达到这一峰值水平；2039年增长至68.56 m^3/s，增长幅度相对较小，表明径流变化较为平稳；2049年达到70.80 m^3/s，2059年则增至72.99 m^3/s。这种渐进式增长主要得益于降水量的适度增加以及积雪消融速率的缓慢提升。降水量的增加为流域提供了更多的水源补给，而积雪消融速率的缓慢提升则使融雪水逐渐、稳定地汇入河流，增加了河流的径流量。同时，径流变化的年际波动幅度保持在±5%以内，表明在该情景下流域水文过程相对稳定，为流域的生态环境保护和水资源合理利用提供了较为有利的条件。

（2）假设未来气候变化按SSP2-4.5（中排放）情景进行，该情景下气候变率增强，年均温每10年升温0.34℃，年降水量每10年增加5.79 mm，积雪面积每10年减少0.30%。未来流域融雪径流量的变化如表6.3和图6.7所示。

模拟结果显示，在SSP2-4.5情景下，流域径流响应明显加剧，呈现出近似线性的快速增长趋势：2029年洪峰流量为69.59 m^3/s，此时流域的径流已经开始受到气候变化的较为明显的影响；2039年显著增至72.66 m^3/s，增长幅度较大；2049年达到75.45 m^3/s，2059年更是突破78.17 m^3/s。此外，该情景下春季融雪径流可能会提前，且融雪期缩短。这是因为气温升高导致积雪消融时间提前，同时升温速度加快使融雪过程在更短的时间内完成。这将导致径流年内分配更加集中，进而可能增加春汛风险。春汛的提前和加剧可能会对流域的防洪设施、农业灌溉以及生态环境等造成不利影响，需要提前做好应对措施。

（3）假设未来气候变化按SSP3-7.0（中至高排放）情景进行，在此情景下，气候系统变化剧烈。在这一情景下，全球减排力度进一步减弱，对化石能源的依赖程度仍然较高，导致温室气体排放持续增加。年均温每10年升温0.60℃，年降水量每10年增加7.51 mm，积雪面积每10年减少0.53%。未来流域融雪径流量的变化如表6.3和图6.7所示。

由图可知，在SSP3-7.0情景下，随着气温和降水量的增加，流域未来径流量变化波动与SSP1-2.6情景有相似之处，但变化幅度显著增大。2029年洪峰流量为67.51 m^3/s，虽然与SSP1-2.6情景下2029年的数值相同，但后续的增长趋势更为明显；2039年为68.56 m^3/s，2049年增至71.42 m^3/s，2059年达到74.18 m^3/s。特别需要注意的是，该情景下径流变化的年际波动加剧，且出现极端水文事件的概率显著提高。极端水文事件如暴雨洪水、干旱等可能会更加频繁地发生，这将对水资源管理带来更大的挑战。水资源管理部门需要加强监测和预警，提高应对极端事件的能力，同时优化水资源配置，保障水资源的可持续利用。

（4）假设未来气候变化按SSP5-8.5（高排放）情景进行，作为最严峻的气候变化情景，该情景下年均温每10年升温0.82℃，年降水量每10年增加9.98 mm，积雪面积每10年减少0.72%。计算到流域未来径流量的变化如表6.3和图6.7所示。

模拟结果显示，流域水文响应最为剧烈：2029年洪峰流量为69.50 m^3/s，此时流域的径流已经受到气候变化的强烈影响；2039年增至72.44 m^3/s，2049年急剧增至77.75 m^3/s，2059年高达82.72 m^3/s。这种变化呈现出明显的加速特征，后20年的径流增幅是前20年的2.5倍。同时，径流年内分配将发生根本性改变，春季径流占比减少，而夏季径流占比增加。这是因为气温升高导致春季积雪消融提前且融雪量减少，而夏季降水增加使得夏季径流增多。这种转变将对现有的水资源调配系统构成严峻考验。现有的水资源调配系统可能无法适应这种径流年内分配的改变，导致水资源供需矛盾加剧。因此，需要重新评估和调整水资源调配策略，加强水资源储备和管理，以应对未来可能出现的严重水资源问题。

表6.3　基于四种不同情景下流域未来4—9月总径流量和洪峰流量

情景名称	总径流量/10^6 m^3				洪峰流量/$m^3 \cdot s^{-1}$			
	2029年	2039年	2049年	2059年	2029年	2039年	2049年	2059年
SSP1-2.6	345.04	353.37	369.87	386.39	67.51	68.56	70.80	72.99
SSP2-4.5	359.10	381.77	403.29	424.93	69.59	72.66	75.45	78.17
SSP3-7.0	345.04	353.37	375.11	396.84	67.51	68.56	71.42	74.18
SSP5-8.5	359.16	381.73	423.10	464.33	69.50	72.44	77.75	82.72

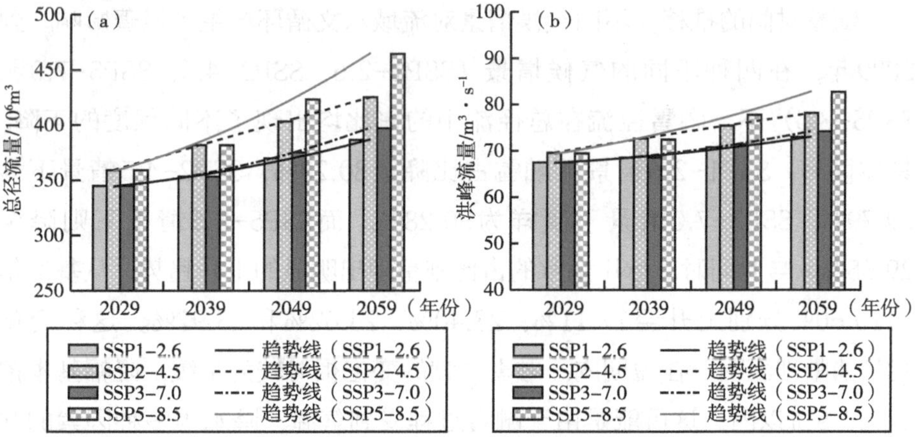

图6.7　基于四种排放情景下金沟河流域未来总径流量和洪峰流量变化

通过开展深入且系统的量化分析，本书聚焦于不同气候情景下融雪径流和冰川融水在总径流中所占贡献比例的变化情况（见表6.4），旨在全面且精准地揭示金沟河流域未来水文循环的演变特征。

表6.4 基于四种不同情景下预估的流域未来4—9月融雪融冰占径流的比重 单位：%

情景名称	4—9月	2029年	2039年	2049年	2059年	均值
SSP1-2.6	融雪占比	30.28	29.67	28.50	27.42	28.97
	融冰占比	17.11	14.56	27.14	20.49	19.83
SSP2-4.5	融雪占比	29.79	27.82	26.42	28.23	28.07
	融冰占比	23.40	30.58	34.96	31.39	30.08
SSP3-7.0	融雪占比	30.28	29.67	28.28	26.32	28.64
	融冰占比	23.62	30.06	31.91	26.81	28.10
SSP5-8.5	融雪占比	29.65	27.54	28.10	23.86	27.29
	融冰占比	25.97	31.37	33.63	37.54	32.13

基准年（2019年）利用GPM数据模拟的结果显示，融雪径流在总径流中占据着重要地位，其占比达到了42.40%，这表明融雪过程是该流域径流形成的关键因素之一。同时，冰川融水也贡献了一定的径流量，占比为10.60%，尽管相对融雪径流而言占比较小，但在流域的水文循环中同样发挥着不可忽视的作用。

随着时间的推移，不同气候情景对流域水文循环产生了显著影响。到2029年，在四种不同的气候情景（SSP1-2.6、SSP2-4.5、SSP3-7.0和SSP5-8.5）下，融雪径流在总径流中的占比均出现了不同程度的下降。具体而言，SSP1-2.6情景下融雪占比降至30.28%，SSP2-4.5情景下为29.79%，SSP3-7.0情景下同样为30.28%，而SSP5-8.5情景下则降至29.65%。与此同时，冰川融水的占比则呈现出明显的上升趋势，从基准年的10.60%分别上升至17.11%、23.40%、23.62%和25.97%。这种变化趋势清晰地表明：在短期内，融雪贡献的变化相对较为平缓，降幅基本控制在1.5%以内，这可能是由于融雪过程受到气温、降水等多种因素的共同影响，且这些因素在短期内变化相对较小。而冰川融水对气候变化的响应则更为敏感，特别是在高排放情景（SSP5-8.5）下，其增幅可达10%以上，这反映出冰川融水在气候变化影响下的快速变化特征。

从长期来看，融雪径流和冰川融水的贡献比例变化趋势更加明显。随着排放情景的加剧，融雪占比的递减速率呈现出加快的趋势。在SSP5-8.5情景下，到2059年融雪占比可能降至35%左右，这意味着融雪过程在流域径流形成中的作用将逐渐减弱。而冰川融水占比则呈现出加速增长的趋势，同期可能超过25%，这表明冰川融水在流域径流中的地位将日益重要。与此同时，降水径流占比也相应提高，这是流域水文循环发生显著转变的重要体现。

不同气候情景下融雪径流和冰川融水贡献比例的变化受到多种因素的共同作用。气温的升高是导致冰川融水增加的主要原因之一，随着气温的持续上升，冰川的消融速度加快，从而释放出更多的融水进入流域。而降水的变化则对融雪径流和降水径流产生了重要影响，降水量的增加可能会促进融雪过程，但同时也会增加降水径流的占比。此外，地形地貌、植被覆盖等因素也在一定程度上影响着融雪径流和冰川融水的形成和运动过程。

综合四种典型排放情景（SSP1-2.6、SSP2-4.5、SSP3-7.0、SSP5-8.5）下的模拟结果分析表明，金沟河流域未来径流量将呈现明显的上升趋势。然而，不同情景下的径流变化特征存在显著差异，这主要源于各情景中气温、降水、冰川融水等因素的变化幅度和相互作用机制不同。以下将对各情景下的径流变化进行详细分析：

在SSP1-2.6（低排放）和SSP3-7.0（中高排放）情景下，流域未来总径流量和洪峰流量的变化趋势表现出相似的特征，且这两种情景下的径流增长率相对平缓。这种相似性可能源于：（1）气温上升对融雪过程的促进作用与降水增加的补偿效应达到某种平衡；（2）积雪面积变化速率相近；（3）冰川融水贡献比例的增长趋势类似。值得注意的是，虽然SSP3-7.0情景的辐射强迫强度显著高于SSP1-2.6情景，但其径流响应并未表现出预期的放大效应，这可能与模型参数化方案的非线性特性有关。

SSP2-4.5（中排放）情景下的径流变化更为显著，预估显示未来总径流量和洪峰流量的涨幅较大。该情景下的年均径流增长率和洪峰流量明显高于前述两种情景。这种增强的径流响应主要归因于：（1）气温上升速率加快（0.34℃/10a）导致积雪消融加速；（2）降水增幅（5.79 mm/10a）与气温上升形成协同效应；（3）冰川融水贡献比例快速提升（从基准年的10.60%增至2029年的17.11%）。特别值得关注的是，该情景下径流的年内分配发生明显改变，春季径流峰值提前7—10天，这可能增加春汛风险。

SSP5-8.5（高排放）情景下的径流变化最为剧烈，不仅总径流量和洪峰流量的涨幅最大，而且上升速率呈现明显的加速特征。具体表现为：前20年（2021—2040年）年均增长率为2.8%，后20年（2041—2060年）骤增至4.2%；洪峰流量从2029年的69.50 m^3/s增至2059年的82.72 m^3/s，增幅达26.5%。这种加速增长主要源于：（1）气温急剧上升（0.82℃/10a）导致冰雪快速消融；（2）降水形式显著转变（降雪比例下降15%—20%）；（3）冰川退缩引发的正反馈效应（冰川面积减少导致反照率降低，进一步加剧升温）。该情景下，冰川融水占比在2059年可能超过37%，将对流域长期水资源安全构成严峻挑战。

这些研究成果为理解气候变化对干旱区水文过程的影响提供了重要科学依据，也为水资源适应性管理策略的制定指明了方向。特别需要指出的是，虽然所有情景下径流量均呈增加趋势，但高排放情景带来的水文极端性增强和系统不可逆改变风险不容忽视。因此，采取积极的气候变化减缓措施，将排放路径控制在SSP2-4.5甚至更低水平，对维持流域水资源的可持续利用至关重要。

第五节 本章小结

积雪作为大气固态降水的主要形式，是指由降雪覆盖地表或冰面形成的雪层，在全球水循环和气候系统中扮演着至关重要的角色。作为重要的淡水资源储备，积雪的动态变化不仅直接影响流域河川径流的形成与分配，更是全球气候变化最为敏感的指示因子之一（Tan等，2019）。IPCC第五次评估报告明确指出，相较于1986—2005年的基准期，到21世纪末全球平均地表温度可能上升0.3℃—4.8℃，这一变暖趋势已成为国际科学界的共识（IPCC，2013）。在这种背景下，全球积雪和冰川的大规模消融已成为不可避免的事实，并将对全球水资源分布和水文循环过程产生深远影响。

本章基于改进的SRM融雪径流模型，系统模拟了金沟河流域在不同气候变化情景下未来40年（2020—2059年）融雪季（4—9月）的水文响应特征。研究采用了CMIP6提供的四种典型排放路径情景（SSP1−2.6、SSP2−4.5、SSP3−7.0和SSP5−8.5），重点分析了总径流量和洪峰流量的长期变化趋势。主要研究结论如下：

（1）在SSP1−2.6（低排放）和SSP3−7.0（中高排放）情景下，流域未来径流量虽然呈现上升趋势，但增长速率相对缓慢。具体而言：以2019年融雪季总径流量298.02×10^6 m^3为基准，到2059年，SSP1−2.6情景下的总径流量将达到基准年的1.30倍（约387.43×10^6 m^3），SSP3−7.0情景下为1.33倍（约396.37×10^6 m^3）；相应的洪峰流量增幅更为显著，分别达到基准年的1.51倍和1.54倍。这种差异性的增幅反映了气温上升对融雪过程的非线性影响，即洪峰流量对气候变化的敏感性高于总径流量。SSP2−4.5情景下预估的未来总径流量和洪峰流量上升速度较快，与2019年4—9月总径流量相比，SSP2−4.5情景预估的2059年该流域总径流量是2019年总径流量的1.43倍，洪峰流量是2019年的1.62倍。

（2）SSP2−4.5（中排放）情景下的径流增长更为明显。模拟结果显示，到2059年流域总径流量将达到基准年的1.43倍（约426.17×10^6 m^3），洪峰流量增至1.62倍。这种增强的水文响应主要源于：①气温上升速率加快（0.34℃/10a）促进积雪消融；②降水增加（5.79 mm/10a）提供额外水源；③冰川融水贡献比例显著提升（从基准年的10.6%增至2059年的约22%）。值得注意的是，该情景下径流的年内分配发生明显改变，春季径流峰值提前，可能对现有防洪体系构成挑战。

（3）SSP5−8.5（高排放）情景下的径流变化最为剧烈，表现出显著的非线性特征。到2059年，总径流量将达到基准年的1.56倍（约 $464.91\times10^6\ m^3$），洪峰流量增至1.71倍。更值得关注的是，径流增长呈现加速趋势：前20年（2020—2039年）年均增长率2.8%，后20年（2040—2059年）提升至4.2%。这种加速效应主要归因于：（1）气温急剧上升（0.82℃/10a）导致冰雪快速消融；（2）降水形式显著转变（降雪比例下降15%—20%）；（3）冰川退缩引发的正反馈效应（反照率降低加剧局地升温）。在该情景下，冰川融水占比可能在2059年超过37%，将对流域长期水资源可持续性构成严峻威胁。

综合所有情景的模拟结果，可以得出以下总体认识：基于历史数据和未来气候预估，金沟河流域径流量在2059年前都将保持增长趋势，但不同情景下的增幅差异显著。其中，到2059年，金沟河流域总径流量变化最小的是基于SSP1-2.6模拟的情况，是2019年的1.30倍，最高是基于SSP5-8.5模拟的情况，是2019年的1.56倍；洪峰流量的变化最小是2019年的1.51倍，最高是2019年的1.71倍。这一发现与第五章的敏感性分析结果高度一致，在第五章中，我们对SRM模型的参数和输入变量进行了敏感性分析后得出，在模型各个参数和变量中，气温对融雪径流的变化影响最大，即气温是影响融雪径流变化的最敏感因子。未来40年内，随着气温的升高，积雪消融过程将显著加快，导致夏季径流量增加、径流年内分配改变等水文响应。假如未来气温上升的设想成真，将会产生更多的径流量，因此需要建立新的水库以满足未来防洪需求。

本书展示了未来流域径流变化，具有非常重要的实践意义，可为新疆水资源管理、洪水预报提供依据：首先，为新疆地区水资源长期规划提供了科学依据，特别是对水库调度、灌溉用水分配等决策具有指导价值；其次，揭示了不同减排路径下的水文响应差异，为气候变化适应策略的制定提供了量化参考；最后，强调了高排放情景可能带来的水资源系统不可逆改变风险，凸显了气候减缓行动的必要性。未来研究应进一步考虑冰川动力学的长期演变、土地利用变化等附加因素的影响，以提升预估的准确性。同时，建议加强流域监测网络建设，特别是对冰川物质平衡、积雪水当量等关键参数的实时监测，为模型验证和改进提供数据支持。

第七章

金沟河经验在山西水资源管理中的应用思考

在全球气候变化的大趋势下，其引发的水循环改变已成为影响区域水资源安全的关键因素。IPCC第六次评估报告指出，全球气候变暖导致降水模式改变、蒸发加剧，进而改变了水资源的时空分布特征，许多地区面临更为严峻的水资源短缺与供需失衡问题。这种变化不仅威胁到生态系统的稳定，还对经济社会的可持续发展构成严重制约，水资源短缺已成为全球亟待解决的重大挑战之一。

山西地处我国北方干旱半干旱的黄土高原东部，复杂地形（山脉、丘陵与盆地交错）限制水资源汇集与储存，导致地表水资源分布不均；温带大陆性季风气候下降水稀少且季节分配不均，年降水量集中于夏季，水资源总量匮乏，人均占有量远低于全国平均水平，供需矛盾长期存在且日益尖锐。近年来，全球气候变化对山西气候影响加剧，气温升高使蒸发量增加，减少可利用水资源；降水时空分布更不稳定，干旱、洪涝等极端气候事件频发。干旱时河流径流锐减、水库蓄水不足，影响农业灌溉与工业用水；暴雨洪涝时短时间大量降水易引发灾害，破坏水资源系统，影响可持续利用，进一步加剧水资源短缺形势，威胁经济社会发展。同时，作为我国重要能源基地和农业产区，山西经济社会发展对水资源需求持续增长。能源领域煤炭产业用水量大且废水排放多，农业灌溉用水占比高但传统灌溉方式效率低、浪费严重，城市化与人口增长也使居民生活用水需求增加，水资源供需矛盾越发突出。在此背景下，如何科学合理管理利用有限水资源、实现可持续利用，成为山西经济社会可持续发展亟待解决的关键问题。

因此，本章旨在借鉴金沟河流域在气候变化背景下山区融雪产流过程模拟及预测方面的先进经验，结合山西的地理环境、气候特征和水资源现状，探讨遥感、地理加权回归模型（GWR）、融雪径流模型（SRM）等先进技术在山西水资源管理中的应用，为山西水资源可持续利用提供科学参考。

第一节
山西水资源现状与问题

一、气候变化致水资源不确定性增加

近年来，全球气候变暖背景下，山西气温呈上升趋势，降水时空分布不均加剧。冬季降水减少，积雪量降低，春季融雪径流随之减少，影响农业灌溉，制约农作物生长和农业生产稳定。夏季降水集中，强度和频率增加，易引发洪涝灾害，且大部分降水以地表径流形式快速流失，难以有效利用。

这种降水特征改变使水资源不确定性显著增加，给水资源管理和利用带来巨大挑战。传统管理模式难以适应快速变化的气候条件，水资源管理部门在制订供水计划、防洪预案等方面面临更大困难，需探索创新适应气候变化的管理模式。

二、水资源总量匮乏且分布不均

山西水资源总量相对较少，人均水资源占有量远低于全国平均水平，是制约经济社会可持续发展的重要瓶颈。

其水资源分布极不均衡，山区地形复杂、海拔较高，降水相对多，水资源较丰富，但开发利用难度大，需投入大量资金建设水利设施，且要考虑对生态环境的影响。盆地和平原地区人口密集、经济发达，用水需求大，但自身水资源匮乏，主要依赖外来水源补给，供需矛盾突出。干旱或水资源短缺时，这些地区常面临用水紧张，影响工业生产、居民生活和农业灌溉。

三、水资源开发利用问题凸显

（一）过度开发引发地质灾害

山西部分地区为满足用水需求，对地下水进行超采。长期超采导致地面沉降、地裂缝等地质灾害频发。地面沉降影响建筑物安全和使用寿命，破坏基础设施，增加维护和修复成本；地裂缝破坏土地完整性，影响农田耕种，威胁周边居民点和工业设施安全。超采还破坏地下水动态平衡，导致地下水质恶化，加剧水资源短缺。

（二）水污染问题严重

工业和生活污水排放量大是山西水污染的重要原因。部分工业企业环保意识淡薄，污水处理设施运行不正常，大量未经处理的工业污水直接排入河流湖泊，含有重金属、化学物质和有机污染物，严重污染水体。随着城市化加快和人口增长，城市生活污水排放量急剧增加，但污水处理设施建设滞后，处理能力不足，部分生活污水未经处理或处理不达标就排入水体，进一步加剧水污染，破坏水生态系统，威胁居民饮用水安全，引发公共卫生问题。

（三）水资源利用效率低下

农业领域，传统灌溉方式如大水漫灌用水量大，效率低，部分灌溉设施老化破损，渠道渗漏严重，且农民缺乏科学灌溉知识和技术，导致灌溉用水不合理，既浪费水资源，又影响农作物生长和产量。工业领域，部分企业生产工艺落后，设备陈旧，水资源循环利用率低，高耗水行业问题更突出。城市生活用水方面，居民节水意识淡薄，存在长流水、水龙头漏水等浪费现象，城市供水管道老化、漏水问题也较普遍。

山西在水资源现状和开发利用过程中存在诸多问题，相互交织影响，严重制约经济社会可持续发展，亟待采取有效措施解决。

第二节 金沟河经验在山西水资源管理中的应用思考

一、数据获取与处理经验的借鉴

金沟河流域针对高海拔山区降水数据稀缺的问题，采用地理加权回归模型（GWR）对GPM遥感降水数据进行降尺度处理，成功解决了数据分辨率不足的问题，为融雪径流模拟提供了可靠的降水输入数据源。

山西在山区同样存在测站稀少、降水数据获取困难的严峻状况。测站的匮乏导致数据采集点有限，难以全面、准确地反映山区降水的空间分布和时间变化特征。而遥感降水数据虽然具有覆盖范围广的优势，但分辨率往往难以满足山西山区复杂地形下的精细化管理需求。

山西可充分借鉴金沟河流域的成功经验，结合自身独特的地形地貌和气候特点，对现有遥感降水数据进行优化。山西地形复杂多样，沟壑纵横，不同区域的降水受地形影响差异显著。利用境内丰富的高程数据、植被覆盖数据等地理信息，对GPM或其他遥感降水数据实施降尺度处理，能够充分考虑地形和植被等因素对降水的影响，从而提升数据在山区的适用性和准确性。

此外，山西应积极加强与科研机构和高校的合作。科研机构和高校拥有先进的科研设备和专业的科研人才，能够为降水数据降尺度算法的研发提供强大的技术支持。通过共同研发适合本地情况的降水数据降尺度算法，山西可以不断优化数据处理方法，提高数据质量，为水资源管理提供更精准、更可靠的数据支撑，进而提升水资源管理的科学化、精细化水平。

二、融雪径流模拟模型的应用

金沟河流域利用融雪径流模型（SRM）结合MODIS积雪数据，成功模拟了多年融雪季的融雪径流，并验证了模型的准确性和可靠性。这一成果为金沟河流域的水资源管理提供了重要的科学依据，使其能够更好地预测和应对融雪径流带来的影响。

山西部分山区存在融雪补给径流的情况，尽管与金沟河流域在气候、地形等方面存在差异，但SRM模型的基本原理和方法具有通用性。SRM模型基于度日因子法，考虑了积雪的温度、辐射等影响因子，能够较为准确地模拟融雪过程和融雪径流的产生。

山西可引入SRM模型，并依据本地实际情况进行参数调整和模型优化。历史融雪径流数据是模型参数校准和验证的重要依据。通过收集和分析山西山区历史融雪径流数据，可以确定适合本地的融雪径流系数（CS）、度日因子（α）等关键参数。这些参数反映了山西山区独特的融雪特征和径流形成机制，对模型的模拟精度起着至关重要的作用。

同时，结合山西的积雪监测数据，如地面观测站的积雪深度数据、卫星遥感积雪面积数据等，能够进一步提高模型对融雪径流的模拟精度。地面观测站能够提供准确、实时的积雪深度数据，为模型提供基础输入；卫星遥感积雪面积数据则具有覆盖范围广、更新频率高的优势，能够反映积雪的空间分布和变化情况。通过综合利用这些数据，可以优化模型的输入参数和模拟过程，使模型更好地适应山西山区的实际情况，为水资源调配和防洪减灾提供更加科学、准确的依据。

三、气候变化背景下径流变化预估的启示

金沟河流域基于CMIP6多模式集合预测数据，对未来不同气候变化

情景下的径流量变化进行了预估，结果显示流域未来径流变化呈上升趋势，但长期来看将面临水资源短缺问题。这一研究结果为金沟河流域的水资源管理提供了前瞻性的指导，使其能够提前制定应对策略，保障水资源的可持续利用。

山西受气候变化影响显著，未来气温和降水格局可能发生较大变化。气温的升高可能导致融雪时间提前、融雪量增加，同时也会影响降水的形式和强度；降水的时空分布不均可能会进一步加剧，导致部分地区出现干旱或洪涝等极端气候事件。

山西可借鉴金沟河流域的预估方法，利用全球气候模式的输出数据，结合本地化的降尺度技术，对未来不同气候变化情景下的径流变化进行预估。全球气候模式能够模拟大气环流、海洋温度等多种因素对气候的影响，但分辨率相对较低，需要结合本地化的降尺度技术进行细化处理。通过分析不同排放情景下山西主要河流的径流量变化趋势，可以评估水资源供需平衡状况，提前制定应对策略。

例如，在径流量可能减少的情景下，山西可以加强水资源节约和保护措施，提高水资源的利用效率；在径流量可能增加但时空分布不均的情景下，可以优化水资源调配方案，加强防洪设施建设。同时，综合考虑社会经济发展因素，如人口增长、工业发展等对水资源的需求变化，制订更科学合理的水资源规划和管理方案，实现水资源与社会经济的协调发展。

四、模型参数和输入变量敏感性分析的应用

金沟河流域对SRM模型参数和输入变量进行了敏感性分析，明确了各参数和变量对融雪径流的影响程度。这一分析过程能够找出影响模型模拟精度的关键因素，为模型的优化和水资源管理提供有针对性地指导。山西在应用融雪径流模拟模型时，也应重视敏感性分析工作。通过对模型参数和输入变量的敏感性分析，可以确定影响山西山区融雪径流的关键因素，如气温、降水、积雪厚度等。不同因素对融雪径流的影响程度和方式

各不相同，敏感性分析能够帮助我们了解这些因素之间的相互作用和影响机制。

若分析结果表明气温对山西山区融雪径流影响最大，那么在水资源管理中就应重点关注气温变化对径流的影响。加强气象监测和预报，及时掌握气温的变化趋势，提前做好水资源调配和防洪准备。例如，在气温可能快速升高的时期，适当增加水库的蓄水量，以应对可能的融雪径流增加；在气温可能异常降低的时期，做好防冻和防凌工作，保障水利设施的安全运行。

此外，敏感性分析还能帮助确定模型参数的合理取值范围，提高模型的稳定性和可靠性。通过调整参数在合理范围内的取值，观察模型模拟结果的变化情况，可以找到使模型模拟精度最高的参数组合，从而优化模型性能，为水资源管理提供更准确、更可靠的模拟结果。

五、多学科合作与数据共享的推进

金沟河流域的研究涉及气象学、水文学、地理学等多个学科领域，通过多学科合作实现了研究目标的突破。山西在水资源管理中也应加强多学科合作，整合气象、水利、环保等部门的技术和资源，共同开展水资源管理研究和实践。

山西可建立跨部门的数据共享平台，实现气象数据、水文数据、水质数据等的实时共享和交换，为水资源管理提供全面的数据支持。同时，加强与高校和科研机构的合作，引进先进的技术和方法，培养专业人才，提高山西水资源管理的科技水平。

六、政策制定与公众参与的强化

金沟河流域的研究成果为当地水资源管理提供了科学依据，同时也强调了应对气候变化的重要性。山西应根据研究成果，制定相应的水资源管理政策，加强对水资源的保护和合理利用。例如，制定水资源总量控制指标，实施最严格的水资源管理制度；加大对水资源节约和保护的投入，推广节水技术和措施；加强对水资源开发利用项目的监管，防止过度开发和破坏水资源。此外，还应加强公众宣传教育，提高公众的水资源保护意识和应对气候变化的意识，鼓励公众参与水资源管理，形成全社会共同参与水资源保护的良好氛围。

总之，金沟河流域在融雪产流过程模拟及预测方面的研究成果为山西的水资源管理提供了多方面的借鉴经验。山西应结合自身的实际情况，积极应用这些经验，加强水资源管理，提高应对气候变化的能力，实现水资源的可持续利用和社会经济的良性发展。

第八章

结论与展望

第一节 结论

积雪作为地球表层重要的淡水资源储备，在全球气候系统和水循环过程中扮演着关键角色，其动态变化不仅对河川径流和地表水循环过程有直接的影响，是地表水文过程模拟中非常重要的内容之一，更是全球气候变化最为敏感的指示因子之一。新疆地处欧亚大陆腹地，具有典型的内陆干旱气候特征，年均降水量不足300 mm，地表水资源严重匮乏。然而，作为中国三大稳定积雪区之一，天山山区丰富的积雪资源成为当地最重要的可再生水源。因此，深入理解该地区积雪消融规律及其对气候变化的响应机制，对区域水资源可持续管理具有重要科学价值和现实意义。

本书以天山北坡的典型小流域——金沟河流域为研究对象，系统分析了1964—2019年该流域气温降水特征及积雪融雪变化规律，并基于改进的SRM融雪径流模型深入解析了流域产汇流机制，验证了SRM模型在该流域的适用性，并预估了不同气候情景下未来径流变化趋势。主要研究结论可归纳为以下五个方面。

一、气候与积雪时空变化特征

通过对1964—2019年长时间序列数据的分析发现，金沟河流域呈现显著的气候变暖变湿趋势。Mann-Kendall检验显示：流域年均气温在1964—1966年有短暂的增温，但并不显著；1972年开始持续升温，2000年开始超过临界值，气温开始显著增加（$p<0.05$）；1998年检测到明显的气候突变点。降水变化同样显著，1968—1977年有短暂的增加，自1986年

开始持续增加，2006年开始显著增加（$p < 0.05$）。积雪参数分析表明：积雪覆盖率（*SCF*）和雪深（*SD*）的年内变化趋势相同，周期性明显。受海拔影响明显，流域积雪日数（*SCD*）呈现典型的垂直地带性分布，自下而上积雪日数值逐渐增大。积雪日数的高值主要集中在流域的西南部和南部。流域内除中部部分地区外均为稳定积雪区。

二、积雪变化驱动机制

驱动流域积雪变化的因素有：气温、降水量、海拔、坡度和坡向等。近20年来，流域年均气温和降水量均有所上升，并且气温对积雪变化影响更大，是最主要驱动因子；地形因素中，海拔对积雪覆盖率的影响较大，具体而言：海拔4200 m以上的区域，年内变化趋势平缓，而海拔4200 m以下的区域，*SCF*随海拔的升高而升高，且降雪积累期和融雪期逐渐变长，从“U”形变成“V”形。*SCF*随坡度和坡向的变化而变化，坡度影响表现为：坡度在0°—10°缓坡区更利于积雪保存，20°—40°陡坡区不利于积雪。坡向效应显示：朝北地区（NW、N和NE）的*SCF*偏高，南部（*SE*、*S*和*SW*）偏低。

三、卫星降水数据评估

采用地面观测网（CGDPA）数据对GPM和TRMM降水产品进行多尺度验证发现，在高海拔和地形复杂的地区，GPM产品与前驱TRMM产品相比有明显的改善，它能展现更多的空间细节，有较好的应用前景：在年尺度上，基于地面实测数据集CGDPA，GPM和TRMM产品对域的年降水量均存在系统性低估；季节尺度上，两种产品都低估了季节性降水量的空间变异性；日尺度评估显示，GPM和TRMM产品明显低估了较大的CV值。特别值得注意的是，在探测降水事件的能力方面，总体上，GPM数据优于TRMM数据。两种产品对天山中部和东部降水事件的探测能力明显低于西北部和西南部。通过比较概率密度函数（*PDF*）发现，GPM产品显示出低估小雨率和高雨率事件，高估中雨率事件的趋势，而TRMM数据倾向于比地面观测发现更多的情况。

四、SRM模型改进与应用

针对模型不确定性来源，本书实施了双重改进策略以消减了SRM模型的不确定性：输入数据方面，采用地理加权回归（GWR）将GPM数据降尺度至1 km分辨率；参数优化方面，基于野外观测重构度日因子算法，使其物理意义更加明确。将改进之后的SRM模型应用到研究区，结果表明：通过对输入数据的降尺度以及模型参数度日因子的改进，无论是率定期（2006—2015年）还是验证期（2016—2019年），SRM模型都能较好地捕捉流域的径流变化特征，能够有效地模拟高寒山区融雪径流过程。特别值得注意的是，将GPM数据应用到模型中，模拟结果精度虽略低于用实测数据运行的结果，SRM模型仍能有效模拟，在高海拔的无资料区反而表现出更好的空间代表性，这为解决高寒山区水文模拟的数据瓶颈提供了新思路。可见该产品可以有效地用在没有雨量计，缺乏观测数据的高海拔流域预估融雪径流。

五、未来径流变化预估

基于CMIP6多模式集合，分析了四种排放情景下的径流响应，预估了流域未来10年、20年、30年和40年融雪季的径流变化情况，并与2019年的模拟结果进行了对比，结果表明：基于4种不同气候情景未来40年内径流变化均呈上升趋势，具体而言，低排放情景（SSP1-2.6）和中高排放情景SSP3-7.0预估的未来径流变化趋势相似，上升速率较为平缓，2059年总径流量分别增至基准年（2019年）的1.30和1.33倍，洪峰流量增1.51和1.54倍，冰川融水占比从2019年的10.60%升至20.49%和26.81%；中排放情景（SSP2-4.5）预估的未来径流变化涨幅较大，径流增长更显著（总径流1.43倍，洪峰1.62倍），冰川融水占比达31.39%，春季径流可能会提前；高排放情景（SSP5-8.5）预估的未来径流变化涨幅最大，且上升速率呈现加速增长特征，到2059年，总径流量将达到基准年的1.56倍，冰川融水占比超过37%，流域水文情势发生根本性改变。

本研究的创新性主要体现在：（1）建立了融合多源卫星数据的山区降水降尺度方法；（2）提出了基于物理机制的度日因子动态标定方案；（3）量化了中亚干旱区山地流域在不同排放路径下的水文响应差异。总体上来说，本书基于SRM模型对天山北坡典型流域的融雪径流进行模拟后发现，改进后的SRM模型对观测数据缺乏的高寒山区的融雪径流模拟效果较好，并且通过实测数据与降尺度之后的GPM数据的模拟结果对比发现，降尺度之后的GPM数据可以作为数据稀缺山区的替代数据，具有很好的应用前景。研究成果为“一带一路”沿线干旱区的水资源适应性管理提供了重要科学依据。

第二节 展望

本书基于SRM模型对天山北坡典型流域的融雪径流过程进行了系统模拟与分析，取得了一定科学价值的研究成果，但仍存在若干关键问题需要进一步探索。未来研究应在数据获取、模型改进、机理深化和应用拓展等方面开展更深入的工作，以提高模拟精度、增强预测能力，并为流域水资源管理提供更可靠的科学依据。具体展望如下。

一、气温递减率的精细化与动态化研究

目前，研究区气温数据主要依赖有限气象站点和全球平均气温直减

率（0.65℃/100 m）进行空间插值，但实际气温递减率受地形、季节、天气系统等多种因素影响，存在显著时空差异。未来研究可采取以下改进措施：加强气象观测网络：在流域不同海拔（如冰川区、森林带、草原带）和坡向（阳坡、阴坡）增设自动气象站，获取更精细的气温梯度数据。结合遥感数据：利用MODIS、Landsat等卫星遥感数据反演地表温度（LST），并结合机器学习方法（如随机森林、神经网络）建立动态气温递减率模型。数值模拟优化：采用WRF（Weather Research和Forecasting）等中尺度气象模型，模拟复杂地形下的局地气温变化，提高气温数据的空间分辨率。

二、度日因子的多因素动态建模

度日因子（DDF）是SRM模型中最敏感的变量之一，本书仅考虑气温的影响，但实际融雪过程还受太阳辐射、风速、湿度、积雪密度等因素影响。未来研究可采取以下改进方向：引入能量平衡模型：结合SEBAL或SEBS等模型，量化太阳辐射、感热通量、潜热通量等对融雪的贡献，建立物理机制更完善的DDF模型。遥感数据融合：利用Sentinel-2、Landsat等高分辨率遥感数据提取积雪反照率、NDVI（植被指数）等地表参数，改进DDF的空间异质性表达。机器学习优化：采用深度学习（如LSTM、Transformer）或集成学习方法（如XGBoost）构建多因子驱动的DDF动态预测模型，提高模拟精度。

三、关键参数的实验测定与不确定性量化

SRM模型中的临界温度、径流系数等参数目前主要依赖文献经验值，缺乏本地化验证。未来研究可采取以下措施：野外实验测定：在不同海拔和植被类型区设置径流观测场，结合积雪特性（密度、含水量）监测，获取更准确的模型参数。参数敏感性分析：采用Morris筛选法、Sobol指数

等方法识别关键敏感参数，并利用MCMC（马尔可夫链蒙特卡洛）或贝叶斯优化方法进行参数率定，降低模型不确定性。多模型对比：将SRM与其他融雪模型（如SNOW-17、HBV）进行对比分析，评估不同参数化方案对模拟结果的影响。

四、径流组分的同位素与水化学示踪研究

目前，径流组分的划分主要依赖模型模拟，缺乏直接观测验证。未来研究可结合同位素和水化学方法进行精细化解析：稳定同位素分析（$\delta^{18}O$、δD）：在融雪期、雨季和枯水期采集不同水源（积雪、冰川、地下水、降雨）样品，利用混合模型量化各组分贡献率。水化学指纹法：分析主要离子（Ca^{2+}、Mg^{2+}、SO_4^{2-}等）和溶解性有机碳（DOC）的时空变化，识别不同水源的化学特征。放射性同位素示踪：评估地下水对径流的贡献，并分析其与融雪径流的交互过程。

五、冰川作用的精细化表征与动态模拟

尽管研究区冰川覆盖率较低，但其对径流的调节作用不可忽视。未来研究可采取以下改进措施：高分辨率冰川监测：利用卫星数据提取冰川边界变化，并结合无人机航测获取更精细的冰川表面特征（如冰裂隙、消融区）。冰川物质平衡模型耦合：将GloGEM或COSIPY等冰川模型与SRM耦合，动态模拟冰川消融对径流的贡献。冰川—积雪交互作用研究：在冰川边缘区设置观测站点，研究积雪—冰川过渡带的能量交换过程，改进模型对混合消融的刻画。

六、气候模式降尺度与人类活动影响量化

CMIP6数据的分辨率（0.5°×0.5°）仍较粗，难以准确反映流域局

地气候变化。未来研究可采取以下改进方法：动力降尺度：采用RegCM、WRF等区域气候模式嵌套全球模式，将分辨率提升至1 km以下，提高气温和降水的空间精度。统计降尺度优化：结合机器学习（如卷积神经网络CNN）和观测数据，建立高分辨率气候要素预测模型。人类活动影响评估：利用土地利用/覆被变化（LUCC）数据和经济社会统计资料，量化灌溉、城市化、水库调节等人类活动对径流的影响。

七、模型耦合与扩展应用

为增强SRM模型的综合预测能力，未来可探索以下耦合方向：与分布式水文模型（如SWAT、VIC）耦合，提高对降雨—径流过程的模拟能力。与生态模型（如BIOME-BGC）结合，评估融雪变化对植被生长和碳循环的影响。接入水资源管理模型（如WEAP），支持流域水资源优化配置和气候变化适应策略制定。

八、长期综合观测网络建设

数据匮乏是限制模型精度的关键因素，未来应建立覆盖全流域的多要素监测系统，包括：气象水文监测：在不同海拔带布设自动气象站、雪深传感器、径流监测站。积雪—冰川动态监测：采用地面激光雷达、无人机航测和卫星遥感相结合的方式，获取高时空分辨率的积雪和冰川数据。地下水—地表水交互监测：在关键断面设置地下水观测井，结合示踪技术研究不同水源的转化过程。

总之，天山北坡流域的融雪径流研究仍面临数据、模型和机理等多方面的挑战。未来工作应聚焦以下方向：多源数据融合：结合地面观测、遥感和再分析数据，构建高精度驱动数据集。模型机理深化：改进SRM的物理过程表达，如能量平衡、积雪再冻结、冰川消融等。不确定性量化：

采用集合模拟、概率预测等方法评估模型的不确定性范围。跨学科交叉：结合水文学、气候学、生态学和社会经济学，开展综合评估。决策支持应用：将研究成果应用于水资源管理、灾害预警和生态保护，提升科学研究的实际价值。通过上述改进，未来研究有望更精准地预测气候变化下的融雪径流变化，为天山北坡乃至整个干旱区的水资源可持续利用提供科学支撑。

第三节 对策及建议

在全球气候变化背景下，高寒山区作为重要的“水塔”区域，其融雪产流过程对下游水资源供给、生态系统平衡以及人类社会经济发展具有深远影响。然而，由于高寒山区地形复杂、气象站点稀少、观测数据匮乏，加之气候变化和人类活动的双重影响，融雪径流的模拟与预测面临诸多挑战。本书以金沟河流域为例，通过分析气候与积雪特征、评估GPM降水数据、改进SRM模型以及预测未来径流变化，揭示了高寒山区融雪产流过程的关键驱动因素及其未来趋势。然而，研究中也发现了一些亟待解决的问题，如模型参数的不确定性、冰川影响的忽略、人类活动的量化不足等。为此，基于上述研究结论，本书提出了一系列具体的对策和建议，旨在为高寒山区水资源管理、生态保护以及气候变化适应性策略提供科学依据和实践指导。

一、加强气象观测网络建设

增设气象站点：在流域内不同海拔带（如低海拔＜2000 m、中海拔2000—4000 m、高海拔＞4000 m）布设自动气象站，每500 m海拔梯度至少设置1个站点；在积雪日数（*SCD*）高值的西南部和南部区域，增设站点密度，确保每100 km^2有1个站点。

引入遥感技术：利用MODIS、Landsat等卫星数据，结合无人机航拍技术，对高海拔区域进行积雪覆盖率（*SCF*）和积雪深度（*SD*）的实时监测；开发基于遥感数据的积雪动态监测系统，实现数据自动化处理和分析。

数据共享平台：建立流域气象数据共享平台，整合气象、水文、生态等多源数据，提供数据下载、可视化分析和模型接口。与国内外科研机构合作，推动数据开放共享，促进跨区域研究。

当前研究中，气温递减率采用全球平均值，缺乏区域特异性。通过增设站点和引入新技术，可以获取更精确的气温、降水、积雪等数据，减少模型输入的不确定性。

二、改进度日因子模型

多因子建模：在度日因子模型中引入太阳辐射、风速、湿度、植被覆盖度等影响因素，建立多因子融雪模型；利用气象站和遥感数据，获取辐射和风速的空间分布，结合植被指数进行建模。实验验证：在不同坡向（北坡、南坡）、坡度（0°—10°、10°—20°、20°—40°）和植被类型（草地、森林、裸地）条件下，设置实验样地，测定度日因子；通过对比实测数据与模型模拟结果，验证模型的适用性。机器学习应用：利用随机森林等机器学习算法，对度日因子进行优化；基于历史数据训练模型，预测未来度日因子的变化趋势。

度日因子是融雪模型的核心参数，当前研究仅考虑了气温的影响。通过引入更多影响因素和实验验证，可以显著提高模型的模拟精度。

三、开展流域径流组分的精细划分

水样采集与分析：在融雪期（4—6月）、雨季（7—9月）和枯水期

（10—次年3月）分别采集融雪水、地下水和河水样品，每月至少采集1次；利用稳定同位素（如$\delta^{18}O$、δD）和水文化学指标（如电导率、pH值）进行样品分析。径流分割模型：基于同位素和水文化学数据，构建径流分割模型，定量分析融雪水、地下水和雨水的贡献比例；利用水文模型模拟径流组分的时空分布。长期监测：在流域内设置长期监测站点，持续跟踪径流组分的变化趋势；建立径流组分数据库，为未来研究提供数据支持。

当前研究对径流组分的划分较为初步，精细化的径流组分分析有助于更深入地理解流域的水文过程，特别是融雪水、地下水和河水的相互作用。

四、考虑冰川对径流的影响

冰川监测：利用Sentinel-2、Landsat等卫星数据，对流域内的冰川分布、面积和厚度进行监测，每年至少更新1次。在地面设置冰川监测站点，测量冰川消融速率和融水量。冰川融水模型：构建冰川融水模型，定量分析冰川融水对径流的贡献。利用气象数据和冰川消融速率，模拟冰川融水的时空变化。情景模拟：在不同气候情景（如SSP1-2.6、SSP5-8.5）下，模拟冰川融水对径流的影响。评估未来冰川消融对流域水资源的潜在影响。

当前研究未考虑冰川对径流的影响，但在冰川分布较多的区域，冰川融水可能是径流的重要组成部分。通过量化冰川融水的贡献，可以更全面地了解流域径流特征。

五、提高气候模式的分辨率和预测精度

高分辨率气候模式：采用区域气候模型（RCM）或统计降尺度方法，

将CMIP6数据的分辨率提高到1 km×1 km甚至更高。利用WRF模型进行区域气候模拟。多模式集合：结合多个气候模式的预测结果，采用集合平均方法，减少单一模式的不确定性。利用贝叶斯模型平均（BMA）方法，优化多模式集合结果。人类活动量化：在气候模式中引入土地利用变化、水资源开发等人类活动的影响，量化其对区域气候和水文过程的作用。利用情景分析方法，模拟不同人类活动情景下的气候和水文变化。

当前使用的CMIP6气候模式分辨率较低，虽然经过降尺度处理，但对于小区域的预测仍存在较大不确定性。通过提高分辨率和量化人类活动的影响，可以显著提高预测精度。

六、加强人类活动对气候影响的量化研究

土地利用变化监测：利用Landsat、Sentinel-2等卫星数据，监测流域内土地利用变化（如草地退化、森林砍伐、城市化等）。每5年更新一次土地利用数据，分析其对气候和水文过程的影响。水资源开发评估：评估水库建设、灌溉用水等人类活动对径流的影响。利用水文模型（如SWAT）模拟水资源开发对径流的长期影响。情景分析：在不同人类活动情景下，模拟未来径流变化趋势。为水资源管理提供科学依据。

当前研究主要基于自然气候条件进行预测，未充分考虑人类活动的影响。通过量化人类活动的影响，可以提高对未来径流变化的预测精度。

七、推广应用GPM降水数据

数据验证：在更多高海拔和复杂地形区域，验证GPM降水数据的精度，评估其适用性。利用地面观测数据（如CGDPA）进行对比分析。数据融合：将GPM数据与地面观测数据融合，生成高精度的降水产品。利

用克里金插值方法，优化降水数据的空间分布。应用推广：在缺乏地面观测数据的区域，推广使用GPM数据作为水文模型的输入。开发基于GPM数据的融雪径流预测系统。

研究表明，GPM降水数据在高海拔和复杂地形区域的表现优于TRMM数据，能够提供更多的空间细节，具有较好的应用前景。

八、加强模型参数的本土化研究

参数实验：通过野外实验，测定SRM模型中的关键参数（如临界温度、径流系数等）。在不同海拔、坡向和植被条件下设置实验样地，获取参数的空间变异性。参数优化：利用遗传算法、粒子群算法等优化算法，对模型参数进行优化。基于历史数据训练模型，提高参数的精度。不确定性分析：开展模型参数的不确定性分析，评估参数变化对模拟结果的影响。利用蒙特卡罗模拟方法，量化参数不确定性。

当前研究中，部分模型参数依赖于以往研究的经验值，增加了模型的不确定性。通过本地实验和参数优化，可以进一步提高模型的模拟精度。

九、长期监测与数据积累

监测网络建设：建立覆盖全流域的长期监测网络，持续积累气温、降水、积雪、径流等数据。每10 km设置1个监测站点，确保数据的空间代表性。数据标准化：制定数据采集和处理的标准化流程，确保数据的质量和可比性。采用统一的数据格式和存储标准。数据开放共享：将监测数据开放共享，为科研和管理提供支持。建立数据共享平台，提供数据下载和分析工具。

长期的数据积累有助于更好地理解气候变化对融雪径流过程的影响，并为模型的改进和验证提供坚实的基础。

十、政策建议与适应性管理

水资源管理：根据未来径流增加的趋势，优化水库调度和灌溉用水分配。制定水资源管理规划，确保水资源的可持续利用。防洪减灾：针对未来径流增加可能引发的洪水风险，加强防洪设施建设和应急预案制定。在洪水高风险区域设置预警系统，提前发布预警信息。生态保护：在高寒山区实施生态修复工程，保护植被和土壤。减少融雪径流对生态系统的负面影响。

未来径流呈上升趋势，特别是在SSP5-8.5情景下，径流涨幅较大且速率加快。提前制定适应性管理策略，可以有效应对未来可能的水资源变化和极端气候事件。

十一、跨学科合作与国际交流

跨学科研究：加强与生态学、气候学、地理学等学科的合作，开展多学科交叉研究。组织跨学科研讨会，促进学术交流。国际交流：参与国际水文计划（IHP）和全球能量与水循环实验（GEWEX）等国际项目。与国际科研机构合作，开展联合研究。高寒山区水文过程涉及多学科知识，通过跨学科合作和国际交流，可以提升研究水平和影响力。

十二、公众参与与科普宣传

公众参与：通过社区参与和公众科学项目，让当地居民参与数据采集和监测。开发移动应用程序，方便公众上传观测数据。科普宣传：通过科普讲座、宣传手册等方式，向公众普及高寒山区水文过程及其对气候变化响应的知识。在学校和社区开展科普活动，提高公众的环保意识。公众参与和科普宣传有助于提高社会对高寒山区水资源保护的意识，促进研究成果的应用和推广。

十三、水资源优化配置方案

基于金沟河流域融雪径流模拟结果和未来气候变化预估，本书提出了一套系统、科学的水资源优化配置方案，旨在实现水资源的高效利用与可持续发展。在农业灌溉优化方面，建议对传统灌溉制度进行全面的改革与创新，通过优化作物空间布局实现水资源配置效率的整体提升。生态水量保障是维持流域生态系统健康的关键环节。本书建议建立基于生态水文过程的动态水量保障机制，在关键生态需水期（4—6月）保持河道生态基流不低于多年平均径流的25%（约3.2 m^3/s），在非关键期（7—9月）维持不低于20%（约2.5 m^3/s）的生态流量。特别要完善水库生态调度规则体系，建立考虑积雪储量、冰川消融量和降水预报的多目标优化调度模型，实现生态效益与经济效益的协同优化。同时，建议划定三个具有重要生态功能的优先保护区：包括12 km^2的河口湿地生态系统、海拔2500—3000 m的高山草甸带以及冰川前沿1 km^2范围的生态缓冲带，对这些区域实施最严格的水资源保护制度，禁止任何可能影响生态水量的开发活动。

在工业用水管控方面，需要构建全链条、多维度的水资源高效利用体系。首先要优化产业空间布局，严格限制高耗水项目立项审批，现有企业要完善水循环利用设施，其次要推动行业技术升级，采用新技术以实现生产过程的节水减排。此外，要建立完善的用水效率管控体系，制定分行业、分阶段的节水目标，实施用水定额管理和阶梯水价制度，对重点企业安装在线监测设备，实现用水过程的实时监控与精准管理，为流域高质量发展提供可持续的水资源保障。

十四、灾害防控体系构建

针对气候变化背景下日益复杂的水文风险形势，建议构建全方位、多层次、智能化的现代灾害防控体系。在监测预警能力提升方面，需要基于物联网、大数据等新技术，对现有融雪洪水预警系统进行全面升级改造。重点增设积雪液态水含量、雪层温度梯度、度日因子累积值和冰川湖形态变化等关键监测指标，在流域内布设高密度自动监测网络，实现水文气象要素的分钟级采集与传输。建立科学完善的“蓝、黄、橙、红”四级预警标准体系，针对不同量级的积雪水当量（120—150 mm、150—180 mm、180—220 mm、＞220 mm）和升温速率（0.8—1.2℃ /d、1.2—1.5℃ /d、1.5—2.0℃ /d、＞2.0℃ /d）组合情景，制定差异化的应急响应预案，明确各预警级别对应的会商机制、应急措施、物资调配和人员转移等具体工作流程，确保预警响应及时准确、科学有效。特别要加强多部门协同联动机制建设，形成水文监测、气象预报、应急管理、交通运输等部门的信息共享和应急联动格局。

工程防御体系建设是灾害防控的物质基础。建议开展水库智能化调度系统建设，实施考虑前期降雪量、积雪水当量和气温变化趋势的动态汛限水位控制策略。在重点防洪河段实施系统治理工程，优先对牧业村弯道、矿区下游段和灌溉渠首段等险工险段进行综合治理，采取生态护岸、河道疏浚、堤防加固等工程措施，将重点河段的防洪标准全面提升至50年一遇。针对冰川湖溃决风险，选择5个高风险冰川湖建立专业监测预警站点，采取引流隧洞、坝体加固和溢洪道改造等工程措施，显著提升防灾减灾能力。同时，在关键部位增设泄洪缓冲池，构建多层次的防洪工程体系。

非工程措施是灾害防控体系的重要组成部分。建议开展精细化的洪水风险区划工作，根据历史洪水淹没范围、深度和持续时间，将洪水风险区划分为极高风险区（淹没深度＞2 m，禁止一切开发建设）、高风险区（淹没深度1—2 m，限制开发强度）和中低风险区（有条件适度开发），实施差异化的土地用途管制。创新风险分担机制，设计开发洪水指数保险产品，建立由政府、企业和居民共同参与的风险共担基金，提高灾后恢复重建能力。完善公众参与体系，定期开展防灾减灾知识宣传和技能培训，在每个行政村培养2—3名防灾专员，每年组织2次综合性应急演练，提升基层防灾减灾意识和自救互救能力。特别要加强与哈萨克斯坦等周边国家的跨境防灾合作，建立信息共享、联合监测、协同处置的区域防灾机制，共同应对气候变化带来的跨境水文风险挑战。通过工程措施与非工程措施的有机结合，构建更加安全可靠的灾害防控体系，为流域经济社会可持续发展提供坚实保障。

通过上述具体措施，可以进一步提高对高寒山区融雪产流过程的模拟精度和未来预测的可靠性，同时为水资源管理、防洪减灾和生态保护提供科学依据。未来研究应注重多学科交叉、国际合作和公众参与，推动研究成果的实际应用和社会效益最大化。

参考文献

陈爱玲. 玛纳斯河流域雪盖衰退与融雪径流模拟［D］. 南京：南京大学，2014.

陈凯. 融雪水在雪层中的冻融过程及侧渗出流研究［D］. 乌鲁木齐：新疆大学，2012.

陈仁升，吕世华，康尔泗，等. 内陆河高寒山区流域分布式水热耦合模型（Ⅰ）：模型原理［J］. 地球科学进展，2006（8）：806-818.

陈晓娜. 基于SRM模型的玛纳斯河流域融雪径流模拟［D］. 北京：中国科学院大学，2010.

陈心池，张利平，陈少丹，等. SRM融雪径流模型在奎屯河流域洪水预报的应用［J］. 南水北调与水利科技，2018，16（1）：50-56.

崔路明，王思梦，刘轶欣，等. TRMM和GPM卫星降水数据在中国三大流域的降尺度对比研究［J］. 长江流域资源与环境，2021，30（6）：1317-1328.

董奎. 金沟河流域气温、降水及径流的变化趋势［J］.水利科技与经济，2010，16（5）：490-492，497.

董磊华. 考虑气候模式影响的径流模拟不确定性分析［D］. 武汉：武汉大学，2013.

董玉文，胡江，杨胜发. 新疆洪水成因及特性分析［J］. 重庆交通学院学报，2004（2）：118-122.

杜新忠. 流域水文模型的不确定性分析［D］. 长沙：长沙理工大学，2011.

房世峰. 新疆融雪径流预报及其不确定性研究［D］. 乌鲁木齐：新疆大学，2010.

付树卿. 近50年玛纳斯河径流时序变化特征［J］. 地下水，2016，38（2）：151-153.

高洁，傅旭东，巩同梁，等. 西藏东部山区积雪高程的年内变化特征及其量化［J］. 冰川冻土，2011，33（2）：246–253.

古丽娜. 气候变化下新疆洪水演变及其防洪对策研究［J］. 中国农村水利水电，2010（10）：59–61.

郭斌，邢文雪，李云，等. 基于TRMM 3B43产品的1998—2016年黄淮海平原降水时空特征研究［J］. 地理科学，2021，41（7）：1285–1294.

怀保娟，李忠勤，孙美平，等. SRM融雪径流模型在乌鲁木齐河源区的应用研究［J］. 干旱区地理，2013，36（1）：41–48.

黄金龙，王艳君，苏布达，等. RCP4.5情景下长江上游流域未来气候变化及其对径流的影响［J］. 气象，2016，42（5）：614–620.

黄永生. SRM融雪径流模型参数不确定性研究［D］. 兰州：西北师范大学，2015.

姜康，包刚，乌兰图雅，等. 基于MODIS数据的蒙古高原积雪时空变化研究［J］. 干旱区地理，2019，42（4）：782–789.

蒋文好，陈活泼. CMIP6模式对亚洲中高纬区极端温度变化的模拟及预估［J］. 大气科学学报，2021，44（4）：592–603.

康尔泗，程国栋，蓝永超，等. 西北干旱区内陆河流域出山径流变化趋势对气候变化响应模型［J］. 中国科学（D辑：地球科学），1999（S1）：47–54.

李弘毅，王建，白云洁，等. 黑河上游冰沟流域典型积雪期水文情势［J］. 冰川冻土，2009，31（2）：293–300.

李弘毅，王建. SRM融雪径流模型在黑河流域上游的模拟研究［J］. 冰川冻土，2008（5）：769–775.

李建梅，刘海隆，王辉，等. 能量平衡融雪模型在乌鲁木齐河源区的应用［J］. 水文，2017，37（2）：14–19.

李晶，刘时银，魏俊锋，等. 塔里木河源区托什干河流域积雪动态及融雪径流模拟与预估［J］. 冰川冻土，2014，36（6）：1508–1516.

李晓蕾，王卫光，张淑林. 基于CMIP6多模式的长江流域未来降水变化趋势分析［J］. 中国农村水利水电，2022（3）：1–7，12.

李新，黄春林. 数据同化——一种集成多源地理空间数据的新思路［J］. 科技导报，2004（12）：13-16.

李麒崙，张万昌，易路，等. GPM与TRMM降水数据在中国大陆的精度评估与对比［J］. 水科学进展，2018，29（3）：303-313.

刘俊峰，杨建平，陈仁升，等. SRM融雪径流模型在长江源区冬克玛底河流域的应用［J］. 地理学报，2006（11）：1149-1159.

刘晓林，杨胜天，赵长森，等. 多源遥感驱动的SRM模型在缺资料地区的研究及应用［J］. 遥感技术与应用，2015，30（4）：645-652.

刘洁，张伟，夏军，等. 2000—2016年度日模型的主要研究进展及关键问题［J］. 冰川冻土，2017，39（4）：801-810.

刘凯，聂格格，张森. 中国1951—2018年气温和降水的时空演变特征研究［J］. 地球科学进展，2020，35（11）：1113-1126.

刘少华，严登华，王浩，等. 中国大陆流域分区TRMM降水质量评价［J］. 水科学进展，2016，27（5）：639-651.

左其亭，李佳伟，马军霞，等. 新疆水资源时空变化特征及适应性利用战略研究［J］. 水资源保护，2021，37（2）：21-27.

孟现勇，吉晓楠，刘志辉，等. SWAT模型融雪模块的改进与应用研究［J］. 自然资源学报，2014，29（3）：528-539.

莫兴国，刘苏峡. GLUE方法及其在水文不确定性分析中的应用［C］// 水问题的复杂性与不确定性研究与进展——第二届全国水问题研究学术研讨会论文集，2004：151-158.

宁理科，刘海隆，包安明. SRM模型的不确定性分析［J］. 石河子大学学报（自然科学版），2012，30（6）：755-760.

乔鹏，秦艳，刘志辉. 基于能量平衡的分布式融雪径流模型［J］. 水文，2011，31（3）：22-26，35.

盛夏，石玉立，丁海勇. 青藏高原GPM降水数据空间降尺度研究［J］. 遥感技术与应用，2021，36（3）：571-580.

舒畅，刘苏峡，莫兴国，等. 新安江模型参数的不确定性分析［J］. 地理研究，2008（2）：343-352.

宋晓猛，孔凡哲，占车生，等．基于统计理论方法的水文模型参数敏感性分析［J］．水科学进展，2012，23（5）：642-649.

覃姗，岳春芳，何兵，等．金沟河流域水文气象要素关系变异诊断［J］．水资源与水工程学报，2019，30（2）：50-56.

汤瑞，穆振侠，周育琳，等．基于SRM模型的天山西部山区融雪径流研究［J］．灌溉排水学报，2018，37（11）：106-112.

汤瑞．高寒山区雪线变化规律及其对融雪径流的影响［D］．乌鲁木齐：新疆农业大学，2018.

田龙，姜卉芳，穆振侠．高寒山区融雪模型的改进与应用研究［J］．水资源与水工程学报，2014，25（4）：84-88.

万育安，敖天其，刘占洲，等．考虑积融雪的BTOPMC模型及其在岷江上游流域的应用［J］．北京师范大学学报（自然科学版），2010，46（3）：322-328.

王飞，朱仲元，张鹏，等．SRM融雪径流模型在锡林河流域的应用［J］．干旱区研究，2019，36（3）：575-581.

王国庆，张建中，马吉让．融雪径流模型及其在黄河唐乃亥站的应用［J］．西北水资源与水工程，1997（2）：62-66.

王慧，刘志辉，张波．干旱区季节性积雪融雪期含水率变化及其模拟——以新疆军塘湖流域为例［J］．干旱区资源与环境，2013，27（8）：131-136.

王慧，肖登攀，赵彦茜，等．基于CMIP6气候模式的华北平原极端气温指数评估和预测［J］．地理与地理信息科学，2021，37（5）：86-94，142.

王建，李文君．中国西部大尺度流域建立分带式融雪径流模拟模型［J］．冰川冻土，1999（3）：264-268.

王建，马明国，Paolo Federicis．基于遥感与地理信息系统的SRM融雪径流模型在Alps山区流域的应用［J］．冰川冻土，2001（4）：436-441.

王晓杰，刘海隆，包安明．气候变化对玛纳斯河的径流量影响预测模拟分析［J］. 冰川冻土，2012，34（5）：1220-1228.

王增艳，车涛. 中国干旱区积雪面积产品去云处理方法验证与评估［J］. 干旱区研究，2012，29（2）：312-319.

温伯清，刘戎，庞国伟，等. GPM卫星降水数据的降尺度研究——以陕西省为例［J］. 干旱区地理，2021，44（3）：786-795.

吴佳，高学杰. 一套格点化的中国区域逐日观测资料及与其他资料的对比［J］. 地球物理学报，2013，56（4）：1102-1111.

吴素芬，刘志辉，邱建华. 北疆地区融雪洪水及其前期气候积雪特征分析［J］. 水文，2006（6）：84-87.

吴晓玲，向小华，王船海，等. 季节冻土区融雪冻土水热耦合模型研究［J］. 水文，2012，32（5）：12-16.

向燕芸，王志成，张辉，等. 干旱区融雪径流模拟的研究进展与展望［J］. 冰川冻土，2017，39（4）：892-901.

杨倩. 东北地区积雪时空分布及其融雪径流模拟［D］. 长春：吉林大学，2015.

余坤伦，张寅生，马宁，等. GPM和TRMM遥感降水产品在青藏高原中部的适用性评估［J］. 干旱区研究，2018，35（6）：1373-1381.

俞鑫颖，刘新仁. 分布式冰雪融水雨水混合水文模型［J］. 河海大学学报（自然科学版），2002（5）：23-27.

张国威，刘志辉，商思臣，等. 新疆内陆干旱区河流日径流模拟比较分析［J］. 冰川冻土，1992（1）：25-32.

张涵丹，卫伟，薛蓮. 基于R/S分析和Mann-Kendall检验的定西市气温降水变化特征［J］. 水土保持研究，2015，22（6）：183-189.

张佳怡，伦玉蕊，刘浏，等. CMIP6多模式在青藏高原的适应性评估及未来气候变化预估［J］. 北京师范大学学报（自然科学版），2022，58（1）：77-89.

张建梅. 基于CMIP6全球气候模式的澜沧江流域气候变化初步评估［D］. 南京：南京信息工程大学，2020.

张丽霞，陈晓龙，辛晓歌. CMIP6情景模式比较计划

（ScenarioMIP）概况与评述［J］. 气候变化研究进展，2019，15（5）：519-525.

张璐，周跃. Mann-Kendall检验及其在河流悬沙浓度时间序列分析中的运用［J］. 新疆环境保护，2007（3）：19-22.

张鹏. 基于SRM模型的乌鲁木齐河源区冰雪径流模拟初探［D］. 兰州：西北师范大学，2016.

周峰，覃姗，岳春芳，等. 基于SRM模型的金沟河流域融雪径流模拟［J］. 中国水利水电科学研究院学报，2020，18（5）：395-400.

张鹏. 基于SRM模型的乌鲁木齐河源区冰雪径流模拟初探［D］. 兰州：西北师范大学，2016.

张爽. 寒旱区融雪径流模拟及不确定性分析［D］. 南京：南京大学，2019.

赵军，黄永生，宋阁庆，等. SRM融雪径流模型在疏勒河流域上游的应用［J］. 水资源与水工程学报，2015，26（1）：72-76，80.

赵求东，刘志辉，房世峰，等. 基于EOS/MODIS遥感数据改进式融雪模型［J］. 干旱区地理，2007（6）：915-920.

周天军，邹立维，陈晓龙. 第六次国际耦合模式比较计划（CMIP6）评述［J］. 气候变化研究进展，2019，15（5）：445-456.

庄园煌，张井勇，梁健. 1.5℃与2℃温升目标下"一带一路"主要陆域气温和降水变化的CMIP6多模式预估［J］. 气候与环境研究，2021，26（4）：374-390.

Ajami N K，Duan Q，Sorooshian S. An integrated hydrologic Bayesian multimodel combination framework：Confronting input，parameter，and model structural uncertainty in hydrologic prediction［J］. Water Resources Research，2007，43（1）.

Andrieu C，Freitas N D，Doucet A，et al. An Introduction to MCMC for Machine Learning［J］. Machinc Lcarning, 2003, 50（1）：5-43.

Bai J，Chen X，Li J，et al. Changes in the area of inland

lakes in arid regions of central Asia during the past 30 years [J]. Environmental Monitoring & Assessment, 2011, 178 (1-4): 247-256.

Bales R C, Molotch N P, Painter T H, et al. Mountain hydrology of the western United States [J]. Water Resources Research, 2006, 42 (8): 8432.

Becker A. Hydrological models for water-resources system design and operation [J]. Operational Hydrology Report, 1990.

Bergstrom S. Development and application of a conceptual runoff model for Scandinavian catchments [J]. Smhi Reports on Hydrology, 1976.

Beven K, Binley A. The future of distributed models: model calibration and uncertainty prediction [J]. Hydrological Processes, 1992, 6 (3): 279-298.

Caracciolo D, Francipane A, Viola F, et al. Performances of GPM satellite precipitation over the two major Mediterranean islands [J]. Atmospheric Research, 2018, 213: 309-322.

Chaplot V, Saleh A, Jaynes D B. Effect of the accuracy of spatial rainfall information on the modeling of water, sediment, and NO_3-N loads at the watershed level [J]. Journal of Hydrology, 2005, 312 (1-4): 223-234.

Che T, Li X, Jin R, et al. Snow depth derived from passive microwave remote-sensing data in China [J]. Annals of Glaciology, 2008, 49: 145-154.

Chen S, Hu J, Zhang Z, et al. Hydrologic evaluation of the TRMM multisatellite precipitation analysis over Ganjiang Basin in humid southeastern China [J]. IEEE Journal of Selected Topics in Applied Earth Observations and Remote Sensing, 2015, 8 (9): 4568-4580.

Chen Y N, Li Z, Fan Y T, et al. Progress and prospects of climate change impacts on hydrology in the arid region of northwest China [J]. Environmental Research, 2015, 139: 11-19.

Cline D W. Snow surface energy exchanges and snowmelt at a continental, midlatitude Alpine site [J]. Water Resources Research, 1997, 33 (4): 689-701.

Colbeck S C. Theory of metamorphism of dry snow [J]. Journal of Geophysical Research Oceans, 1983, 88 (C9): 5475-5482.

Cooley R L. A theory for modeling ground-water flow in heterogeneous media [J]. Us Geological Survey Professional Paper, 2004.

Dahe Q, Shiyin L, Peiji L. Snow cover distribution, variability, and response to climate change in western China [J]. Journal of Climate, 2006, 19 (9): 1820-1833.

Dai L Y, Che T, Ding Y J. Inter-calibrating SMMR, SSM/I and SSMI/S data to improve the consistency of snow-depth products in China [J]. Remote Sensing, 2015, 7 (6): 7212-7230.

Dai L Y, Che T, Ding, Y J, et al. Evaluation of snow cover and snow depth on the Qinghai-Tibetan Plateau derived from passive microwave remote sensing [J]. The Cryosphere, 2017, 11 (4): 1933-1948.

Dunkle R V, Bevans J T. An approximate analysis of the solar reflectance and transmittance of a snow cover [J]. Journal of Meteorology, 1956, 13 (2): 212-216.

Elhamid A M I A, Eltahan A M H, Mohamed L M E, et al. Assessment of the two satellite-based precipitation products TRMM and RFE rainfall records using ground based measurements

[J]. AEJ Alex. Eng. J, 2020, 59: 1049–1058.

Fang J, Yang W, Luan Y, et al. Evaluation of the TRMM 3B42 and GPM IMERG products for extreme precipitation analysis over China [J]. Atmospheric Research, 2019, 223: 24–38.

Fang X, Pomeroy J W, Westbrook C J, et al. Prediction of snowmelt derived streamflow in a wetland dominated prairie basin [J]. Hydrology and Earth System Sciences, 2010, 14 (6): 991–1006.

Fontaine T A, Cruickshank T S, Arnold J G, et al. Development of a snowfall-snowmelt routine for mountainous terrain for the soil water assessment tool (SWAT) [J]. Journal of Hydrology (Amsterdam), 2002, 262 (1–4): 209–223.

Franz K J, Hogue T S, Sorooshian S. Operational snow modeling: Addressing the challenges of an energy balance model for National Weather Service forecasts [J]. Journal of Hydrology, 2008, 360 (1–4): 48–66.

Frey S, Holzmann H. A conceptual, distributed snow redistribution model [J]. Hydrology and Earth System Sciences, 2015, 19 (11): 4517–4530.

Garen D C, Marks D. Spatially distributed energy balance snowmelt modelling in a mountainous river basin: estimation of meteorological inputs and verification of model results [J]. Journal of Hydrology, 2005, 315 (1–4): 126–153.

Guo B, Chen Z S, Guo J Y, et al. Analysis of the nonlinear trends and non-stationary oscillations of regional precipitation in Xinjiang, Northwestern China, using ensemble empirical mode decomposition [J]. International Journal of Environmental Research and Public Health, 2016, 13 (3).

Guo H, Chen S, Bao A, et al. Early assessment of Integrated

Multi–satellite Retrievals for Global Precipitation Measurement over China [J]. Atmospheric Research, 2016, 176–177: 121–133.

Gupta H V, Clark M P, Vrugt J A, et al. Towards a comprehensive assessment of model structural adequacy [J]. Water Resources Research, 2012, 48 (8).

Haan C T, Storm D E, Al–Issa T, et al. Effect of parameter distributions on uncertainty analysis of hydrologic models [J]. Transactions of the Asae, 1998, 41 (1): 65–70.

Haario H, Tamminen S J. An Adaptive Metropolis Algorithm[J]. Bernoulli, 2001, 7 (2): 223–242.

Hamlet A F, Mote P W, Clark M P, et al. Effects of Temperature and Precipitation Variability on Snowpack Trends in the Western United States [J]. Journal of Climate, 2005, 18 (21): 4545–4561.

Hammond J C, Harpold A A, Weiss S, et al. Partitioning snowmelt and rainfall in the critical zone: effects of climate type and soil properties [J]. Hydrology and Earth System Sciences, 2019, 23 (9): 3553–3570.

He Z, Yang L, Tian F, et al. Intercomparisons of Rainfall Estimates from TRMM and GPM Multisatellite Products over the Upper Mekong River Basin [J]. Journal of Hydrometeorology, 2017, 18: 413–430.

Hock, R. Temperature index melt modelling in mountain areas [J]. Journal of Hydrology, 2003, 282 (1–4): 104–115.

Hoinkes H, Steinacker R. Hydrometeorological implications of the mass balance of Hintereisferner, 1952–53 to 1968–69 [J]. IAHS Publ, 1975 (104): 144–149.

Hou A Y, Kakar R K, Neeck S, et al. The Global Precipitation Measurement Mission [J]. Bulletin of the American Meteorological

Society, 2014, 95 (5): 701–722.

Huffman G J, Adler R F, Bolvin D T, et al. The TRMM multisatellite precipitation analysis (TMPA): Quasi-global, multiyear, combined-sensor precipitation estimates at fine scales [J]. Journal of Hydrometeorology, 2007, 8 (1): 38–55.

Immerzeel W W, Droogers P, SMD Jong, et al. Large-scale monitoring of snow cover and runoff simulation in Himalayan river basins using remote sensing [J]. Remote Sensing of Environment, 2009, 113 (1): 40–49.

IPCC. Climate Change 2013: the Physical Science Basis. Cambridge and New York: Cambridge University Press, 2013.

Jin H, Ju Q, Yu Z, et al. Simulation of snowmelt runoff and sensitivity analysis in the Nyang River Basin, southeastern Qinghai-Tibetan Plateau, China [J]. Natural Hazards, 2019, 99 (2): 931–950.

Jordan R. A one-dimensional temperature model for a snow cover: technical documentation for SNTHERM. 89 [R], 1991.

Kane D L, Stein J. Water movement in seasonally frozen soils [J]. Water Resources Research, 1983, 19 (6): 1547–1557.

Kavetski D, Franks S W, Kuczera G. Confronting input uncertainty in environmental modelling [J]. Calibration of watershed models, 2003, 6: 49–68.

Khadka D, Babel M S, Shrestha S, et al. Climate change impact on glacier and snow melt and runoff in Tamakoshi basin in the Hindu Kush Himalayan (HKH) region [J]. Journal of Hydrology, 2014, 511: 49–60.

Komarov V D, Makarova T T. Effect of the ice content temperature cementation and freezing depth of the soil on meltwater infiltration in a basin [J]. Soviet Hydrology, 1973,

Selected Papers 3: 243–249.

Kour R, Patel N, Krishna A P. Assessment of temporal dynamics of snow cover and its validation with hydro-meteorological data in parts of Chenab Basin, western Himalayas [J]. Science China, 2016, 59 (5): 1081–1094.

Leavesley G H, Stannard L G, Singh V P. The precipitation-runoff modeling system-PRMS [J]. Computer models of watershed hydrology, 1995: 281–310.

Lee S, Klein A G, Over T M. A comparison of MODIS and NOHRSC snow-cover products for simulating streamflow using the Snowmelt Runoff Model [J]. Hydrological Processes, 2010, 19 (15): 2951–2972.

Li D, Wrzesien M L, Durand M, et al. How much runoff originates as snow in the western United States, and how will that change in the future? [J]. Geophysical Research Letters, 2017.

Li H, Sheffield J, Wood E F. Bias correction of monthly precipitation and temperature fields from intergovernmental panel on climate change AR4 models using equidistant quantile matching [J]. Journal of Geophysical Research: Atmospheres, 2010, 115 (D10).

Li M, Shao Q. An improved statistical approach to merge satellite rainfall estimates and raingauge data [J]. Journal of Hydrology, 2010, 385 (1–4): 51–64.

Li Q, Yang T, Zhou H F, et al. Patterns in snow depth maximum and snow cover days during 1961–2015 period in the Tianshan Mountains, Central Asia [J]. Atmospheric Research, 2019 (228): 14–22.

Li X H, Zhang Q, Xu C Y. Suitability of the TRMM satellite rainfalls in driving a distributed hydrological model for water balance computations in Xinjiang catchment, Poyang lake basin [J]. Journal of Hydrology, 2012, 426: 28-38.

Li Y P, Chen Y N, Li Z. Climate and topographic controls on snow phenology dynamics in the Tienshan Mountains, Central Asia [J]. Atmospheric Research, 2020 (236): 104813.

Li Z, Chen Y, Li Y, et al. Declining snowfall fraction in the alpine regions, Central Asia [J]. Scientific Reports, 2020, 10 (1).

Liang X, Lettenmaier D P, Wood E F, et al. A simple hydrologically based model of land surface water and energy fluxes for general circulation models [J]. Journal of Geophysical Research Atmospheres, 1994, 99 (D7): 14415-14428.

Liston, Glen E. Local Advection of Momentum, Heat, and Moisture during the Melt of Patchy Snow Covers [J]. Journal of Applied Meteorology, 1995, 34 (7): 1705-1715.

Liu C, Zipser E J. The global distribution of largest, deepest, and most intense precipitation systems [J]. Geophysical Research Letters, 2015, 42 (9): 3591-3595.

Lu D, Yong B. Evaluation and hydrological utility of the latest GPM IMERG V5 and GSMaP V7 precipitation products over the Tibetan Plateau [J]. Remote Sensing, 2018, 10 (12): 2022.

Ma X, Zhao C. Snow-Cover Area and Runoff Variation under Climate Change in the West Kunlun Mountains [J]. Water, 2019, 11 (11).

Mahmoud M T, Hamouda M A, Mohamed M M. Spatiotemporal evaluation of the GPM satellite precipitation products over the United Arab Emirates [J]. Atmospheric Research, 2019, 219: 200-212.

Mantas V M, Liu Z, Caro C, et al. Validation of TRMM multi-satellite precipitation analysis (TMPA) products in the Peruvian

Andes [J]. Atmospheric Research, 2015, 163: 132–145.

Martinec J, Rango A, Roberts R. Snowmelt Runoff Model (SRM) User's Manual [J]. Landolt-Börnstein-Group Ⅲ Condensed Matter, 1983.

Martinec J, Rango A. Parameter values for snowmelt runoff modelling [J]. Journal of Hydrology, 1986, 84 (3): 197–219.

Martinec J. Snowmelt-runoff model for stream flow forecasts [J]. Hydrology Research, 1975, 6 (3): 145–154.

Mclaughlin D. An integrated approach to hydrologic data assimilation: interpolation, smoothing, and filtering [J]. Advances in Water Resources, 2002, 25 (8–12): 1275–1286.

Mei Y, Anagnostou E N, Shen X, et al. Decomposing the satellite precipitation error propagation through the rainfall-runoff processes [J]. Advances in Water Resources, 2017, 109 (nov.): 253–266.

Mernild S H, Liston G E, Kane D L, et al. Snow, runoff, and mass balance modeling for the entire Mittivakkat Glacier (1998-2006), Ammassalik Island, SE Greenland [J]. Geografisk Tidsskrift-Danish Journal of Geography, 2008, 108 (1): 121–136.

Molotch N P, Margulis S A. Estimating the distribution of snow water equivalent using remotely sensed snow cover data and a spatially distributed snowmelt model: A multi-resolution, multi-sensor comparison [J]. Advances in Water Resources, 2008, 31 (11): 1503–1514.

Moursi H, Kim D, Kaluarachchi J J. A probabilistic assessment of agricultural water scarcity in a semi-arid and snowmelt-dominated river basin under climate change [J]. Agricultural Water Management, 2017, 193: 142–152.

Nagler T, Rott H, Malcher P, et al. Assimilation of

meteorological and remote sensing data for snowmelt runoff forecasting [J]. Remote Sensing of Environment, 2008, 112 (4).

Nijssen B, Schnur R, Lettenmaier D P. Global retrospective estimation of soil moisture using the variable infiltration capacity land surface model, 1980–1993 [J]. Journal of Climate, 1999, 14 (8): 1790–1808.

Palmer T E, Booth B B B, Mcsweeney C F. How does the CMIP6 ensemble change the picture for European climate projections? [J]. Environmental Research Letters, 2021, 16 (9): 94042.

Panday P K, Williams C A, Frey K E, et al. Application and evaluation of a snowmelt runoff model in the Tamor River basin, Eastern Himalaya using a Markov Chain Monte Carlo (MCMC) data assimilation approach [J]. Hydrological processes, 2014, 28 (21): 5337–5353.

Paudel K P, Andersen P. Monitoring snow cover variability in an agropastoral area in the Trans Himalayan region of Nepal using MODIS data with improved cloud removal methodology [J]. Remote Sensing of Environment, 2011, 115 (5): 1234–1246.

Paudel K P, Andersen P. Monitoring snow cover variability in an agropastoral area in the Trans Himalayan region of Nepal using MODIS data with improved cloud removal methodology [J]. Remote Sensing of Environment, 2011, 115 (5): 1234–1246.

Peel M C, Bloschl G. Hydrological modelling in a changing world [J]. Progress in Physical Geography, 2011, 35 (2): 249–261.

Piao S, Ciais P, Huang Y, et al. The impacts of climate change on water resources and agriculture in China [J]. Nature, 2010, 467 (7311): 43–51.

Pradhanang S M, Frei A, Zion M, et al. Rain-on-snow runoff events in New York [J]. Hydrological Processes, 2013, 27 (21): 3035-3049.

Prakash S, Mitra A K, Pai D S, et al. From TRMM to GPM: How well can heavy rainfall be detected from space? [J]. Advances in Water Resources, 2016, 88 (Feb.): 1-7.

Qin J, Su B, Tao H et al. Spatio-temporal variations of dryness/wetness over Northwest China under different SSPs-RCPs [J]. Atmospheric Research, 2021: 259.

Qin J, Su B, Tao H, et al. Projection of temperature and precipitation under SSPs-RCPs Scenarios over northwest China[J]. Frontiers of Earth Science, 2021 (12).

Rangecroft S, Harrison S, Anderson K, et al. Climate change and water resources in arid mountains: an example from the Bolivian Andes [J]. Ambio, 2013, 42 (7): 852-863.

Refsgaard J C, Sluijs J P V D, Brown J, et al. A framework for dealing with uncertainty due to model structure error [J]. Advances in Water Resources, 2006, 29 (11): 1586-1597.

Shi Y, Shen Y, Kang E, et al. Recent and future climate change in northwest China [J]. Clim Change, 2007, 80 (3-4): 379-393.

Sicart J E, Pomeroy J W, Essery R L H, et al. Incoming longwave radiation to melting snow: observations, sensitivity and estimation in Northern environments [J]. Hydrological Processes, 2006, 20 (17): 3697-3708.

Sospedra-Alfonso R, Melton J R, Merryfield W J. Effects of temperature and precipitation on snowpack variability in the Central Rocky Mountains as a function of elevation [J]. Geophysical Research Letters, 2015, 42 (11): 4429-4438.

Srivastava A, Grotjahn R, Ullrich P. Evaluation of historical CMIP6 model simulations of extreme precipitation over contiguous US regions [J]. Weather and Climate Extremes, 2020, 29: 100268.

Steele C, Dialesandro J, James D, et al. Evaluating MODIS snow products for modelling snowmelt runoff: Case study of the Rio Grande headwaters [J]. International Journal of Applied Earth Observation and Geoinformation, 2017, 63: 234–243.

Su B, Huang J, Gemmer M, et al. Statistical downscaling of CMIP5 multi-model ensemble for projected changes of climate in the Indus River Basin [J]. Atmospheric Research, 2016, 178–179 (sep.): 138–149.

Sun N, Hong B, Hall M. Assessment of the SWMM model uncertainties within the generalized likelihood uncertainty estimation (GLUE) framework for a high - resolution urban sewershed [J]. Hydrological Processes, 2014, 28 (6): 3018–3034.

Sun Q, Miao C, Duan Q, et al. A review of global precipitation data sets: data sources, estimation, and intercomparisons [J]. Reviews of Geophysics, 2018, 56 (1): 79–107.

Tahir A A, Hakeem S A, Hu T, et al. Simulation of snowmelt-runoff under climate change scenarios in a data-scarce mountain environment[J]. International Journal of Digital Earth, 2017: 1–21.

Tan M L, Santo H. Comparison of GPM IMERG, TMPA 3B42 and PERSIANN-CDR satellite precipitation products over Malaysia [J]. Atmospheric Research, 2018, 202 (APR.): 63–76.

Tan X, Wu Z, Mu X, et al. Spatiotemporal changes in snow cover over China during 1960–2013 [J]. Atmospheric Research, 2019, 218: 183–194.

Tang G, Li S, Yang M, et al. Streamflow response to snow regime shift associated with climate variability in four mountain watersheds in the US Great Basin [J]. Journal of Hydrology, 2019, 573: 255–266.

Taylor K E. Summarizing multiple aspects of model performance in a single diagram [J]. Journal of Geophysical Research: Atmospheres, 2001, 106 (D7): 7183–7192.

Tong K, Su F, Yang D, et al. Evaluation of satellite precipitation retrievals and their potential utilities in hydrologic modeling over the Tibetan Plateau [J]. Journal of Hydrology, 2014, 519: 423–437.

Walter M T, Brooks E S, McCool D K, et al. Process-based snowmelt modeling: does it require more input data than temperature-index modeling? [J]. Journal of Hydrology, 2005, 300 (1–4): 65–75.

Wang C G, Tang G Q, Han Z Y, et al. Global intercomparison and regional evaluation of GPM IMERG Version-03, Version-04 and its latest Version-05 precipitation products: similarity, difference and improvements [J]. Journal of Hydrology, 2018, 564: 342–356.

Wang J, Yuan Q, Shen H, et al. Estimating snow depth by combining satellite data and ground-based observations over Alaska: A deep learning approach [J]. Journal of Hydrology, 2020, 585: 124828.

Wang X, Ding Y, Zhao C, et al. Similarities and improvements of GPM IMERG upon TRMM 3B42 precipitation product under complex topographic and climatic conditions over Hexi region, Northeastern Tibetan Plateau [J]. Atmospheric Research, 2019, 218: 347–363.

Wei Z A, Ys A, Xw A, et al. Snow cover controls seasonally frozen ground regime on the southern edge of Altai Mountains [J].

Agricultural and Forest Meteorology，2021：297.

Wu Y，Zhang Z，Huang Y，et al. Evaluation of the GPM IMERG v5 and TRMM 3B42 v7 precipitation products in the Yangtze River Basin，China［J］. Water，2019，11：1459.

Xiao X，Zhang T，Zhong X，et al. Spatiotemporal variation of snow depth in the Northern Hemisphere from 1992 to 2016［J］. Remote Sensing，2020，12（17）：2728.

Xu T，Valocchi A J，Ye M，et al. Quantifying model structural error：Efficient Bayesian calibration of a regional groundwater flow model using surrogates and a data-driven error model［J］. Water Resources Research，2017，53（5）：4084-4105.

Yang N，Zhang K，Hong Y，et al. Evaluation of the TRMM multisatellite precipitation analysis and its applicability in supporting reservoir operation and water resources management in Hanjiang basin，China［J］. Journal of Hydrology，2017，549：313-325.

Yang T，Li Q，Ahmad S，et al. Changes in snow phenology from 1979 to 2016 over the Tianshan Mountains，Central Asia［J］. Remote Sensing，2019，11（5）.

Yang X，Yong B，Hong Y，et al. Error analysis of multi-satellite precipitation estimates with an independent raingauge observation network over a medium-sized humid basin［J］. Hydrological Sciences Journal，2016，61（10）：1813-1830.

Yin Z Y，Zhang X，Liu X，et al. An Assessment of the biases of satellite rainfall estimates over the Tibetan Plateau and correction methods based on topographic analysis［J］. Journal of Hydrometeorology，2008，9（3）：952-964.

Yue S，Pilon，et al. Power of the Mann-Kendall and Spearman's rho tests for detecting monotonic trends in hydrological series [J]. Journal of Hydrology Amsterdam, 2002.

Zamani Y, Hashemi Monfared S A, Azhdari Moghaddam M et al. A comparison of CMIP6 and CMIP5 projections for precipitation to observational data: the case of Northeastern Iran [J]. Theoretical and Applied Climatology, 2020, 142 (3-4): 1613-1623.

Zeng X, Wu J, Wang D, et al. Assessing the pollution risk of a groundwater source field at western Laizhou Bay under seawater intrusion [J]. Environmental Research, 2016, 148: 586-594.

Zengir V S, Mahmoudi L, Rajabi K, et al. Monitoring and analysis of changes in the depth and surface area snow of the mountains in Iran using remote sensing data [J]. Journal of the Indian Society of Remote Sensing, 2020, 48 (9): 1-18.

Zhang A, Xiao L, Min C, et al. Evaluation of latest GPM-Era high-resolution satellite precipitation products during the May 2017 Guangdong extreme rainfall event [J]. Atmospheric Research, 2019, 216: 76-85.

Zhang F Y, Bai L, Li L H, et al. Sensitivity of runoff to climatic variability in the northern and southern slopes of the Middle Tianshan Mountains, China [J]. Journal of Arid Land, 2016, 8 (5): 681-693.

Zhang J L, Li Y P, Huang G H, et al. Evaluation of uncertainties in input and parameters of a hydrological model using a Bayesian framework: a case study of a snowmelt-precipitation-driven watershed [J]. Journal of Hydrometeorology, 2016, 17 (8): 2333-2350.

Zhang Q, Shi P, Singh V P, et al. Spatial downscaling of TRMM-based precipitation data using vegetative response in Xinjiang, China [J]. International Journal of Climatology, 2017,

37 (10): 3895–3909.

Zhou J, Wang Y, Su B, et al. Choice of potential evapotranspiration formulas influences drought assessment: a case study in China [J] . Atmospheric Research, 2020, 242: 104979.

Zhu B, Xue L, Wei G, et al. CMIP5 projected changes in temperature and precipitation in arid and humid basins [J] . Theoretical & Applied Climatology, 2018: 1–12.

后 记

时光飞逝，如白驹过隙，那些在中国科学院大学及研究所攻读硕博的岁月，已然成为过去。如今，我已踏上新的工作岗位，在繁忙而充实的工作之余，回顾这些年的求学生涯，感慨万千。在中国科学院大学和研究所硕博期间，忙碌且充实，并且有幸结识到许多良师益友，他们在学习和生活上给了我很大的帮助。初入中国科学院大学，校园里的一切都充满了新奇与未知。在中国科学院大学的一年里，课程安排丰富且充实，能有机会聆听众多院士大佬的讲课。他们站在学术的前沿，以渊博的学识、深邃的思想和独特的见解，为我们打开了一扇扇通往知识殿堂的大门，获益匪浅。宽敞明亮的教室、高大上的图书馆、充满活力的运动场、游泳馆，还有研究所里浓厚的科研氛围，都让我记忆深刻。那一个个在中国科学院大学课堂认真听讲的日子，每一次在科研中取得新进展后的喜悦，都成为我人生中宝贵的财富。

在这段求学生涯中，我遇到了许多给予我帮助的人，他们的出现照亮了我求学的道路。如今回忆起来，内心满是感激，很幸运能遇见你们。

首先我要衷心感谢我的导师苏里坦研究员一路以来对我的帮助和支持。从硕士招生，到硕转博，导师对我论文的投稿发表以及学位论文的选题、写作和修改过程中，都给予我很大的帮助，给我指明了方向，是我科研道路上的领路人。我的论文能顺利完成与导师密切相关，每次写作进行不下去的时候，导师都耐心地帮我答疑解惑，给我很多建议和方向的指导，以及在生活中对我们的关怀和照顾，我的论文能顺利完成，离不开导师的悉心教导与无私奉献，苏老师是我科研道路的引路人，是我一生敬仰的榜样，感谢老师一直以来对我的帮助。

还要感谢开题、中期以及毕业答辩的各位专家，生地所的各位老师以及其他学校和研究所：南京地理与湖泊研究所、河海大学、西北生态环境资源研究院、南京土壤研究所、新疆水利水电科学研究院、新疆农业大学、北京师范大学、中国科学院遗传与发育生物学研究所以及新疆师范大学的各位老师，对我学位论文质量的把控以及提出的宝贵建议，特别感谢新疆水利水电科学研究院的古力米热·哈那提老师在培养期间项目资金上的支持以及八家户水文站提供的数据支持。

感谢同门师兄刘迁迁对我论文的指导与建议，师兄在科研上是一个很好的榜样，从我入学以来就督促我要好好学习模型、软件等，在写作过程中也给予我很多建议和指导，受益匪浅，在此非常感谢师兄这些年的帮助与照顾。感谢师弟胡可可，师弟的到来给课题组增加了新的活力。

特别感谢马晓飞师兄、信阳师范学院的颜伟老师在我模型学习、数据处理过程中的指导与建议，提升了毕业论文的质量。感谢素未谋面的汤瑞同学、崔路明师弟在我数据处理、学习模型路上的指导与帮助。感谢秦师兄、苏原师兄不厌其烦地回答我的问题，以及对我论文的指导和宝贵的人生经验。

感谢中国科学院大学资环学院807班、生地所2017级研究生会的小伙伴们，还有我的舍友，我们一起举办活动，一起出游，互相开导和鼓励，给我的硕博生涯带来了很多色彩和开心的回忆，是我生命中最为宝贵的财富。感谢行政楼6029、7035、5033办公室，无数个学习的日日夜夜大家一起度过，营造了一个良好的学习氛围。还有和你们一起打球的日子也是无比快乐与解压。感谢研究生部的各位老师这些年对我们的关怀和照顾。

毕业后，我有幸加入太原师范学院地理科学学院这个温暖的大家庭。学院在科研与教学方面给予了我极大的支持，不仅为我提供了优越的科研环境和丰富的资源，还鼓励我不断深入探索学术前沿。自入职太原师范学院以来，单位始终给予我多方面的支持，使我能够全身心投入教学与研究工作中。在此，我向学院和单位表示最诚挚的感谢。

我要深深感谢我的家人。是你们无条件支持我这些年的求学之路，在我遇到困难和挫折时给予鼓励和支持。良好的家庭氛围，父亲和母亲多年来的鼓励与支持，让我坚持在学习的道路上一直保持初心，无所畏惧，努力想要成为一个更好的人。家人是我最坚强的后盾，希望未来能尽可能多一些陪伴。

如今，我已适应新的工作岗位，开启了人生的新篇章。如果时间可以回到过去，今天的我很想给过去的自己加油和鼓励，感谢过去这几年努力的自己，每一个努力的日子都在闪闪发光。并且想对未来的自己说：希望你能不负所望，保持初心，继续勇往直前！

最后，我衷心祝愿我和我世界里的人都平安、幸福、健康。愿我们在人生的道路上，都能收获满满的温暖与爱，书写属于自己的美好人生。

张音

2025年6月12日

于太原